Gerhard Büttner / Hanna Roose
Das Johannesevangelium im Religionsunterricht

Gerhard Büttner / Hanna Roose

Das Johannesevangelium im Religionsunterricht

Informationen, Anregungen und Materialien für die Praxis

Calwer Verlag Stuttgart

Bibliografische Information der Deutschen Bibliothek

Die Deutsche Bibliothek verzeichnet diese Publikation in der Deutschen Nationalbibliografie; detaillierte bibliografische Daten sind im Internet über *http://dnb.ddb.de* abrufbar.

ISBN 978-3-7668-3937-4

Umschlaggestaltung: Karin Sauerbier, Stuttgart
Satz: NagelSatz, Reutlingen
Druck und Verarbeitung: AZ Druck und Datentechnik, Kempten

E-mail: info@calwer.com
Internet: www.calwer.com

Inhalt

Vorwort

Die Idee zum vorliegenden Buch entstand bei Gesprächen über die Christologien von Kindern. Dabei fiel uns auf, dass Kinder und Jugendliche christologische Vorstellungen entwickeln, die durchaus Affinitäten zur Sendungschristologie des Johannesevangeliums besitzen. Die Vorstellung, dass der Sohn Jesus Christus von seinem Vater mit einem Auftrag betraut und dafür ausgerüstet wird, können Kinder und Jugendliche gut an ihre eigenen Bilder assimilieren. Anhand dieses Konzeptes lassen sich klassische dogmatische Topoi wie z.B. die Fragen des Verhältnisses von Hoheits- und Niedrigkeitschristologie sowie von göttlicher und menschlicher Natur in einer Weise diskutieren, die Schülerinnen und Schülern zugänglich ist.

Wir brechen damit bewusst mit der didaktischen Auffassung, nach der die »hohe Christologie« noch »zu schwer« für Kinder (und Jugendliche) sei. Das didaktische Potenzial des Johannesevangeliums wird bislang im schulischen Rahmen so gut wie gar nicht genutzt. In Lehrplänen tauchen allenfalls einzelne Versatzstücke des Evangeliums auf, ohne aber die christologische Gesamtkonzeption in den Blick zu nehmen. Das vorliegende Buch möchte dazu anregen, das Johannesevangelium als Ganzschrift im Religionsunterricht der Sekundarstufe I zu behandeln.

Wir betrachten das Johannesevangelium im Sinne von Ludger Schenke als Drama und laden Schülerinnen und Schüler sowie deren Lehrkräfte dazu ein, sich auf die unterschiedlichen Rollen, die das Johannesevangelium anbietet, einzulassen, sie zu variieren und damit zu spielen. Das gilt insbesondere für die Rolle »der Juden«, die im Johannesevangelium die Negativfolie bilden, vor der der johanneische Christus umso heller erstrahlt. Diese Rollenzuschreibung wird von uns aufgebrochen und zur Disposition gestellt. Angesichts des individuell sehr unterschiedlich ausgeprägten – bis fehlenden – Einverständnisses der Schülerinnen und Schüler mit dem christlichen Glauben bietet die Vielfalt der im Johannesevangelium enthaltenen Rollen ein offenes Angebot, sich auf die Welt des Evangeliums einzulassen, ohne ihre Glaubensbotschaft übernehmen zu müssen.

Das Buch bietet die notwendigen exegetischen Informationen, didaktische Reflexionen, methodische Anregungen und Unterrichtsmaterialien. Wir würden uns freuen, wenn es dazu beitragen kann, dem Johannesevangelium im schulischen Unterricht einen höheren Stellenwert beizumessen.

Wir danken Frau Karin Seitz für das sorgfältige Korrekturlesen und dem Calwer Verlag für die Aufnahme des Buches ins Verlagsprogramm.

Dortmund und Lüneburg, Ostern 2007 *Gerhard Büttner und Hanna Roose*

1. Einleitung

1.1 Das Johannesevangelium in der Sek I – ein (un)geeigneter Text?

In Lehrplänen und Unterrichtsmaterialien fungiert das Johannesevangelium als Lückenbüßer. Es wird vorzugsweise dann hinzugezogen, wenn keine synoptische Parallele vorhanden ist. Beliebt sind einzelne Ich-bin-Worte, allen voran dasjenige vom guten Hirten (Joh 10,11), sowie einzelne Wundergeschichten, etwa die Hochzeit zu Kana (Joh 2,1–12) und die Auferweckung des Lazarus (Joh 11,1–44), ferner zwei Perikopen aus dem Kontext der Ostererscheinungen: die Begegnung des Auferstandenen mit Maria aus Magdala (Joh 20,11–18) und mit dem ungläubigen Thomas (Joh 20,24–29). Diese Art der Einbindung johanneischer Texte ist aufschlussreich für die Frage, wie die Evangelien generell didaktisch verwendet werden. Lehrpläne und Unterrichtsmaterialien folgen weitgehend einer »Patchwork-Technik«, die einzelne Bausteine aus unterschiedlichen Evangelien kombiniert und zu einem »Jesus-Mosaik« zusammensetzt. Dabei scheint dem Markusevangelium eine gewisse Priorität zuerkannt zu werden – wahrscheinlich, weil es als das älteste Evangelium gilt. Das markinische »Gerüst« wird dann aufgefüllt mit den Geburtsgeschichten, Texten aus der matthäischen Bergpredigt und Gleichnissen aus dem Lukasevangelium. Das Verfahren erinnert in gewisser Weise an die alten Evangelienharmonien. Aus den vier Evangelien werden einzelne Bausteine herausgelöst und anschließend zu einem einheitlichen Jesusbild zusammengesetzt. Dieses Vorgehen birgt didaktische Gefahren. Denn die unterschiedlichen christologischen Konzeptionen der Evangelien werden eingeebnet. So ist es nicht erstaunlich, dass selbst Studierende der Theologie überrascht sind, wenn sie erfahren, dass sich der markinische Christus durchaus vom matthäischen und der wiederum vom johanneischen unterscheidet. Die Vielgestaltigkeit der Evangelien wird auf eine Einheit reduziert. Diese künstliche Vereinheitlichung verstellt den Blick dafür, dass es sich bei den Evangelien um je unterschiedliche *(Glaubens-)Deutungen* handelt, die bestimmte historische Situationen und Erfahrungen widerspiegeln. Die Lehrpläne und Unterrichtsmaterialien legen auf diese Weise (unfreiwillig) nahe, dass biblische Texte »Tatsachenberichte« darstellten, die im Sinne eines »So war es damals« zu verstehen seien (vgl. die Kritik von Berg 1993, 32). Diese Berichte werden dann entweder so hingenommen oder – von älteren Schüler/innen – als unglaubwürdig abgelehnt.

Die Konsequenz ist (unter anderem) ein *christologisches Defizit*. Dieses Defizit ist zumindest zum Teil didaktisch gewollt. Es wird zum einen aus der Schüler/innen-, zum anderen (weniger explizit) aus der Lehrer/innenperspektive begründet.

Im Blick auf jüngere Schüler/innen wird die ältere Auffassung eines »didaktischen Prae« des historischen Jesus in Anschlag gebracht: Kinder könnten christologische Fragestellungen noch nicht nachvollziehen und sollten daher zunächst mit dem Menschen Jesus bekannt gemacht werden (Konrad, 1970, 5–8). Daraus folgt eigentlich, dass zumindest Jugendliche der höheren Klassenstufen in der Sek I sowie der Sek II mit christologischen Themen konfrontiert werden sollten. In seinem Artikel »Jesus von Nazaret« im Lexikon der Religionspädagogik aus dem Jahr 2001 wiegelt Folkert Rickers jedoch auch hier ab: »Je weniger die Schüler/innen mit dem Christus des Glaubens anzufangen wissen«, um so mehr ergebe sich ein »unabweisbarer Bildungsanspruch auf diese hist[orische] Gestalt« (2001, 902). Hier steht die Überzeugung im Hintergrund, dass auch ältere Jugendliche auf christologische Themen kaum ansprechbar sind, so dass didaktisch ein weitgehender Rückzug auf den historischen Jesus und gegebenenfalls ethische Themen geboten ist.

Im Blick auf die Lehrer/innen ist festzustellen, dass sie diesen Rückzug auf den historischen Jesus oft begrüßen. Die überbordende Vielfalt an Materialien zur Umwelt Jesu zeugt davon. Die Behandlung christologischer Fragen wird demgegenüber als (zu) schwierig empfunden. Tatsächlich sind die theologischen und didaktischen Anforderungen an die Lehrperson beträchtlich. Zum einen ist systematisches und biblisch-theologisches Wissen erforderlich. Zum anderen kommt hier womöglich auch die eigene Position ins Spiel. Denn es geht nicht um historische Fakten, sondern um Reflexion über christlichen Glauben.

Diese aktuelle Tendenz in der Religionspädagogik stößt derzeit jedoch auch – und u.E. zu Recht – auf Widerspruch. Wir vertreten in diesem Band die These, »dass die Christologien der Kinder und Jugendlichen – wie fragmentarisch sie auch immer erscheinen mögen – kein Argument bieten für eine eher moralisch argumentierende Jesulogie, sondern Anstoß bieten für die Aufnahme der christologischen Diskussion in allen Altersstufen« (Büttner/Thierfelder 2001, 11). In einer umfassenden empirischen Studie zur Christologie bei Schüler/innen kommt G. Büttner zu dem Schluss, »dass es den Kindern und Jugendlichen weit mehr darum geht, wer dieser Jesus für sie heute sein kann, als um Fragen historischer Details« (2002b, Klappentext). Die angebliche fehlende Ansprechbarkeit junger Menschen auf christologische Fragen erweist sich im Rahmen dieser Untersuchung als ein Konstrukt, das sich vor allem den Interessen der Lehrkräfte verdankt. Ohne sprachliche und konzeptuelle Anregungen können sich die fragmentarischen christologischen Denkansätze bei den Schüler/innen jedoch nicht weiter entwickeln.

Die Evangelien können – so die hier vertretene These – einen zentralen biblischen Beitrag zur Einübung in christologische Denkprozesse liefern, allerdings nur, wenn ihre christologischen Konzeptionen wirklich in den Blick genommen werden. So hat P. Müller zu Recht dafür plädiert, »den ganzen Markus« im Religionsunterricht (auch schon der Grundschule) zu behandeln (1999, 111–115). Damit ist – gerade in den unteren Klassen – nicht gemeint, dass das Evangelium von Anfang bis Ende durchgelesen wird, wohl aber, dass Einzeltexte in die markinische Gesamtkonzeption eingeordnet werden. Im Anschluss an diese Forderung von Müller plädiert der vorliegende Band dafür, »den ganzen Johannes« in den Blick zu nehmen. Dabei denken wir vornehmlich an Jugendliche in der Sek I.

Dieses Vorhaben mag problematisch erscheinen: Ist nicht gerade das Johannesevangelium denkbar ungeeignet für Schüler/innen? Zwei gewichtige Einwände drängen sich auf: Der erste betrifft die *johanneische Sprache*. Verschließt sich der johanneische Stil, der künstlich wirkt und um sich selbst zu kreisen scheint, nicht heutigen Schülern und Schülerinnen? Der zweite Einwand betrifft die *johanneische Theologie*. Ist die johanneische »hohe Christologie« nicht zu »schwer« für Jugendliche? Entgegen dieser Einschätzung eröffnen unserer Meinung nach gerade diese beiden Aspekte spezifische Lernchancen, so dass das Johannesevangelium einen wesentlichen Beitrag zur Förderung der christologischen Sprachfähigkeit bei Kindern und Jugendlichen leisten kann.

1.2 Für eilige Leser/innen

Das Buch bietet einen Durchgang durch das Johannesevangelium. Die einzelnen Kapitel verbinden exegetische, didaktische und unterrichtspraktische Elemente, allerdings in variierender Gewichtung. Eilige Leser/innen können das Buch – je nach Interessenlage – unterschiedlich verwenden. Im Inhaltsverzeichnis sind die unterrichtspraktischen Passagen kursiv hervorgehoben. Wer also primär an Fragen der unterrichtlichen Konkretion interessiert ist, kann direkt bei diesen Abschnitten einsteigen und sich je nach Bedarf exegetische und didaktische Informationen aus dem ersten Teil des Kapitels heranholen. Primär theoretisch interessierte Leser/innen können umgekehrt die unterrichtspraktischen Schritte überspringen.

1.3 Der Weg durch das Buch

Unter Abschnitt A erfolgt die didaktische Grundlegung, in Abschnitt B wenden wir uns johanneischen Einzelszenen zu.

Die Kapitel 2 bis 5 behandeln die johanneische Sprache (2.) und Christologie (3.) und entwickeln didaktisch-methodische Zugriffe.

Kapitel 2: Das Johannesevangelium zeichnet sich durch künstlich wirkende Sprach- und Interaktionsformen zwischen den auftretenden Figuren aus. Diese Unnatürlichkeit scheint zunächst den Zugang zum Evangelium zu erschweren. Für Schüler und Schülerinnen der Sek I kann aber gerade dieser künstliche Charakter fruchtbar gemacht werden. Da das Johannesevangelium durch seine unnatürlich anmutenden Sprach- und Interaktionsformen an keiner Stelle seinen rekonstruktiven Charakter zu verbergen sucht, lädt es unserer Meinung nach dazu ein, selber in den Streit darüber einzutreten, wer denn dieser Jesus Christus für uns heute sein kann und soll. Das Ringen der jungen Leser/innen um ihre je eigene Lesart ist dann keine alterstypische »Fehlhaltung«, sondern dem Johannesevangelium gerade angemessen. Textliche Grundlage ist dabei die Letztgestalt des Johannesevangeliums. L. Schenke (1992) hat das Johannesevangelium aufgrund seines besonderen Stils als Drama charakterisiert. In seiner dramaturgischen Gestalt, die die Jesusgeschichte »auf die Bühne« bringt, reizt das Evangelium zu immer neuen »Inszenierungen«. Wir folgen der Praxis moderner Theaterinszenierung insoweit, dass wir versuchen, die Texte mit den Schülerinnen und Schülern je neu zu lesen. Den Vorgang der Interpretation betrachten wir dabei im Sinne des Dekonstruktivismus als prinzipiell unabschließbar. Dadurch relativiert sich auch die Verpflichtung gegenüber dem – in der klassischen Exegese primär gesuchten – historisch gemeinten Sinn. Die immer neuen »Aufführungen« johanneischer Texte vollziehen sich in einem dramaturgischen »Rahmen« (Goffman 1980), in dem sich die Schüler/innen zwischen den Polen des (unverbindlichen) »So-tun-als-ob« und dem (verbindlichen) »Ich lasse mich darauf ein« bewegen können. Diese Polarität spiegelt sich wider in der Spannung zwischen der johanneischen Theologie im Sinne einer »Wahrheit an sich«, die genau weiß, was – oder besser: wer – die Wahrheit ist (nämlich Jesus Christus; Joh 14,6), und einem didaktischen Zugang, der die Offenheit der Interpretation im Sinne einer »Wahrheit für mich« stark macht (Sitzberger 2005, 98).

Kapitel 3: Im Zentrum johanneischer Theologie steht die Christologie, deren dramaturgische Entfaltung – anders als in den synoptischen Evangelien – mit dem Prolog »im Himmel« bei Gott dem Vater einsetzt. Diese explizite »Christologie von oben« sperrt sich gegen eine Fokussierung auf den irdischen, womöglich historischen Jesus. Die Vorstellung von Jesus Christus als Gottes Gesandtem, die prägend für die johanneische Christologie ist, liegt laut empirischen Studien im Horizont von Jugendlichen (Hanisch/Hoppe-Graff 2002, 96–99). Die johanneische Gesandtenvorstellung bietet Schülerinnen und Schülern der Sek I damit ein Konzept, das es ihnen erlaubt, den Präexistenten, den Irdischen und den Auferstandenen zusammen zu denken. Gerade die – gegenüber den synoptischen Weihnachtsgeschichten – pointierte Andersartigkeit, die den Beginn des Johannesevangeliums ausmacht, kann die christologischen Vorstellungen von Jugendlichen – im Sinne einer konstruktivistischen Didaktik – perturbieren und sie zu weiterführenden Überlegungen anreizen. Das spezifisch Johanneische bietet so eine Reibungsfläche für die Herausbildung eigener christologischer Konzepte.

Kapitel 4: Wie lassen sich johanneische Geschichten erzählen? Mit dieser Frage tragen wir dem Umstand Rechnung, dass ein rein dramaturgischer Zugang zu den Texten der Unterrichtspraxis kaum gerecht wird. Die Frage ist eher, *wie* wir erzählen können, ohne den dramaturgischen Charakter des Evangeliums preis zu geben. Gelingen kann dies z.B., indem *zwei* Versionen derselben Geschichte erzählt werden, die den Hörer/innen eine Kontroverse zumuten. Auf diese Weise werden gewissermaßen zwei unterschiedliche Deutungen – oder: um im Bild zu bleiben: Inszenierungen – ins Rennen geschickt.

Kapitel 5: Die johanneische Christologie ist in einen Dualismus eingebettet, der scharf zwischen einem »Oben«, das durch Wahrheit und Leben gekennzeichnet ist, und einem »Unten«, in dem Tod und Lüge herrschen, unterscheidet. Gemäß unserem dekonstruktivistischen Ansatz blendet das fünfte Kapitel einen Zugang zur johanneischen Christologie gegen, der diesen Dualismus aufbricht. Das vom Evangelium suggerierte Entweder-Oder, das Bultmann existentiell zugespitzt wissen wollte, wird im Sinne einer Gradualität umgedeutet. Diese Umdeutung verbleibt durchaus im Rahmen der johanneischen Dramaturgie. Denn das Johannesevangelium kennt neben Anhängern (ideal repräsentiert durch den Lieblingsjünger) und Feinden Jesu auch solche Figuren, deren Verhältnis zu Jesus ambivalent bleibt (z.B. Nikodemus; Joh 3). Die Schüler/innen sind aufgefordert, in dieses Szenarium einzusteigen, indem sie Figuren aus dem Evangelium in gradueller Nähe oder Ferne zu Jesus positionieren.

Damit ist der Einstieg in einzelne »Szenen« des Johannesevangeliums vorbereitet. In den folgenden Kapiteln stehen einzelne Perikopen des Johannesevangeliums im Zentrum. Sie sind stärker unterrichtspraktisch ausgerichtet.

Kapitel 6: Das sechste Kapitel macht einen Vorschlag zu Joh 4, der Begegnung Jesu mit einer Frau aus Samaria am Brunnen. Die Geschichte ermöglicht den Leser/innen eine »Outsiderperspektive« auf Jesus, die – anders als bei »den Juden« (s.u. Kap. 10) – nicht radikal abqualifiziert wird, sondern in »wahren Glauben« mündet.

Kapitel 7: Das siebte Kapitel stellt mit der Heilung des Gelähmten (Joh 5) und des Blindgeborenen (Joh 9) zwei Wundergeschichten in den Mittelpunkt. Der Gelähmte und der Blindgeborene werden als komplementäre Figuren begriffen. Während der Gelähmte Jesus (un)bewusst verrät, wird der Blindgeborene zu Jesu Anhänger. Die methodische Umsetzung zielt wesentlich auf die Identifikation mit beiden Figuren.

Kapitel 8: Die christologische Thematik erfährt im achten Kapitel eine weitere Differenzierung und Anreicherung durch die Thematisierung des Wortes »Ich bin das Brot des Lebens« (Joh 6,35.51). Dieses Wort wird mit der Erzählung von der Speisung der 5000 (Joh 6) und der Fußwaschung (Joh 13) verknüpft. Abgezielt ist auf den metaphorischen und eschatologischen Charakter der Ich-bin-Worte. Dieser Charakter kann insbesondere im Kontrast zur vorübergehenden Speisung der 5000 in Joh 6 verdeutlicht werden. Insofern erschließt das Kapitel eine weitere Facette der johanneischen Wundergeschichten.

Kapitel 9: Das neunte Kapitel thematisiert das Wort »Ich bin der gute Hirte« (10,11.14) und verknüpft es mit der Verleugnung (18,15–18.25–27) und Beauftragung (21,1–14) des Petrus. Die Metaphorik des Ich-bin-Wortes taucht in der dreimaligen Beauftragung des Petrus, die Schafe zu weiden, wieder auf. Wir thematisieren diese Szene, in der der Auferstandene Petrus dazu auffordert, seine Schafe zu weiden, unter dem Aspekt der Vergebung und der Verantwortung – trotz vorangegangenen Scheiterns.

Kapitel 10: Anders als in den synoptischen Evangelien spricht der johanneische Christus mit seinen Jüngern ausführlich darüber, wie es nach seinem Weggang zum Vater weitergehen soll. In den sog. Abschiedsreden (Joh 14,1–16,33) entwickelt das Johannesevangelium mit der Figur des Parakleten eine personale Pneumatologie. Die Frage nach dem heiligen Geist wird als Frage nach der bleibenden Gegenwart Jesu Christi entfaltet. Diese pneumatologische und eschatologische Konzeption ist für Jugendliche anschlussfähig. Gerade Schüler/innen der Sek I benötigen Angebote, um über die Vorstellung einer Gegenwart Christi nachdenken zu können.

Kapitel 11: Wer von den Abschiedsreden her kommt, kann die Passion Jesu nicht als ein rein historisches Ereignis verstehen. Die Auseinandersetzung mit dem johanneischen Passionsbericht steht unter der Frage, wie das Evangelium diesen Abschnitt des Weges Jesu inszeniert. In einem ersten Schritt fragen wir anhand der Verhörszene vor Pilatus (18,28–19,16) danach, wie der Evangelist seine Figuren arrangiert. In diesem Kontext thematisieren wir die Problematik der pauschalen, wenn auch nicht durchgängigen, Verunglimpfung »der Juden« im Johannesevangelium. Denn das didaktische Problem, das aus dem johanneischen Dualismus erwächst, stellt sich hier mit besonderer Schärfe: »Den Juden« wird die Hauptschuld am Tod Jesu angelastet – ein Diktum, das nach wie vor durch Klassenzimmer geistert. Die Theatermetapher kann an diesem Punkt besonders fruchtbar gemacht werden. Johannes »inszeniert« die Passion Jesu. Die didaktische Zielsetzung besteht darin, die johanneische Passionserzählung als eine Inszenierung lebendig werden zu lassen und ihr andere Inszenierungen an die Seite zu stellen. Es gilt zu problematisieren, wem Johannes welche »Masken« zuteilt. Die johanneische Perspektive kann dann durch alternative Rollenzuweisungen aufgebrochen werden.

Die problematische Zuteilung der »bösen« Maske an die Juden ist bei Johannes wohl historisch bedingt. In einem *Exkurs* stellen wir die historischen Hintergründe dar.

Kapitel 12: Der zweite Aspekt, der in der Passionserzählung thematisiert wird, ist die Darstellung Jesu. Um die Jugendlichen zum Nachdenken zu bringen, kontrastieren wir zwei unterschiedliche exegetische Positionen, die derzeit in der Johannesforschung vertreten werden: Die eine betont die Niedrigkeit des leidenden Gottessohnes, die andere stellt heraus, dass Jesus Christus unangefochten zum Vater zurückkehrt. Anhand von unterschiedlichen Passionsdarstellungen lassen sich mehrere Perspektiven auf das Passionsgeschehen ins Bild bringen.

Kapitel 13: Auch das Kapitel zur Auferstehung arbeitet mit unterschiedlichen Darstellungen der Auferstehung in der bildenden Kunst. Dieser Ansatz ist dem (legitimen) Interesse Jugendlicher geschuldet, sich den auferstandenen Christus vorzustellen – ein Interesse, dem letztlich ja auch die Ostererzählungen der Evangelien nachgeben. Die johanneischen Auferstehungsgeschichten werden – ebenso wie bestimmte bildliche Darstellungen – daraufhin befragt, inwieweit es ihnen gelingt, das Schillernde der auferstandenen Christusgestalt, die den Jüngern begegnet, ins Bild zu rücken. Wie ist es möglich, die Differenz zwischen der neuen Existenzweise Jesu als Kontinuität zu seiner irdischen Existenz zum Ausdruck zu bringen? Unter dieser Fragestellung betrachten wir die Begegnung des Auferstandenen mit Maria aus Magdala (Joh 20,11–18) und vor den Jüngern samt dem ungläubigen Thomas (20,19–29).

Kapitel 14: Mit dem Schlusssatz der Thomasperikope »Selig sind, die nicht sehen und doch glauben!« differenziert das Evangelium deutlich zwischen der Zeit des Irdischen (als der Zeit des Sehens) und der Zeit des Auferstandenen (als der Zeit des Nicht-Sehens). Die Schlussbemerkungen in Joh 20,30f und 21,20–25 beziehen diese christologisch begründete Differenz auch auf die Frage der Wunder (Zeichen). Damit formuliert das Johannesevangelium zumindest ansatzweise ein Wunderverständnis: Wundertaten – so seine Botschaft – gehören in die Zeit des irdischen Jesus. Nach Ostern hingegen können Menschen dadurch zum Glauben kommen, dass sie im Evangelium von den gut bezeugten Wundertaten Jesu lesen. Das Evangelium stellt die Zeichen also am Schluss in einen ganz bestimmten »literarischen Rahmen« (Goffman 1980). Wir halten diese Konzeption auch aus religionspädagogischer Sicht für fruchtbar. Sie konfrontiert die Schüler und Schülerinnen – wahrscheinlich gegen deren Erwartungen – mit einer biblischen Stimme, die nicht selbstverständlich davon ausgeht, dass Wunder nach wie vor passieren können. Diese johanneische Rahmung dekonstruiert ein Stück weit das methodische Vorgehen im Zusammenhang mit Joh 5 und 9: Ähnlich wie bei der erinnernden Vergegenwärtigung des Exodus bei der jüdischen Sederfeier stellt die Identifikation mit den Geheilten aus johanneischer Sicht eine Hinneinnahme in *vergangenes* Geschehen dar.

A

Didaktische Grundlegung

2. Die Sprache des Johannesevangeliums

Werfen wir einen Blick in das jüngst erschienene Handbuch für Religionslehrer/innen über »Elementare Bibeltexte« (Lachmann u.a. 2001). Neben einem Beitrag über die synoptischen Evangelien und die verschiedenen Evangeliengattungen von Wundergeschichten über Gleichnisse bis zur Bergpredigt findet sich – fast überraschend – Frauke Büchners Beitrag über das Johannesevangelium. Schaut man die einschlägigen Lehrpläne für den Religionsunterricht durch, dann ist dies nicht selbstverständlich. Bereits zu Zeiten der Evangelischen Unterweisung griff man zwar auf einzelne Perikopen des Evangeliums zurück, wenn es keine entsprechende Parallele bei den Synoptikern gab. Doch eigentlich »johanneisch« war auch damals nur die Behandlung der »Ich-bin-Worte« (Frör u.a. 1959). Interessanterweise bietet auch Frauke Büchners Beitrag nur einen sehr kleinen exemplarischen Ausschnitt: die Hochzeit zu Kana, Jesus und die Ehebrecherin und das Bildwort vom guten Hirten. Wenn man bedenkt, dass die Geschichte mit der Ehebrecherin nach einhelliger Meinung der Exegeten einen späteren unjohanneischen Einschub darstellt, dann sind wir wieder beim vertrauten Modell: eine Wundergeschichte und ein Ich-bin-Wort.

Wenn wir also in unserem Programm über dieses Minimalangebot hinausgehen wollen, müssen wir drei wichtige Fragen stellen:

- Was ist das typisch Johanneische?
- Warum halten wir diesen Zugang zu Jesus entgegen der religionspädagogischen Praxis für heutige Schüler/innen für sinnvoll?
- In welcher Weise müssen wir uns den Texten nähern, damit sie ihren spezifischen Charakter nicht verlieren und gleichwohl den Kindern und Jugendlichen angemessen sind und ihnen interessant erscheinen?

2.1 Die Suche nach dem typisch Johanneischen

Ingo Baldermann geht davon aus, dass die biblischen Texte ihre eigene Didaktik haben. Vom Johannesevangelium sagt er (^{3}1988, 228f):

> »Die Sprache ist von großer Einfachheit, und diese vermittelt zugleich den Eindruck letzter Gewissheit. So einfach lässt sich nur das sagen, dessen man wirklich gewiss ist. [...] Diese einfache Sprache bereitet aber auch besondere Schwierigkeiten, jedenfalls für den heutigen Leser, der gewohnt ist mit Ungeduld auf einen zügigen Fortgang zu drängen. Er stößt hier auf eine nicht nur einfache, sondern mitunter auch recht umständliche Sprache. [...] Die Sätze des Johannesevangeliums bieten oft mehr Redundanz als Information.. [...] Die Predigt Jesu kreist hier nur um ihn selbst; ein anderes Thema scheint sie nicht zu kennen. Die Dialoge sind eigentlich keine Gespräche, sondern Monologe, durchsetzt mit unverständigen Einwürfen. Die Gegner

in diesen ›Gesprächen‹ sind eigentlich nur Karikaturen, sie werden obendrein meist in ärgerlich pauschaler Weise als ›die Juden‹ bezeichnet. [...] Und schließlich scheint das Johannesevangelium in einer ärgerlichen Weise prädestinatorisch zu denken: Die einen sind von Gott, aus der Wahrheit, und hören seine Stimme; die andern sind vom Teufel, aus der Welt, aus der Lüge, sie können sein Wort nicht hören.«

I. Baldermann charakterisiert hier treffend den Eindruck, der sich bei einer »naiven« Lektüre dieses Evangeliums aufdrängt. Die Szene, die man liest, erscheint uns einerseits als »stimmig« in dem Sinne, dass wir der Handlung folgen können, andererseits stolpert man immer wieder über Details, weil man die Empfindung hat, so etwas kann es doch in der mir bekannten Wirklichkeit nicht geben. Dabei geht es nicht in erster Linie um Wundergeschichten, die unser Wirklichkeitsverständnis in Frage stellen. Wir denken hier eher an die Art, wie Jesus auftritt und redet. Selbst wenn wir bereit wären, die Welt des Johannesevangeliums als »fremde Welt« zu kodieren, d.h. im Sinne von Alkier und Dressler (1998) als ein Universum, dessen Spielregeln wir nicht kennen und dem wir deshalb zunächst einmal interessiert beobachtend auf der Spur sind, so funktioniert das eben deshalb eher nicht, weil auch recht bibelferne Leser/innen den Jesus der synoptischen Evangelien kennen. Nach den Bestimmungen des Analogieschlusses erwarten Leser/innen, dass die Regeln, die sie bei der Lektüre von einzelnen Bibelperikopen erschlossen haben, dann auch für neue Texte gelten. Dies gilt für Prinzipien wie der Vorstellung, dass es in der Bibel »gerecht« zugehen soll (vgl. Nipkow 1986), gilt gewiss aber auch für sprachliche Interaktionsformen, etwa zwischen Jesus und seinen Jüngern, aber auch gegenüber Anhängern und Gegnern. Und just diese Interaktionsformen sind im Johannesevangelium spezifisch andere.

Diesem spezifisch Anderen versucht L. Schenke durch eine neue Formbestimmung Rechnung zu tragen. Er plädiert dafür, das Johannesevangelium als »Drama« zu sehen (1992, 213f):

> »Grundlegender Darstellungsmodus des Dramas ist der *Dialog* (bzw. Monolog), in dem die Figuren des Dramas sich selbst und ihr Handeln *darstellen*. [...] Der Dialog ist geradezu gesprochene Handlung. Das Drama ist also Nachahmung einer Handlung im Dialog. Die Dialoge eines Dramas sollen aber nicht in sich ruhen, sondern in neue Situationen führen und so die »Handlung« vorantreiben.
>
> Das Drama ist nicht nur auf Rezeption durch einzelne Leser angelegt, sondern intendiert eine *kollektive* Rezeption. [...] Darum ist der dramatische Dialog auch nicht nur ein fiktives Kommunikationsgeschehen zwischen den Dramafiguren, [...], sondern zugleich auch Kommunikationsgeschehen zwischen diesen und den Hörern/Zuschauern [...].«

Dabei dürfte die Interpretation des Johannesevangeliums in den Kategorien des Dramas keine anachronistische Überstülpung moderner Leser/innen sein, sondern als Möglichkeit bereits im Bildungsschatz des bzw. der Verfasser gelegen haben (Verburg 1999, 57ff).

Resümieren wir diesen Abschnitt, dann können wir festhalten, dass uns die Welt des Johannesevangeliums zwar den aus den Erzählungen der Synoptiker bekannten Stoff bietet, mit Eigenheiten, Auslassungen und Zusätzen freilich. Das Besondere ist aber die Art und Weise der Präsentation dieses Stoffes. Winfried Verburg akzentuiert dies so (a.a.O., 38):

»Weil Dichtung davon enthoben ist, Geschehnisse so darzustellen, wie sie sich zugetragen haben – es ist die Frage, ob dies überhaupt möglich ist – , kann sie eine neue, andere Wirklichkeit sichtbar machen. Insofern ist die Dichtung dann philosophischer und gehaltvoller als die Geschichtsschreibung, wie Aristoteles meint.«

2.2 Jesus-Zugänge von Kindern und Jugendlichen

Was ist charakteristisch für das Denken von Schüler/innen der Sekundarstufe I? Wir wollen an dieser Stelle einen Aspekt fokussieren, von dem wir meinen, dass er gerade für das Verständnis des Johannesevangeliums wichtig sein könnte. Lawrence Kohlberg und Carol Giligan unternehmen den Versuch, die uns geläufigen Phänomene der Pubertätszeit zurückzuführen auf einen spezifischen Wechsel der Denkmuster in dieser Zeit. In der Tradition Piagets spricht man vom Übergang von der konkreten zur formalen Operation. In den Worten der genannten Autor/innen bedeutet das die Fähigkeit, die Dinge auch von einer Metaebene aus denken zu können. Dieser Prozess verläuft – mit einer breiten altersmäßigen Streuung – hierzulande so um das 11./12. Lebensjahr herum:

»›Operationen über Operationen‹ bedeutet, dass der Adoleszente jetzt Klassifikationen klassifizieren kann, Kombinationen kombinieren, Beziehungen auf einander beziehen. Das beinhaltet, dass er über Denken denken kann und selber Denksysteme oder ›hypothetisch-deduktive‹ Theorien erschaffen. Dies schließt die Konstruktion aller Möglichkeiten mit ein – das bedeutet die Wahrnehmung, dass das Beobachtete nur eine Variante dessen ist, was logisch möglich wäre. In Bezug auf unsere Fragestellung führt dies zu einer hypothetisch-deduktiven Einstellung, der Erkenntnis nämlich, dass ein Glaubenssatz oder ein Vorschlag nicht eine unmittelbare Wahrheit darstellen, sondern eine hypothetische, deren Wahrheitsgehalt in der Wahrheit der konkreten Vorschläge besteht, die man daraus ableiten kann. [...]

Für das konkret-operatorisch denkende Kind war das Subjektive und Geistige gleichgesetzt mit Phantasie, gleichsam unrealistische Verdoppelungen äußerer physikalischer Ereignisse. Doch die Entwicklung der formalen Operation führt zu einer neuen Sicht des Äußeren und Physikalischen. Diese sind nur noch eine Gestaltform vieler Möglichkeiten subjektiver Erfahrung. Die Außenwelt ist nicht länger das Wirkliche, ›das Objektive‹, und das Innere ›das Unwirkliche‹. Vielleicht ist das Innere wirklich und die Außenwelt irreal. In extremer Konsequenz bedeutet adoleszentes Denken Solipsismus oder schließlich das Cartesianische Cogito, die Erkenntnis, dass das Einzige, was wirklich real ist, das eigene Selbst ist. Als ich ein fünfzehnjähriges Mädchen fragte: ›Was ist das Allerrealste für dich auf der Welt?‹, antwortete sie ohne Zögern ›Ich selbst‹.« (Kohlberg & Giligan 1971/72, 154;157; Übers. G.B./H.R.).

Diese Einstellung schlägt sich auch nieder in den Zugangsweisen der Jugendlichen gegenüber der Person Jesu. Im Hinblick auf die Bedeutung von Wundererzählungen meinten etwa Schüler/innen einer 7. Klasse (Büttner 2000 b, 42):

»Wundergeschichten zeigen etwas bildlich. Es muß nicht unbedingt wahr gewesen sein. Hauptsache ist, dass man darin Sinn erkennt und danach (z.B. Bartimäus) hofft und an sich selbst glaubt, und man kann ruhig den anderen diese Hoffnung, eben durch Geschichten, vermitteln, auch wenn wir nicht daran glauben. Jesus hat ja auch jedem etwas von seinem Glauben erzählt und denen (damit) Hoffnung gemacht. [...]«

> »Den Glauben sollte man in sich haben. Jeder hat einen ganz besonderen Glauben und damit auch seine ganz besondere Wundergeschichte. Andere haben eine andere Wundergeschichte und dadurch wird meine für sie geradezu langweilig.«

Angesichts einer solchen Rezeptionshaltung, die sich mit weiteren Untersuchungen deckt (vgl. Büttner 2002b), wird man bei der ins Auge gefassten Altersgruppe eine Zugangsweise zu Jesusperikopen erwarten können, die dem johanneischen Denken womöglich gar nicht so fremd ist, wie dies auf den ersten Blick vielleicht scheinen mag. Wir denken hier in erster Linie daran, dass ein historistisches Missverständnis, das die Texte als akkurate *Verdoppelung* eines historischen Prozesses sieht, zumindest dann geringer wird, wenn sich die Leser/innen bzw. Hörer/innen dieser Texte darüber im Klaren sind, dass es sich hier um Konstruktionen handelt. Konstruktion meint in diesem Zusammenhang, dass etwa der Autor bzw. die Autoren des Johannesevangeliums sich ihre Überlieferung der Jesusgeschichten so zurechtgesetzt haben, wie sie sie für angemessen hielten. Sie vollzogen damit in gewisser Weise denselben Prozess, wie ihn auch jeder heutige Rezipient vollzieht, der neue Informationen in sein Sinnsystem integriert. Gerade weil das Johannesevangelium an keiner Stelle seinen rekonstruktiven Status zu verbergen sucht, lädt es nach unserer Meinung dazu ein, selber an dem Streit darüber teilzunehmen, wer denn nun dieser Jesus Christus für uns heute sein kann und soll. Den Begriff der Rekonstruktion meinen wir in dem Sinne, dass der Leser sich den Text im Leseprozess eben nicht nur als ein Fertigprodukt gewissermaßen einverleibt und er ihm dann »unverdaut« zueigen ist. Das Ringen der jungen Leser/innen um ihre je eigene Lesart ist also keine alterstypische »Fehlhaltung«, sondern der Sache Johannesevangelium gerade angemessen. Unser Verständnis finden wir in den Überlegungen Ulrich Körtners (1994, 83f) gut ausgedrückt:

> »Der Text erhält im Akt des Lesens vermutungsweise einen Sinn, indem der Leser die Leerstellen ausfüllt, welche jeder, vor allem ein poetischer Text hat, Räume des Nicht-Gesagten und des Schon-Gesagten. Dabei stellt der Leser Sinnbezüge zu seiner eigenen Lebenswelt wie auch zu anderen Texten her, die der Autor keineswegs gekannt oder im Blick gehabt haben muß. [...] Im Laufe seiner Überlieferungsgeschichte provoziert ein Text immer neue Sinnverbindungen, die sein Autor noch gar nicht übersehen konnte.«

Der Blick auf das erwartete Rezeptionsverhalten kann nun nicht folgenlos sein für die Art und Weise, wie wir uns dem Johannesevangelium nähern wollen. Dies impliziert eine Auseinandersetzung mit neueren Zugangsweisen, wie sie in Exegese und Religionspädagogik Eingang gefunden haben. Ihre besondere Eignung ist im nächsten Abschnitt zu prüfen bzw. erweisen.

2.3 Wie können bzw. sollen wir uns dem Johanneischen nähern?

Am nächsten Tag sieht Johannes, dass Jesus zu ihm kommt, und spricht: Siehe, das ist Gottes Lamm, das der Welt Sünde trägt! Dieser ist's, von dem ich gesagt habe: Nach mir kommt ein Mann, der vor mir gewesen ist, denn er war eher als ich. Und ich kannte ihn nicht. Aber damit er Israel offenbart werde, darum bin ich gekommen, zu taufen mit Wasser. (Joh 1,29–34)

Nehmen wir den obigen Textausschnitt und die Jüngerberufung als Ausgangspunkt. Wie nähert sich die klassische Exegese diesem Text? Blicken wir exemplarisch in den berühmten Johannes-Kommentar von Rudolf Bultmann (1941/1959, 68) zu dieser Stelle:

> »Der Bericht ist wesentlich einheitlich; nur kleine Zusätze unterbrechen den Gang der Erzählung; sie gehen aber nicht auf die Redaktion, sondern auf den Ev[an]g[elisten] zurück, der hier also eine schriftliche Quelle verwertet. Von ihm stammt gewiß der Anschluß an das Vorhergehende in V. 25: *tä epaurion palin* [= am nächsten Tag wiederum] [...].«

Dieser eine Satz zeigt uns den typischen Zugriff der historisch-kritischen Arbeitsweise auf einen Evangelientext. Es wird von Quellen ausgegangen, mündlichen oder schriftlichen, es wird mit dem Evangelisten als (Haupt-)Verfasser gerechnet, aber auch noch mit einem oder mehreren Redaktoren, die die erste schriftliche Fassung des Evangeliums ergänzt und bearbeitet haben. Bei diesem Prozess werden dann Verknüpfungen gebildet, etwa durch die Einfügung von zeitlichen Einordnungen wie im Falle von Joh 1,25. Diese diachrone Betrachtungsweise erklärt die Spannungen und Ungereimtheiten eines Textes mit der zeitlich aufeinander folgenden Zusammenfügung und Bearbeitung von Quellen bis zur jetzigen Textgestalt. Die hier zutage tretende *Produktionsorientierung* hat jedoch für einen religionspädagogisch orientierten Zugriff ihre Schwierigkeiten. Laien lesen den Text in der Regel *synchron*, d.h., dass sie von einem geschlossenen Text ausgehen, dessen »Sinn« sie verstehen und sich aneignen möchten. Das bedeutet, dass sie für Spannungen im Text eigene Interpretationen finden müssen. Dies gelingt ihnen in der Regel aber wesentlich leichter als der Rückgriff auf eine historische Genese des Textes in mehreren Stufen. Konkret bedeutet dies, dass der Rekurs auf historisch-kritische Interpretamente als Herrschaftswissen wahrgenommen wird, das den Schüler/innen als Laieninterpreten nicht zur Verfügung steht und ihre eigenständigen Interpretationsleistungen abwertet.

Ohne die historisch-kritische Vorgehensweise desavouieren zu wollen – wir bedienen uns selbstverständlich auch ihrer Ergebnisse –, scheint es uns angemessen, in unserem Projekt eher auf synchron arbeitende Verfahrensweisen zurückzugreifen.

Wir erläutern im Folgenden zwei Zugangsweisen synchroner Art, die wir in den nächsten Kapiteln zur Anwendung bringen wollen: das Anknüpfen an der *Letztgestalt* und die *Dekonstruktion*.

Will man die beiden hier erwähnten Interpretationslogiken genauer charakterisieren, dann könnte man sagen, dass der Laie fragt, *was ist*, der historisch orientierte Exeget, *was geworden ist*. Das heißt auch, dass der Laie eher nach dem Inhalt, der Experte eher nach der Form schaut, ein Sachverhalt, der bei jeder Gedichtinterpretation in der Schule zum Problem wird. Natürlich ist das Insistieren etwa auf poetologischen Merkmalen wie Reim, Metrik etc. wichtig, gerade auch im Sinne einer Ästhetikerziehung. Gleichzeitig ist aber auch das Bedürfnis ernst zu nehmen, in *relevanten* Texten eine Sprachform zu finden, die es ermöglicht, existentiell bedeutsame Gedanken zum Ausdruck zu bringen. Letzteres sehen wir als eine wichtige Aufgabe von *Theologie* an. In diesem Sinne wollen wir nach Gestaltformen suchen, in denen Texte aus dem Johannesevangelium uns helfen können, theologische Fragen zum

Ausdruck zu bringen bzw. Interpretationen und Lösungswege zu finden. Nicht zuletzt dieses wäre die Aufgabe einer *Theologie des Johannesevangeliums.*

Dies impliziert, die Letztgestalt des Johannesevangeliums als Ausgangspunkt unserer Interpretation zu nehmen. In der Linie von Ludger Schenke werden wir das Evangelium als ein »Stück« verstehen, von dem zumindest in einer bestimmten Phase beschlossen wurde, dass es gerade so als »fertig« zu gelten habe. Dabei führt uns der Rückgriff auf die Theatermetapher weiter. Natürlich sind auch die uns bekannten Theaterstücke nicht an einem Tag entstanden und die Autor/innen haben Vorlagen gehabt und benutzt. Dies jeweils aufzuklären ist Aufgabe der Literaturwissenschaft. Trotz solcher »kritischer« Anmerkungen hat sich in der Regel ein autorisierter Text durchgesetzt, mit dem dann auch die Auseinandersetzung stattfindet. Nun kann aber jeder heutige Theaterbesucher feststellen, dass keine Aufführung des Stückes einer anderen völlig gleicht. Ja, es gehört zur Aufführungspraxis gerade »klassischer« Stücke, dass diese durch Kürzungen und Umstellungen und mancherlei andere Kunstgriffe verändert werden. Dieses Projekt findet meist unterschiedliche Aufnahme. Die dahinter stehende Idee ist jedoch, die – z.T. unerwartete – Aktualität des Stückes zum Ausdruck zu bringen. Die Absicht des Produzenten (d.h. des Autors) wird nicht mehr in den Vordergrund gestellt (»Was hat Goethe wohl damit gemeint?«), sondern der Text steht dem Regisseur und den Zuschauern als ein Medium zur Verfügung, dem sie zustimmen können, das sie zur Rührung bringt, über das sie sich ärgern können oder das sie zum Widerspruch reizt. Im Sinne der oben skizzierten Rezeptionstheorie gilt unsere Aufmerksamkeit beim Johannesevangelium gerade diesen Möglichkeiten, dass die Schüler/innen dort den Aspekten von Theologie begegnen sollen, die sie jetzt brauchen, um sich der christologischen Frage zu nähern. Indem wir von der Tatsache ausgehen, dass Schüler/innen der Sekundarstufe I sich auf sehr unterschiedliche und z.T. in sehr unorthodoxer Weise mit der Christusgestalt auseinander setzen, machen wir mit dem Johannesevangelium ein Angebot, das just dies zum Inhalt hat. Das Thema des Johannesevangeliums ist die Frage, wie die verschiedenen Personen und Gruppen dem Christus begegnen und wie sie sich entscheiden. Dabei liegt dem Evangelium eine dualistische Struktur zugrunde, in der es zwischen »Licht« und »Finsternis«, zwischen dem Christus und »der Welt« zu wählen gilt. Diese Radikalität entspricht zwar einerseits heutiger Mytheninszenierung im Kino (z.B. Terminator 2), nicht jedoch der postmodernen Lebenspraxis. Wir meinen, dass es deshalb sinnvoll sein kann, der Praxis moderner Theaterinszenierung soweit zu folgen, dass wir die Texte neu lesen. In der Literaturwissenschaft hat sich der Begriff der Dekonstruktion für dieses Verfahren eingebürgert und auch bereits erste Übernahmen in der Religionspädagogik erfahren. Jonathan Culler erläutert die Grundprinzipien dieses Vorgehens im Anschluss an Jacques Derrida folgendermaßen (1999, 143):

> »Der Kontext [einer Interpretation] selbst ist […] unbegrenzt, so dass Erklärungen durch den Kontext die Bedeutung niemals ganz determinieren können. Zu jeder Reihe von Formulierungen kann man sich weitere Kontextmöglichkeiten vorstellen, einschließlich der Erweiterung des Kontextes durch die Wiedereinschreibung seiner eigenen Beschreibung in den Kontext.
>
> Diese Darstellung von Sinn und Kontext kann den Umgang der Dekonstruktion mit dem Begriff der Geschichte klären, der für viele ein dunkler Punkt ist. Diejenigen, die sich auf die Geschichte berufen, führen diese als eine Basis der Determinierung von

> Sinn an, und da Derrida sie nicht so verwendet, sehen sie in ihm einen ›Textualisten‹, der bestreitet, dass historische Kontexte Sinn determinieren. Aber die Dekonstruktion betont in ihrer Kritik der Philosophie und anderer grundlegender Theorien, dass Diskurs, Sinn und Lektüren durch und durch historisch sind und durch Prozesse der Kontextualisierung, Dekontextualisierung und Rekontextualisierung erzeugt werden.«

Versuchen wir, diese komplexen Formulierungen zu erläutern und auf unseren Gegenstand, das Johannesevangelium, zu beziehen: Der Hinweis auf die Unbegrenztheit des Kontextes beinhaltet zunächst einmal die Erkenntnis, dass immer wieder neue Leser/innen dem Text begegnen und von ihrem Hintergrund und aus ihrer Fragestellung heraus neue Einsichten gewinnen können. Ich kann das Johannesevangelium unter historischem Interesse lesen, um herauszufinden, wie sich dualistische Philosophie, Denkweisen des Judentums, Lokalkolorit aus dem 1. Jahrhundert nach Christus in ihm niedergeschlagen haben und dies mit ähnlichen Quellen dieser Zeit vergleichen. Ich kann den Text als Inspiration meiner Jesusfrömmigkeit lesen und den Text im gottesdienstlichen Kontext hören. Und ich kann wiederum darüber nachdenken, was es für den Text bedeutet, in einem solchen Kontext gelesen zu werden. Damit bin ich soweit ein »Textualist«, als ich davon ausgehe, dass der Text des Johannesevangeliums ein autonomes Kunstwerk ist, das durchaus sein Eigenleben führt. Denken wir nur an Goethes Faust mit seinem Übersetzungsversuch der Anfangsworte des Evangeliums mit seiner schließlichen Lösung »*en archä ho logos*« mit den Worten »am Anfang war die Tat« zu übersetzen (Goethe 2000, V. 1219ff). Aber gibt es nicht eine Verpflichtung gegenüber dem *historisch gemeinten Sinn*? Doch gibt es diesen überhaupt?

Was wir von Jacques Derrida übernehmen, ist der Gedanke der prinzipiellen Unabschließbarkeit der Interpretation. Das heißt, dass der Zuordnungsprozess zwischen dem Text und seiner Bedeutung immer wieder neu vollzogen werden muss, weil es keine abschließende Interpretation geben kann. Das Kunstwort der différance lässt die Bedeutung »Unterscheidung« und »Aufschieben« anklingen (Derrida 2004, 110ff). Das Treffen einer Unterscheidung ist zwingend, um Sinn zu gewinnen. Wenn z.B. Johannes der Täufer in Joh 1,29 Jesus als das »Lamm Gottes« bezeichnet, dann impliziert dies mehrere Unterscheidungen. Zunächst wird deutlich, dass Johannes dieses Prädikat für Jesus reserviert und gerade nicht für sich. Gleichzeitig kreiert er eine Metapher. Jesus ist kein Schaf, sondern ein Mensch, nach Johannes sogar ein »göttlicher Mensch«. Der Blick auf den frühchristlichen Entstehungskontext bietet bestimmte Traditionen an, die mit der Metapher aufgenommen werden sollen, von der Praxis des Passalammes und seiner Deutung im frühen Christentum über den Verweis auf das Gottesknechtslied Jes 52,13–53, 12 bis hin zur Praxis des jüdischen Tempelopfers (Riede 2003, 807; Bultmann 1941/1959, 66f). Gerade die Metapherform dieser Aussage zu Jesus Christus bringt den Differenzcharakter jeglicher Interpretation zum Ausdruck: Sie kann Sinn nur generieren, wenn sie angibt, wo der Nicht-Sinn oder gar der Unsinn beginnt. Wenn Jesus hier als »Lamm Gottes« bezeichnet wird, sieht diese Bestimmung ihn in diesem Moment nicht explizit als »Kyrios« oder »Messias«. Diese Namen könnten genauso gut als Differenz zur Kennzeichnung verwendet werden, es ist aber nie möglich, alle Differenzen gleichzeitig zu ziehen. Insofern ist der Sinn des Zeichens nie auf einmal zu gewinnen, sondern wird immer wieder *aufgeschoben*. Es ist vergleichbar mit dem Versuch, einen Würfel von allen Seiten zugleich betrachten zu wollen.

Jeff Koons, »Saint John the Baptist«, 1988, Porzellan, © Staatsgalerie Stuttgart

Der Aspekt der Aufschiebung wird deutlich in der immer wieder getroffenen Neuinszenierung der Joh-Stelle in der Kunst. Erinnert sei an klassische Bilder von Bouts und Grünewald über Leonardo bis zu Jeff Koons.

Bei Letzterem ist das Bildprogramm von Leonardo da Vinci aufgenommen. Das Tier, das dieser Johannes im Arm hält, ist nun allerdings *ein Schwein*. Vom strengen Gehalt der ursprünglichen Metapher hat sich der Künstler damit offensichtlich entfernt, von einer Interpretation in der Linie klassischer biblischer Theologie ebenfalls. Die Plastik Koons zeigt aber auch das Eigenleben des Textes. Der von Derrida angesprochene Aufschub zeigt, dass die Interpretation nie zuende ist. Ob von Interpretationen wie der Koons'schen eine religionspädagogisch verantwortbare Praxis hergeleitet werden kann, muss im Einzelnen geprüft werden. Uns geht es hier primär um den Aufweis der Offenheit der Interpretation. Dieser gewinnt beim Johannesevangelium dadurch einen besonderen Reiz, dass dessen dualistische Grundstruktur uns ja eher auf ein Entweder – Oder der Deutung festlegen möchte.

Das Wechselspiel zwischen Eindeutigkeit und radikaler Pluralität wird – nicht zuletzt im Hinblick auf die ins Auge gefassten Adressat/innen – unser weiteres Vorgehen bestimmen.

Religionspädagogisch ist dieses Verfahren nicht unproblematisch. Von Seiten der Schüler/innen wird mit Recht erwartet, dass ihre Bemühungen *einen Sinn* ergeben. In aller Regel reagieren sie zunächst nicht begeistert, wenn man ihnen den gerade gefundenen Sinn dadurch »madig« macht, dass man ihm neue Deutungsangebote beigesellt. Andererseits ist es für adoleszente Schüler/innen aber auch befreiend, wenn sie nicht von einem massiven Sinnangebot, wie es das Johannesevangelium darstellt, gleichsam übermächtigt werden. Gerade gegenüber den geachteten, hoch autorisierten biblischen Texten ist es hilfreich, wenn ihnen eine Zweit- und Drittdeutung hinzugefügt wird. Diese Zusatzdeutungen bieten zwangsläufig eine Differenzierung, indem sie einerseits die einzelne Deutung schärfer konturieren, andererseits aber deutlich machen, dass keine Verstehensweise ein Monopol beanspruchen kann. Betrachtet man die neueren religionspädagogischen Ansätze, die den Begriff der Dekonstruktion explizit aufnehmen (Kropač 2003 a), dann erkennt man, dass sie durchaus bekannte Methoden der Textarbeit anwenden, weitgehend aber dem Konzept der Verfremdung verwandt sind, wie dies etwa H.K. Berg entworfen (Berg 1988) und auch auf johanneische Texte angewendet hat (Berg 1987, 67ff). Gleichwohl ist es richtig, die Dekonstruktion (trotz oder gerade wegen ihres anti-hermeneutischen Anspruchs) als Interpretationsprinzip im Auge zu behalten.

2.4 Materialien und Impulse für den Unterricht

2.4.1 Die Taufe Jesu (Joh 1,29–34)

Werfen wir einen Blick auf die oben angeführte Stelle im Evangelium, an der es gewissermaßen »richtig« los geht, d.h. nach dem Prolog und der Einführung Johannes des Täufers (Joh 1,29–31).

Johannes der Täufer führt Jesus gleich mit einem programmatischen Titel ein. Interessanterweise spricht er nicht zu Jesus, wie man es erwarten würde, sondern er wendet sich an den Leser bzw. unter der Annahme, dass der Text laut gelesen wird, an den Hörer dieser Passage. Sein Verhältnis zu Jesus formuliert er in einer Aussage, die auf den ersten Blick unsinnig ist. Wenn Jesus nach Johannes kommt, d.h. auch nach der Logik dieser Darstellung gewissermaßen sein Nachfolger werden soll, dann ist die Aussage, dass Jesus bereits auch sein Vorgänger gewesen sein soll, nicht logisch. Allerdings wurde Jesus bereits vorher als der präexistente Logos vorgestellt. Für unseren Text aber bedeutet das, dass eine naive Lesart offensichtlich schwierig, wenn nicht unmöglich ist. Es scheint also so zu sein, dass wir bei Johannes an jeder Stelle die intertextuellen Verweise mitbeachten müssen. Ein gewissermaßen kontextfreier Einsatz – wie er etwa im problemorientierten RU für Bibelstellen eher die Regel ist – wird dadurch sehr schwierig.

Wir können festhalten, dass auch in Szenen, in denen es um ein vergleichbar bekanntes Geschehen wie die Taufe Jesu geht, offenbar andere Sprach- und Interaktionsformen zwischen den Personen gepflegt werden, als wir dies von den Synoptikern oder gar aus unserer Lebenswelt kennen. Wie also können wir uns mit Schüler/innen dem Johannesevangelium und seiner besonderen Sprachwelt nähern?

Zwei Wege scheinen uns im Zuge einer ersten Annäherung vielversprechend: Zum einen können wir den Weg über die bildende Kunst gehen. Denn es ist bildenden Künstlern immer wieder gelungen, das spezifisch Johanneische einzufangen. Das bedeutet nicht in erster Linie, dass sie eine Szene aus dem Johannesevangelium dargestellt, sondern dass sie die hier skizzierte Atmosphäre ins Bild gesetzt haben. Zum anderen werden wir – anhand der folgenden Szene von der Jüngerberufung – die Charakterisierung des Johannesevangeliums als Drama didaktisch fruchtbar machen.

Wir wählen ein Bild des flämischen Malers Dieric Bouts. Der Maler wirkte vor allem in der belgischen Stadt Löwen. Das Bild wurde um 1460 gemalt und trägt den lateinischen Titel »Ecce agnus dei«. Damit ist bereits vom Bildtitel her klar, dass eine Szene aus dem Johannesevangelium gemeint ist. Man wird mit Recht an die oben genannte Stelle denken.

Betrachten wir das Gemälde genauer, so fallen zunächst die abgebildeten Personen ins Auge: Jesus, der Täufer und offenbar ein Zeitgenosse des Malers in andächtiger Haltung. Jesus »bewegt sich nach vorn zum Betrachter hin, blickt diesen milde an, doch gleichzeitig durch ihn hindurch« (Eikemeier 1990, 13). Wenn wir diese Stelle im Kontext der gerade stattgefundenen Taufe Jesu interpretieren, dann soll man der Person ansehen, dass – nach Joh 1,32 – »der Geist herabfuhr wie eine Taube und blieb auf ihm«. Damit ist Jesus hier nicht primär als die historische Gestalt aus Nazareth charakterisiert, sondern als Messias, wie die Jünger später explizit feststellen werden (Joh 1,41). Der Täufer ist gekennzeichnet durch den doppelten Zeigevorgang. Er deutet einerseits auf Jesus Christus, gleichzeitig aber auf dessen Symbol, den Baum in der Bildmitte. Dieser Hinweis findet sich im Johannesevangelium so nicht, er nimmt vielmehr Bezug auf Offb 22,1–2 und deutet ihn als Lebensbaum. Anachronistisch ist die ins Bild gesetzte Stifterfigur in ihrer Andachtshaltung. Der Maler bringt damit einen Zeitgenossen in das biblische Geschehen hinein. Diese Operation lässt sich didaktisch fruchtbar machen (s.u.).

Die Landschaft erscheint uns merkwürdig. Dies liegt wohl auch an der nicht ganz überzeugenden Anwendung der Perspektivik. Das Rinnsal im Vordergrund wird innerhalb kurzer Entfernung zum Fluss. Die Flussseite Jesu ist als Wüste

Dieric Bouts, Johannes weist auf Jesus hin: »Siehe, das Lamm Gottes« (Ecce agnus dei), Alte Pinakothek, München gekennzeichnet, dagegen zeigt die rechte Bildseite vor allem im Vordergrund dichten Pflanzenbewuchs. Direkt vor Jesu Füßen liegen Edelsteine. »Die Schönheit der belebten Natur bezeichnet die physische diesseitige Welt. Ihr ist die geistige Sphäre des jenseitigen Ufers entgegengestellt, die für denjenigen, der den Weg der Entsagung und Askese geht und Jesus nachfolgt, kostbare Schätze bereithält« (Eikemeier 1999, 13).

Das Bild macht etwas deutlich von der bei Baldermann angedeuteten irritierenden Botschaft des Johannesevangeliums. Man betritt eine Welt, deren Sprache uns zwar vertraut dünkt und doch merken wir ständig, dass wir mit dieser Annahme letztlich scheitern. Das Bild von Bouts bringt aber auch einen wichtigen Vorschlag, um einen Zugang zur johanneischen Welt zu gewinnen. Offenbar lässt sich das Geschehen nur sehr bedingt »cool« distanziert betrachten. Es bedarf vielmehr eines »Sprungs ins Bild«, wie ihn uns der Stifter gewissermaßen »vorgemacht« hat. In Baldermanns Worten (1988, 229):

> »Hat man aber auch nur an einer Stelle [einen] Zugang gefunden, so ändert sich der Eindruck völlig. Die Sprache, die zunächst ganz in sich abgeschlossen erschien, öffnet sich; was als naive Selbstdarstellung erschien, erweist sich auf einmal als eine außergewöhnlich scharfe, selbstkritische Reflexion des Glaubens, [...] Es ist ein eigenartiges Unterfangen, sich auf diese johanneische Didaktik einmal gründlicher einzulassen. Man begibt sich auf einen Weg, dessen Ende gar nicht abzusehen ist.«

Mit Baldermann können wir damit ein Prinzip johanneischer Theologie festhalten. Das Evangelium will offensichtlich in besonderem Maße gelesen werden als ein Text, der seinen Adressaten nicht als distanzierten Betrachter sieht, sondern als einen, den er in das Geschehen hineinziehen möchte, den er – um in der Bildmetapher des Bouts-Gemäldes zu bleiben – auf die Seite Jesu herüberholen möchte.

Angesichts einer Schülerschaft, die sich eher als vorsichtig suchende versteht, stellt sich natürlich die Frage, wie dieser »Sprung ins Bild« gelingen kann. Hier gilt es u.E. zwischen der johanneischen und der didaktischen Intention zu differenzieren: Der Evangelist will seine Adressaten darin bestärken, auf der Seite Jesu zu bleiben. Aus didaktischer Perspektive geht es uns dagegen um einen offeneren Zugang, mit anderen Worten: Es geht uns um eine Auseinandersetzung mit dem Evangelium, deren Ausgang offen zu halten ist. Wir wollen den Schüler/innen also nicht vorschreiben, an welcher Stelle sie sich ins Bild setzen sollen, aber wir wollen sie dazu ermuntern, sich – wie der Stifter – probeweise *an einer Stelle ihrer Wahl* ins Bild zu setzen.

Daneben kann anhand des Bildes der konstruktive Charakter des Evangeliums veranschaulicht werden. Bei der Betrachtung der Wüste in Bouts Bild hat man den Eindruck einer Kulissenwüste. Dem entspricht durchaus die Empfindung, die wir von johanneischen Dialogen zwischen Johannes dem Täufer, Jesus und den Jüngern erhalten: Auch sie erscheinen uns künstlich. Einen Zugang zum Johannesevangelium kann nur gewinnen, wer diese Künstlichkeit als bewusste Gestaltung wahrzunehmen lernt. Die Szenen des Evangeliums sind bewusst gestaltet, ebenso wie der Künstler sein Bild gestaltet, wobei auch hier andere Kriterien gelten als die möglichst getreue »Kopie der Realität«.

2.4.2 Die Jüngerberufung (Joh 1,35–42)

Am nächsten Tag stand Johannes abermals da und zwei seiner Jünger; und als er Jesus vorübergehen sah, sprach er: Siehe, das ist Gottes Lamm! Und die zwei Jünger hörten ihn reden und folgten Jesus nach. Jesus aber wandte sich um und sah sie nachfolgen, und sprach zu ihnen: Was sucht ihr? Sie aber sprachen zu ihm: Rabbi – das heißt übersetzt: Meister –, wo ist deine Herberge? Er sprach zu ihnen: Kommt und seht! Sie kamen und sahen's und blieben diesen Tag bei ihm. Es war aber um die zehnte Stunde. Einer von den zweien, die Johannes gehört hatten und Jesus nachgefolgt waren, war Andreas, der Bruder des Simon Petrus. Der findet zuerst seinen Bruder Simon und spricht zu ihm: Wir haben den Messias gefunden, das heißt übersetzt: der Gesalbte. Und er führte ihn zu Jesus. Als Jesus ihn sah, sprach er: Du bist Simon, der Sohn des Johannes; du sollst Kephas heißen, das heißt übersetzt: Fels.

Gemäß dem Ansatz von L. Schenke, nach dem es sich bei dem Johannesevangelium um ein Drama handelt, lohnt es sich, diese Szene mit den Schüler/innen »auf die Bühne zu bringen«. Die Aufgabenstellung fordert die Jugendlichen zunächst dazu auf, sich klar zu machen, was hier eigentlich passiert.

Folgende Fragen können einen Leitfaden geben:
- Wer tritt hier auf?
- Wo gibt es »Szenenwechsel« – angezeigt durch Orts- oder Zeitwechsel?
- Was sagen die einzelnen Figuren, was tun sie?
- In welcher Reihenfolge treten die Figuren auf?
- Wie bewegen sich die einzelnen Figuren auf der Bühne?
- Welche Requisiten sind notwendig, wo sollen sie stehen?

Diese Fragen sensibilisieren zunächst dafür, wie gedrängt, ja unnatürlich der Text von der Jüngerberufung erzählt. Heutige Schüler/innen werden hier kritische Fragen stellen. »Haben die den Jesus gefragt?« »Genügt denen der Hinweis des Johannes?« »Wieso können die annehmen, dass Jesus das recht ist?« Diese Irritation kann zu einem (angeleiteten) tieferen Verständnis für den Text führen. Interessant ist an dieser Stelle der Begriff »nachfolgen«. Wie es der Wortgebrauch erst einmal nahe legt, hat man den Eindruck, die beiden Jünger laufen Jesus einfach nach. Doch dann empfindet man, dass »Hinterherlaufen« offensichtlich bereits in dem Sinne gemeint sein soll, wie sich der Begriff in der christlichen Tradition etabliert hat, sie werden Jünger, zumindest Anhänger Jesu. Auch der Begriff der Herberge hat diesen schillernden Ton. Beim Lesen denkt man an die Unterkunft Jesu. »Wo hat er sein Zuhause?« »Wo ist das Zentrum seiner Wirksamkeit?« Der Text vermerkt, dass sie es sahen und bei ihm blieben. Wer später im Evangelium (Joh 14,2.23) liest, dass in Jesu Vaters Haus »viele Wohnungen« sind, wird dann auch bei dieser Stelle weniger an die Beschaffenheit einer Hütte denken, sondern an die himmlische Heimat Jesu erinnert werden.

Die ganze Schilderung ist geprägt von der (psychologisch unwahrscheinlichen) Selbstverständlichkeit, mit der der Täufer Jesus seine Jünger »überlässt« und mit der die Jünger zu Jesus »wechseln« und ihm nachfolgen. Jesus tritt als souveräner Gesalbter auf, der bereits alles über seine neuen Jünger weiß.

In einem zweiten Schritt können die Jugendlichen weitere Aufführungen derselben Szene inszenieren, die sich – in unterschiedlicher Art und Weise – vom Wortlaut des Textes lösen. Diese alternativen Inszenierungen schärfen den Blick für den konstruktiven Charakter des johanneischen Textes samt seiner spezifischen (v.a. christologischen) Aussageabsicht. Die alternativen Akzentuierungen können dabei unterschiedlich ausfallen.

Impulse:
- Schreibt die Rolle von Johannes dem Täufer um, so dass sie »natürlicher« wirkt.
- Schreibt einen »inneren Monolog« zu einem der beiden Jünger, die vor der Entscheidung stehen, ob sie Johannes oder Jesus nachfolgen sollen.
- Andreas fällt es schwer, seinen Bruder zu überzeugen. Was sagt er zu ihm?

3. Die johanneische Christologie

3.1 Die Sendungschristologie

Die johanneische Christologie ist v.a. eine Sendungschristologie. Sie beruht auf der Institution des Botenverkehrs im Alten Orient (Bühner 1977) und umfasst drei Stationen:

1. die Beauftragung (Aussendung),
2. die Durchführung des Auftrags,
3. die Rückkehr zum Auftraggeber.

Prägnant werden diese drei Stationen vom johanneischen Christus in Joh 16,28 formuliert: »Ich bin vom Vater ausgegangen und in die Welt gekommen; ich verlasse die Welt wieder und gehe zum Vater.« Was beim altorientalischen Boten in der Horizontalen geschieht – dass er nämlich an einen anderen Ort reist, um einen Auftrag zu erfüllen – geschieht beim johanneischen Christus in der Vertikalen: Er wird vom Himmel, also von oben, auf die Erde gesandt, und dann zum Vater »erhöht« (vgl. Joh 12,32).

Diese christologische Konzeption ist in ein dualistisches Weltbild eingezeichnet, in dem unvereinbare Gegensätze aufgebaut werden. So heißt es etwa in Joh 3,19:

> *Das ist aber das Gericht, dass das Licht in die Welt gekommen ist, und die Menschen liebten die Finsternis mehr als das Licht, denn ihre Werke waren böse.*

Der Leser weiß bereits seit dem Prolog, dass mit dem Licht kein anderer als Jesus Christus gemeint ist:

> *In ihm war das Leben, und das Leben war das Licht der Menschen. Und das Licht leuchtet in der Finsternis und die Finsternis hat's nicht ergriffen. (Joh 1,4–5)*

Christus als das Licht steht also der Finsternis dualistisch gegenüber. Ein weiteres Gegensatzpaar, das ebenfalls bereits im Prolog vorbereitet wird, ist das von Leben und Tod. In Christus ist das Leben, die Welt jedoch ist dem Tod verfallen:

> *Ich bin die Auferstehung und das Leben. Wer an mich glaubt, der wird leben, auch wenn er stirbt; und wer da lebt und glaubt an mich, der wird nimmermehr sterben. (Joh 11,25–26)*

Der Glaube an Jesus Christus stellt für den Menschen die einzige Möglichkeit dar, dem Bereich des Todes zu entfliehen und im Vollsinn zu leben:

Wer mein Wort hört und glaubt dem, der mich gesandt hat, der hat das ewige Leben und kommt nicht in das Gericht, sondern er ist aus dem Tod ins Leben hinübergegangen. (Joh 5,24)

Ein drittes, zentrales Gegensatzpaar ist das von Lüge und Wahrheit. Jesus Christus ist, wie wir bereits gesehen haben, die Wahrheit. Sein Auftrag besteht darin, die Wahrheit zu verkünden:

Ich bin dazu geboren und in die Welt gekommen, dass ich die Wahrheit bezeugen soll. Wer aus der Wahrheit ist, der hört meine Stimme. (Joh 18,37)

Der Dualismus wird dort auf die Spitze getrieben, wo »die Juden«, die nicht an Jesus glauben, als Kinder des Teufels gebrandmarkt werden, der ein Lügner ist:

Ihr habt den Teufel zum Vater, und nach eures Vaters Gelüste wollt ihr tun. Der ist ein Mörder von Anfang an und steht nicht in der Wahrheit; denn die Wahrheit ist nicht in ihm. Wenn er Lügen redet, so spricht er aus dem Eigenen; denn er ist ein Lügner und der Vater der Lüge. (Joh 8,44)

Der johanneische Dualismus ist also sowohl qualitativ (Licht – Finsternis; Leben – Tod) als auch moralisch (Wahrheit – Lüge) geprägt. Zwei Herrschaftsbereiche stehen sich diametral gegenüber: »oben« der Herrschaftsbereich Gottes, der sich durch Wahrheit, Licht und Leben auszeichnet, »unten« der Herrschaftsbereich des Teufels, der durch Lüge, Finsternis und Tod charakterisiert ist.

Die Menschen gehören in den »unteren« Herrschaftsbereich. Sie haben keine Möglichkeit, aus eigener Kraft in den »oberen« Herrschaftsbereich zu wechseln. Allein Jesus Christus hat die Barriere zwischen »oben« und »unten« durchbrochen. Denn allein er kommt ja von »oben«. Hier liegt der »dramaturgische« Grund dafür, dass das Johannesevangelium – anders als die synoptischen Evangelien – mit dem Prolog »oben«, bei Gott, ansetzt. Allein Jesus Christus kann auf Grund seiner göttlichen Herkunft das Lebensangebot in die Welt bringen. Sein Weg führt vom Vater nach »unten« in die Welt und wieder »hinauf« zum Vater:

Umstritten ist in der aktuellen exegetischen Diskussion, wie sich die Sendungschristologie zur Inkarnationschristologie des Prologs verhält. Einige Exegeten sind der Meinung, dass der Evangelist die Inkarnation des Logos ganz im Sinne der Sendungskonzeption versteht: »Das Bekenntnis zur Fleischwerdung des Logos bringt [...] zur Sprache, was der Evangelist ansonsten – theologisch für ihn sachgemäß – mit der Sendung des Sohnes meint.« (Müller 1990, 70). Johannes kommt es allein darauf an, dass der johanneische Christus der einzige legitime Offenbarer himmlischen Lebens ist. Die in Joh 1,14 formulierte Inkarnationsvorstellung hat demnach kein eigenes theologisches Gewicht. »Wie sich himmlische Herkunft, Gottgleichheit [1,1] und die Kraft, göttliches Leben wie der Vater in sich selber zu haben (5,26), mit seiner irdischen Geburt und damit seinem Menschsein vermitteln, bleibt weitgehend unreflektiert.« (a.a.O., 71).

Dieser Auffassung ist gerade in jüngerer Zeit widersprochen worden. Der Prolog – samt Inkarnationschristologie – sei eine »christologische Leseanweisung« für das

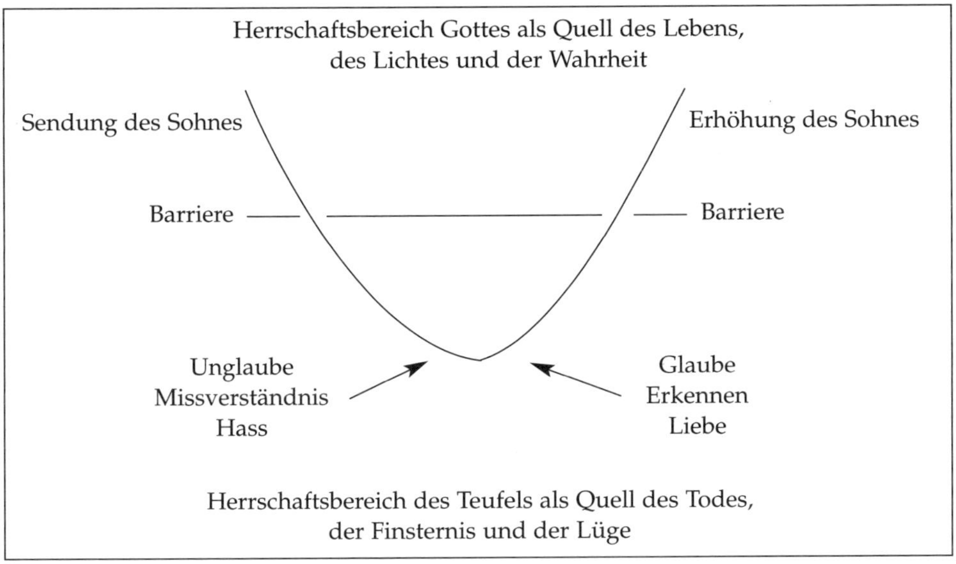

gesamte Evangelium (Theobald 1988, 438). Worin besteht diese Leseanweisung? Auch das ist umstritten. Insbesondere U. Schnelle sieht in der johanneischen Christologie eine antidoketische Stoßrichtung (1987; 2004). Das heißt, das Johannesevangelium betont die Menschwerdung des Logos, weil sie von bestimmten christlichen Gruppierungen geleugnet worden ist. Diese Gruppierungen waren der Meinung, dass sich der Logos nur zum Schein mit dem Menschen Jesus verbunden habe (Doketismus). Dahinter steht das Interesse, den göttlichen Logos aus der Passion herauszuhalten. Gegen diese Auffassung betonte der Evangelist, dass der Logos wirklich Fleisch geworden sei und am Kreuz als Mensch gelitten habe. M. Theobald modifiziert diese Auslegung: Der Johannesprolog richtet sich nicht gegen eine Auffassung, die eine echte Verbindung von Logos und Jesus leugnet, sondern gegen eine Auffassung, die nur von einer zeitlich begrenzten Verbindung beider ausgeht. Die »Gegner« wären der Meinung gewesen, dass sich der Logos nicht bereits bei der Geburt, sondern erst bei der Taufe mit Jesus verbunden und sich vor der Passion wieder von ihm getrennt habe. Dagegen – so Theobald – setzt der Johannesprolog die These, dass der Logos sich für die gesamte Dauer der irdischen Existenz Jesu – von seiner Geburt bis zu seinem Tod am Kreuz – mit diesem Menschen verbunden habe.

3.2 Die An-Stößigkeit der johanneischen Christologie

Selbst wenn wir – wie in der Einleitung ausgeführt – davon ausgehen, dass die Jugendlichen der Sek I sehr wohl ansprechbar für christologische Fragen sind, mag diese kurze Einführung in die wissenschaftliche Debatte zur johanneischen Christologie Zweifel daran aufkommen lassen, dass gerade das Johannesevangelium ein aus didaktischer Sicht geeigneter Text sein könnte. Besteht hier überhaupt eine Anschlussfähigkeit für die Verstehensmuster der Schüler/innen? Sind die Diskussionen um bestimmte Spielarten doketischer und antidoketischer Christologien nicht völlig jenseits ihrer Horizonte?

In vielleicht noch stärkerem Maße wirft der johanneische Dualismus aus didaktischer Sicht Probleme auf. Im johanneischen Dualismus gibt es nur schwarz und weiß, die Zwischentöne fehlen. Es gibt keine relative Wahrheit, kein »ja, aber«, kein »Körnchen Wahrheit« in unterschiedlichen Meinungen. Es hat sich schon angedeutet, dass diese Eindeutigkeit teuer erkauft ist. Denn der Dualismus führt zu Denkmustern, in deren Rahmen Anders-Denkende leidenschaftlich verurteilt werden (vgl. Joh 8,44). Diejenigen, die nicht an Jesus glauben – insbesondere also »die Juden« – werden zur bloßen Negativfolie für die Christusnachfolger. Ihre Fragen dienen – wie im Falle des Pilatus (s.u. Kap. 11) – nur mehr der unfreiwilligen Demonstration des eigenen Unverständnisses. Echte Dialoge, in denen über Wahrheit und Unwahrheit mit offenem Ausgang debattiert würde, finden sich nicht. Die johanneischen Adressat/innen sind vielmehr dazu eingeladen, sich angesichts der Ignoranz der »Outsider« der eigenen Überzeugung und Gruppenzugehörigkeit zu vergewissern.

Die z.T. polemische Abwertung all derer, die nicht die eigene Meinung vertreten, widerspricht einer konstruktiven Streitkultur, in der Kinder und Jugendliche lernen, eigene Meinungen argumentativ einzubringen und andere Meinungen zu respektieren. Die dualistische Darstellungsweise des Johannesevangeliums könnte insbesondere deshalb Ablehnung provozieren, weil Kinder und Jugendliche sich kaum eindeutig als »Insider« auf die Seite des johanneischen Christus stellen würden. Ein Text, der ihnen als einzige verbleibende Rolle diejenige des ignoranten, dem Tode verfallenen Ungläubigen anbietet, läuft Gefahr, insgesamt abgelehnt zu werden.

3.3 Die exegetische Relativierung des Dualismus

Aus exegetischer Sicht muss zunächst betont werden, dass der Dualismus das johanneische Denken nicht völlig beherrscht. J. Becker weist darauf hin, dass »nicht alle Schichten im Joh […] dualistisch angelegt [sind].« (1991, 175). Bemerkenswert sind in diesem Zusammenhang die undualistischen, umfassenden Formulierungen, die davon sprechen können, dass Gott den Kosmos, d.h. die Menschheit insgesamt liebt:

> *Denn also hat Gott die Welt geliebt, dass er seinen eingeborenen Sohn gab, damit alle, die an ihn glauben, nicht verloren werden, sondern das ewige Leben haben. Denn Gott hat seinen Sohn nicht in die Welt gesandt, dass er die Welt richte, sondern dass die Welt durch ihn gerettet werde. (Joh 3,16–17)*

Ebenso kann Christus davon reden, dass er nach seiner Auferstehung, also seiner Erhöhung, *alle* zu sich (in den Himmel) ziehen will:

> *Und ich, wenn ich erhöht werde von der Erde, so will ich alle zu mir ziehen. (Joh 12,32)*

Der Heilswille Gottes, die »helle« Seite des Dualismus, scheint hier die dunkle Seite zu überstrahlen.

Auf andere Art und Weise und mit einem stärker synchronen Blick auf den Text des Evangeliums, versucht K. Scholtissek (2003), die dualistische Lesart des Textes zu relativieren. Er spricht geradezu von der »Dualismusfalle«, in die die Ausleger des Evangeliums getappt seien. Scholtissek betont, dass die Haltung, die bestimmte Menschen im Johannesevangelium zu Jesus einnehmen, in dualistischen Begriffen nicht zureichend beschrieben werden kann. Es gehe nicht einfach um ein schroffes Ja oder Nein, um Glauben oder Unglauben. Gerade die längeren Dialogszenen, etwa zwischen Jesus und der Samaritanerin (Joh 4; s.u. Kap. 6) oder zwischen Jesus und dem Blindgeborenen (Joh 9; s.u. Kap. 7) beschreiben Entwicklungsprozesse, die mehrere Stufen durchlaufen. Auch P. Dschulnigg (2000) zeichnet in seiner Monographie »Jesus begegnen« ein differenziertes Bild der Personen, die im Johannesevangelium auftreten. Neben Glaubenden und Nicht-Glaubenden gebe es auch Figuren, die in einer gewissen Distanz zu Jesus verharren. Zu diesen »zwiespältigen« Personen zählt Dschulnigg u.a. Pilatus:

> »Er ist eine zwiespältige Figur; er will sich einerseits für Jesus einsetzen, den er als unschuldig beurteilt, kommt aber als Realpolitiker und Machtmensch unter den Druck der Hohenpriester, denen er schließlich nachgibt, indem er Jesus den Soldaten zur Kreuzigung übergibt. Allerdings trägt er nachher indirekt zur Verehrung Jesu als des gekreuzigten Königs der Juden bei und ebenso zu einem Begräbnis, das dessen Königswürde entspricht.« (a.a.O., 327).

Während J. Becker den Dualismus also dahingehend relativiert, dass die »helle« Seite die dunkle an manchen Stellen überstrahlt, weisen K. Scholtissek und P. Dschulnigg darauf hin, dass im Johannesevangelium auch »Graustufen« zu finden sind. Diese Einsicht werden wir uns religionspädagogisch insbesondere beim Thema der Christologie zunutze machen, wo es um *graduelle* Nähe oder Ferne zu Jesus Christus geht (s.u. Kap. 5).

3.4 Die Lernchancen der johanneischen Christologie

In ihrer empirischen Untersuchung zur Christologie bei 12–13-jährigen stellen Hanisch und Hoppe-Graff (2002) fest, dass die Vorstellung von Jesus Christus als dem Boten Gottes von Jugendlichen selbst hervorgebracht wird und sich als besonders tragfähig erweist für ein Zusammendenken der – systematisch-theologisch gesprochen – göttlichen und menschlichen Natur Jesu Christi. Die Verfasser berichten in ihrer Studie von einem 12-jährigen Mädchen, das Jesus Christus – ohne mit dem Johannesevangelium konfrontiert worden zu sein – als »Bote von Gott« versteht: »Für Rahel ist Jesus ›vielleicht ein Bote von Gott, auch sein Sohn, aber vielleicht auch sein Bote‹. Als Bote habe er den Leuten von Gott erzählt, ›was Gott eigentlich jedem einzelnen sagen würde‹.« (a.a.O., 96) Jesus Christus hat von seinem Vater eine bestimmte Aufgabe übertragen bekommen: Er soll den Menschen von seinem Vater erzählen. Deshalb kommt Jesus aus dem Himmel zu den Menschen auf der Erde. Die Wunder »zeigen, dass Jesus Gottes Sohn ist«; Gott (!) kann Wunder »machen«. Weil Jesus seiner Aussage, dass er Gottes Sohn sei, treu bleibt, muss er sterben. Hanisch/Hoppe Graff bewerten das Konzept als besonders tragfähig: »Durch die Annahme, dass Jesus als Sohn Gottes zugleich der Bote Gottes ist, gelingt es ihr, bruchlos den Zusammenhang zwischen dem Menschen Jesus und Christus herzustellen.« (a.a.O., 99) Auch unabhängig von dieser Studie scheint es unmittelbar einleuchtend, dass Kinder vertraut sind mit der Vorstellung, vom »Vater« einen Auftrag übertragen zu bekommen, der dann auszuführen ist. Die Kinder können also wesentliche Elemente dieses Schemas an den ihnen vertrauten familiären Kontext assimilieren – was durch die Bezeichnung Gottes als Vater und Jesu als Sohn zusätzlich nahe gelegt ist.

Wie verhält es sich aber aus didaktischer Sicht mit dem johanneischen Dualismus? Trotz der oben referierten, angemessenen Relativierungen ist aus exegetischer Sicht daran festzuhalten, dass für das Johannesevangelium feststeht, was bzw. wer die Wahrheit ist. Angesichts dieser johanneischen Eindeutigkeit in der Wahrheitsfrage halten wir didaktisch das bereits angesprochene Verfahren der »Dekonstruktion« für sinnvoll. »Deutungen evozieren neue Deutungen, und zu dieser potenziell unendlichen Kette immer neuer Sinngenesen können die Schüler/innen selbst einen Beitrag leisten.« (Kropač 2003 a, 372). Uns geht es angesichts des johanneischen Dualismus insbesondere um einen Seitenwechsel, der die jeweils ausgeblendeten – hier meist: »jüdischen« – Positionen stark macht. Im Blick auf die Fragen, die das Johannesevangelium »den Juden« in den Mund legt, heißt das: Was Johannes als Zeichen der Unwissenheit charakterisiert, soll zum Ausgangspunkt ernsthaften Nach-Denkens werden. Die ursprünglich rhetorisch gemeinten Fragen sind als offene Fragen zu thematisieren. Aus der rhetorischen kann und soll im didaktischen Kontext eine echte Frage werden, die dazu einlädt, selber an dem Streit darüber teilzunehmen, ob bzw. inwiefern Jesus Christus »die Wahrheit« ist (vgl. Büttner/Roose 2001).

3.5 Materialien und Impulse für den Unterricht

In dem bereits thematisierten Dialog zwischen Johannes dem Täufer und Jesus (Joh 1,29–31) sind wir bereits auf die (scheinbare) Paradoxie gestoßen, dass Jesus, obwohl er nach Johannes kommt, auch sein Vorgänger sein soll. Hier stoßen wir auf die »hohe« Christologie des Johannesevangeliums, die mit dem – für Schüler/innen kaum verständlichen – Prolog im Himmel bei Gott einsetzt. Wie können Jugendliche einen Zugang zu dieser johanneischen Position gewinnen, der sie zu eigenständigem christologischen Nachdenken ermuntert?

Die Schüler/innen erhalten zunächst den Auftrag, die ersten fünf Sätze eines eigenen Evangeliums, also einer Erzählung von Jesus Christus, zu verfassen. Aufgrund ihrer Kenntnis der Weihnachtsgeschichte werden sie wahrscheinlich mit der Geburt Jesu einsetzen. Davon lässt sich nun das johanneische Vorgehen gut abgrenzen.

Als besonders fruchtbar hat sich ein Vorgehen erwiesen, das anhand von Joh 5,19–21 die Beauftragung des Sohnes im Himmel thematisiert.

Der Sohn kann nichts von sich aus tun, er sehe denn den Vater etwas tun; denn was jener tut, das tut ebenso der Sohn. Denn der Vater liebt den Sohn und zeigt ihm alles, was er selbst tut; und er wird ihm noch größere Werke zeigen als diese, damit ihr euch wundert. Denn wie der Vater die Toten auferweckt und lebendig macht, so macht auch der Sohn lebendig, wen er will.

Die Szene ist für Schüler/innen gut nachvollziehbar: Der Sohn muss gezeigt bekommen, was er tun soll, er muss von seinem Vater lernen, um für den Auftrag auf der Erde gerüstet zu sein. Anhand der wahrgenommenen Spannung zwischen der johanneischen Konzeption und der vertrauten Weihnachtsgeschichte können die Schüler/innen in ein christologisches Nachdenken kommen, das es ihnen ermöglicht, im Rahmen ihrer Bilder Fragen zu durchdenken, die in ähnlicher Weise in der aktuellen exegetischen Diskussion um die Bedeutung der Inkarnationsvorstellung für die johanneische Christologie anklingen. Folgende Fragen liegen durchaus im Horizont von Schüler/innen der Sek I: Verlernt der Sohn nicht in dem Moment alles wieder, indem er als kleines Baby geboren wird? Oder war Jesus ein ganz besonderes Baby, das eben doch noch alles wusste und konnte? Oder konnte Jesus sich, als er älter wurde, wieder an das erinnern, was der Vater ihm gezeigt hatte? Durch diese oder ähnliche Fragen stoßen Schüler/innen auf das christologische Problem, ob bzw. wie Jesus als Gottes Sohn gleichzeitig Mensch sein kann.

Die johanneische Sendungschristologie in (offener) Verbindung mit der Inkarnationschristologie erweist sich damit als durchaus anschlussfähig für die Verstehensmuster der Schüler/innen.

4. Zur erzählerischen Aufbereitung johanneischer Texte

Wie nähert man sich einem biblischen Text? Die naheliegendste Antwort ist: Man liest ihn. Wenn es so einfach wäre, dann könnte unsere ganze Unternehmung unterbleiben. Offenbar ist dieser Schritt gerade für die von uns ins Auge gefasste Leserschaft, Schüler/innen der Sekundarstufe I, nicht so ohne weiteres möglich. Ermutigen kann uns immerhin der von Irmgard Weth vorgelegte Entwurf in der *Neukirchener Erzählbibel* (1998, 330ff), die die Jesus-Geschichte entlang des Johannesevangeliums erzählt. Mit dem Titel dieses Buches wird gleichzeitig die zweite Aneignungsweise des Evangeliums angesprochen, nämlich durch das Erzählen bzw. das Hören dieser Erzählung, doch erweist sich dieser Zugang – gerade für unsere Zielgruppe – ebenfalls als problematisch. Dies rührt u.a. daher, dass eine weitgehend unkommentierte Präsentation des Textes den Eindruck vermitteln würde, es handle sich hier um eine Art Bericht eines Beteiligten. Die formgeschichtlichen Überlegungen des Anfangs, die uns gerade die *Inszeniertheit* dieses Evangeliums aufgewiesen haben, ließen sich auf diese Weise kaum unterrichtlich weitergeben.

Das hier skizzierte Problem ist so neu nicht. Es gehört zu den Erkenntnissen des sog. Hermeneutischen Religionsunterrichts, dass ein naives Nacherzählen der Texte problematisch ist, soweit dabei alle formgeschichtlichen Erkenntnisse unbeachtet bleiben. Hätte man diese Einsicht radikal umgesetzt, dann hätte man die meisten biblischen Geschichten nur noch älteren Schüler/innen präsentieren können. Außerdem ist – nicht zuletzt unter dem Eindruck eines Plädoyers für eine *narrative Theologie* – deutlich geworden, dass ein grundsätzlicher Verzicht auf eine erzählende Darbietung biblischer Texte kaum zu verantworten wäre. Es ist das bleibende Verdienst von Walter Neidhart, in dieser Situation eine Synthese zu finden. Er plädiert – verkürzt gesagt – für eine Erzählkultur, die über das bislang praktizierte *Nach*erzählen hinausgeht, indem sie Geschichten entwirft, die einerseits erzählbar bleiben, die andererseits aber die Ergebnisse wissenschaftlicher Bibelexegese berücksichtigen. Auf diese Weise wird es möglich, Sacherklärungen zu Personen oder Institutionen in die Geschichte einzuflechten. Man kann beispielsweise die Entstehungsumstände eines Textes darstellen, indem man die Situation des Autors oder die der ersten Adressaten selbst erzählerisch motiviert.

Neidhart hat zahlreiche Nachfolger/innen in der Religionspädagogik gefunden. Überall da, wo es darum geht, eine bestimmte Perikope pädagogisch *aufzubereiten,* stößt man auf zwei besonders bewährte Zugangswege: die erzählerische Zuspitzung auf einen bestimmten Aspekt und die Arbeit mit Bildern. Diese beiden Methoden sind auch für uns die Königswege bei der Erschließung des Johannesevangeliums. Natürlich kommen dazu noch andere Möglichkeiten, wie Rollenspiele, Lieder und andere musikalische Gestaltungen.

4.1 Erzählen zwischen Moderne und Postmoderne

Wir haben an dieser Stelle die programmatische Unterscheidung *modern* versus *postmodern* getroffen. Was kann das in diesem Kontext besagen? Eine *moderne* Erzählstrategie liegt nach u.E. dann vor, wenn es darum geht, im Sinne der historisch-kritischen Exegese die *Genese* eines Textes plausibel zu machen. Damit ist nicht nur der eigentliche Verschriftlichungsprozess gemeint. Wenn man davon ausgeht, dass ein biblischer Text – zumindest in der Regel – mehrere Phasen der Überlieferung durchgemacht hat, bis er seine Endgestalt im Kontext einer bestimmten biblischen Schrift fand, dann sind alle dabei entstehenden Übergangsstellen Gelegenheiten zum Erzählen. Das kann bedeuten, dass ein gemeindlicher Erzählanlass angenommen wird, in dem der Text mündlich tradiert wurde. Es kann aber auch die Phase der Abfassung eines Teiltextes (Quellenschrift) sein oder die der Zusammenfügung durch einen Redaktor. Der Blick auf die hier sichtbar werdenden Nahtstellen beim Entstehen z.B. eines Evangeliums ist nun allerdings kein Selbstzweck. Bei der Rezeption wird es nämlich durch den Verweis auf diese Stellen möglich, Unklarheiten im Text verständlich zu machen. Die Zuschreibung »modern« soll in unserem Zusammenhang deutlich machen, dass die Heranziehung historischer Beobachtungen die Interpretation bzw. den Erzählplot leitet. Dafür werden wir im Folgenden zwei Beispiele geben. Interessanterweise geht Neidhart in seinen späteren Erzählversuchen selbst von dieser Erzählweise über zu einer, die den Duktus des biblischen Textes ohne historischen Rekurs als gegeben nimmt. Allerdings spinnt er jetzt den Erzählplot in neuer Weise weiter, um die von ihm intendierte Klärung oder Verdeutlichung zu erreichen. Diesen Ansatz, dem wir selbst im Prinzip folgen wollen, charakterisieren wir mit dem Begriff »postmodern«.

4.2 Eine Erzählung zur »literarischen Ursprungssituation« des Johannesevangeliums

Wir hatten uns bislang – im Sinne unserer synchronen Vorgehensweise – mit Äußerungen über die Genese des Johannesevangeliums zurückgehalten. Sehr verkürzt kann man sagen, dass einerseits Überlegungen zu einem apostolischen Ursprung (Lieblingsjünger) existieren, andererseits literarkritische Unterscheidungen vorgenommen werden. Sie rechnen mit mehreren Quellenschriften, die dann redaktionell erweitert und überarbeitet worden seien. Mit solchen Operationen verbindet sich die Erwartung, zweifellos erkennbare Spannungen und unterschiedliche Akzente innerhalb des Evangeliums durch unterschiedliche Verfasser zu erklären.

Walter Neidhart spricht in diesem Zusammenhang von »literarischen Ursprungssituationen« (Neidhart & Eggenberger 1975, 170):

> »Die Geschichten zur literarischen Ursprungssituation sollen die Entstehung eines biblischen Textes (einer Geschichte, eines Spruchs oder einer ganzen Schrift) aus seiner durch Vermutungen rekonstruierten Ursprungssituation aufzeigen. Der Wahrheitsgehalt vieler Texte wird erst verständlich, wenn man sich die Adressaten, denen die Geschichte zum ersten Mal erzählt wurde, und ihre damalige Situation vorstellt. Der Text selber gibt nur selten über seine Entstehung Auskunft. Sie lässt sich aber aufgrund der wissenschaftlichen Auslegung häufig vermutungsweise erschließen. Aus

diesen Erkenntnissen kann durch Phantasiearbeit eine Geschichte geformt werden, die dem Schüler den komplizierten Entstehungsprozess eines Textes verständlich machen soll.«

Das Beispiel, das wir hierzu vorstellen wollen, stammt aus der Feder von Martin Widmann. Er versucht literarkritische und redaktionsgeschichtliche Einsichten narrativ umzusetzen. Dabei wird das von uns im Exkurs nach Kapitel 11 angesprochene gespannte Verhältnis zu »den Juden« explizit – wenn auch in durchaus problematischer Weise – thematisiert (a.a.O., 67ff):

»Eulogios, Bruder in Christo,
seinem Freund Theophilos, Diakon der Gemeinde zu Antiochien, dem Lieben, den ich lieb habe in der Wahrheit. [...]
Das Schreiben, der Umgang mit Tinte und Schreibrohr und Papier, ist meine Freude gewesen, seit mich mein seliger Vater zum Schreiber der heiligen Schriften Israels bestimmte. Und so will ich Dir heute gerne Deine Anfrage wegen der Entstehung des Vierten Evangeliums, wie Du es nennst, und wegen der Geschichte der Gemeinde beantworten. [...]
Als ich ein junger Schüler in unserem Lehrhaus war, wurde von unserem Lehrer oft und oft erzählt: Die ersten und ältesten Glieder unserer Gemeinschaft waren die Jünger und Jüngerinnen von Jesus selbst: Maria von Magdala, die Schwestern Maria und Marta und ihr Dorfgenosse Lazarus, die der Herr so liebte, Philippus und Andreas, die beide aus Bethsaida stammten, Nathanael von Kana und Thomas, die Apostelin Rahel von Sychar, und andere. Das waren die ersten Glaubenden, sie waren die treuen Zeugen der Taten und Worte Jesu Christi; und unsere Lehrer haben sich immer nur an ihr Zeugnis gehalten. [...]
Von dem Leben und dem Leiden dieser ersten Jüngergemeinden weiß ich nicht viel: ich nehme an, dass auch sie viele Nöte durchmachen mussten. Als dann 40 Jahre nach Jesu Kreuzigung der Große Krieg übers Land kam, wuchs die Not für alle Bewohner aufs höchste. Und nach den Kriegsnöten kam es dann zu den furchtbaren Auseinandersetzungen in den Synagogen. Die Freunde Jesu, allesamt gläubige Juden, stellten ihren Volksgenossen immer entschiedener die Entscheidungsfrage: ›Glaubt doch endlich an Jesus, den Christus, den Sohn Gottes, den wahren Gesandten!‹ Die meisten Juden wurden jedoch immer mehr auf die strenge pharisäische Parteilinie, wie sie von Rabbi Gamaliel II. auf der jüdischen Synode in Jamnia proklamiert wurde, eingeschworen. Nun sollten alle Juden, welche Jesus Christus als Gottessohn und Heiland bekennen, aus der Synagoge exkommuniziert werden!
Die Freunde Jesu wurden da und dort vor jüdische Gerichte gezerrt, wurden geschlagen und verhöhnt. Die synagogalen Amtsträger hassten und verfolgten uns; sie hatten auch die römischen Stadtbehörden auf ihrer Seite. Wir wurden exkommuniziert. Es war eine Zeit der Angst. Die synagogalen Führer machten regelrechten Terror gegen uns. Die Freunde Jesu flohen vor den Verfolgern, denn sie wollten uns töten!
Damals war es, dass sich die Sprache unserer Lehrer radikalisierte und dualisierte. Wenn man sich im Geheimen noch traf, war die Rede von diesen Juden-Führern da, kurz: von ›den Juden‹, diesen Feinden Jesu, dieser Teufelsbrut, diesen Mördern und Verfolgern der Wahrheit. Obwohl wir doch selber alle Juden waren, alle beschnitten waren und alle morgens und abends das ›Schema Israel‹ beteten, gewöhnten wir uns die dualistische Sprache an: Jesus ist der einzige Gesandte ›von oben‹, die Juden aber als Nicht-Glaubende sind ›die von unten‹, die Söhne des Teufels. [...]

> Einige Jahre nach der Flucht war es, daß sich unser würdigster Lehrer, sein Name war Ruben, er hieß bei allen einfach »der Alte«, daran machte, alle Erzählungen von Jesus zu sammeln und dann ein großes zusammenhängendes Evangelium als Zusammenfassung der Christus-Wahrheit zu verfassen. Ruben war der treueste Schüler der »Alten«, so wie diese Schüler der »Uralten« gewesen waren. Ruben las immer wieder in ganz alten Papyrusblättern, auf denen schon Erzählungen von Wunderzeichen, die Jesus tat, um seine Herrlichkeit zu offenbaren, geschrieben standen; und wenn er darin gelesen hatte, diktierte er seinem Sohne, der Thomas hieß und sein Schreiber war, weiter. Ich war damals 10 Jahre alt, und ich durfte im Lehrhaus manchmal still dabeisitzen, wenn der Alte dem Thomas diktierte. […]
> Ruben wurde während der Abfassung des Logosevangeliums schwer krank. Unter großen Mühen diktierte er seinem Sohn Thomas noch die Abschiedsreden Jesu und die Passions- und Ostergeschichte. Damals, als er den Schluss diktierte, saß ich still dabei; seine Stimme war leise, aber doch fest und getrost, als er sagte: ›Noch viele andere Zeichen tat Jesus vor seinen Jüngern, die nicht geschrieben sind in diesem Buch. Diese aber sind geschrieben, damit ihr glaubt, dass Jesus der Christus ist, der Sohn Gottes, und damit ihr durch den Glauben das Leben habt in seinem Namen.‹«

Die Geschichte zeigt mustergültig, wie Ergebnisse exegetischer Forschung, in diesem Fall Hypothesen zur Entstehung des Evangeliums, eingebracht werden. Nur werden sie hier nicht als Chiffren gehandelt, sondern das Ganze wird in eine narrative Form gebracht und mögliche für die Überlieferung wichtige Personen oder Gruppen erhalten Namen aus der zeitgenössischen Welt. Das »Lernziel« dieser Geschichten besteht aber letztlich allein in der Vermittlung der entsprechenden »Einleitungsfragen«, d.h. der Klärung von Ort und Umständen der Entstehung des Bibeltextes.

4.3 Eine »Rahmengeschichte« zur Deutung des Weinwunders von Kana

> »Rahmengeschichten sind nach demselben Prinzip gebaut wie die Geschichten zur literarischen Ursprungssituation. Sie wollen aber nicht die Entstehung des Textes, sondern das *Problem*, das er behandelt, veranschaulichen. Viele Texte werden erst verständlich, wenn man sie als Antwort auf eine damals aktuelle Frage begreift. Aus dem zeitgeschichtlichen Material, das uns bekannt ist, wird die Geschichte eines Menschen oder einer Menschengruppe ›gebastelt‹, die von dieser Frage umgetrieben werden.« (Neidhart & Eggenberger 1975, 234)

Diese Beschreibung orientiert sich an dem, was in der Formgeschichte unter dem Stichwort »Sitz im Leben« verhandelt wird. Zumindest die klassische Formgeschichte ging von dem Gedanken aus, dass viele biblische Texte eine mündliche Vorgeschichte haben. Dabei konstruiert man bestimmte Erzählanlässe für neutestamentliche Gleichnisse oder Wundergeschichten, etwa eine Situation *in* der christlichen Gemeinde oder eine solche der Mission nach *außen*.

Das Konzept ist durchaus fragwürdig, weil viele Voraussetzungen problematisch sind, von der angenommenen typischen Tradierungssituation über die Fragen von Mündlichkeit und Schriftlichkeit bis hin zur Schwierigkeit, solche Gemeindesituationen überhaupt einigermaßen zu treffen. Ingo Baldermann hat zudem zu denken gegeben, was es für eine *echte* biblische Geschichte bedeutet, wenn sie in einen *fiktiven* Rahmen gestellt wird (Baldermann 1990).

Betrachten wir die Neidhart'sche Version einer Rahmengeschichte zur »Hochzeit von Kana« aus dem Johannesevangelium (Joh 2). Hier geht es dem Autor darum, angesichts der Verwandlung von Wasser in Wein den »tieferen Sinn des Begriffs Wandlung zu zeigen und dem Schüler zugleich etwas von der religiösen Umwelt, in der die Geschichte erzählt wird, anschaulich zu machen« (Neidhard & Eggenberger 1975, 241). Dabei geht es um zweierlei: Der Autor möchte angesichts der Schwierigkeiten, das Wunder materiell und wortwörtlich zu verstehen, eine symbolische Deutung anbahnen. Gleichzeitig möchte er die religionsgeschichtliche Einsicht vermitteln, dass solche *Weinwunder* Parallelen im griechisch-hellenistischen Dionysos-Kult haben (a.a.O., 241f):

> Die Geschichte handelt von einem reichen Kaufmann in Ägypten und seiner Familie. Er ist Anhänger des Dionysos-Kultes, seine Frau dagegen Christin. In der Dionysos-Religion wurde erzählt, dass dieser Gott bei seiner Wanderung durch die Welt auch nach Ägypten gekommen sei. »Überall wo er auftrat, befreite er die Gefangenen, segnete mit seinem efeuumrankten Stab Menschen und Tiere. Wenn er mit ihm eine Wasserquelle berührte, sprudelte Wein aus ihr hervor. Nachdem er alle seine Feinde besiegt hatte, war er zum Himmel aufgestiegen und verlieh denen, die ihm anhingen, das ewige Leben.«
>
> Die Ehe der beiden geriet in eine schwere Krise, als der Kaufmann eine andere Frau kennen lernte und sich in sie verliebte. Dass diese Frau seine Religion teilte, verstärkte die Entfremdung zu seiner Ehefrau. Doch die neue Liebe verließ ihrerseits bald wieder den Kaufmann. Durch die Vermittlung eines ihrer Kinder finden die beiden Eheleute wieder zueinander.
>
> »Der Kaufmann veranstaltete ein Fest für alle seine Verwandten und Freunde, an dem es so fröhlich zuging wie bei einer Hochzeit. Der Kaufmann fühlte sich auch so, als ob er ein zweites Mal Hochzeit halten könne. Bald nachher kam der 6. Januar, [der Tag des großen Dionysos-Festes]. Diesmal begleitete er seine Frau zum christlichen Gottesdienst. Er betonte aber ausdrücklich: ›Ich weiß noch nicht, ob ich Christ werden will oder ob ich bei meiner Religion bleibe.‹ Aber die Geschichte, die an diesem Tag im Gottesdienst verlesen wurde, gab ihm zu denken. Er sagte nachher, sie enthalte vieles, was genau zu ihm passe. Es ist die Geschichte in Joh 2,1–11.«

Die Geschichte versucht, durch Rückgriff auf Randbedingungen aus der Zeit der *Produktion* des Textes bestimmte Aspekte für die heutigen Hörer/innen bzw. Leser/innen verständlich zu machen. Mit dem zentralen Begriff der Verwandlung (von Wasser in Wein) will er auf ein inneres Geschehen anspielen, auf Verwandlungen, die Menschen in ihrer Lebensgeschichte durchmachen. Dabei fokussiert Neidhart eine *mögliche* Interpretation der Johannesstelle, die allerdings in ausdrücklicher Spannung steht zu unseren eigenen Überlegungen zur Bedeutung der Wundergeschichten im Johannesevangelium. Fakt ist, dass beide – von uns als *modern* charakterisierte – Erzählansätze den Text eher in noch größere Ferne rücken als das Hören des Bibeltextes selbst. Interessanterweise hat Neidhart in späteren Erzählversionen freiere Zugänge zu den Bibeltexten gesucht. Diesen Schritt wollen wir an einem weiteren Beispiel verfolgen.

4.4 Die postmoderne Variante der verschiedenen Erzählperspektiven

Neidhart setzt sich im zweiten Band des Erzählbuchs zur Bibel (1989, 8) ausdrücklich mit der Frage auseinander, wie man mit den biblischen Aussagen umgehen soll, mit denen man nicht einverstanden sein kann. In »postmoderner« Weise plädiert er dafür, den Hörer/innen selbst diese Kontroverse zuzumuten und gewissermaßen mehrere Deutungen ins Rennen zu schicken:

> »Für den Schüler ist [...] die Auseinandersetzung mit einer Kontroverse in Glaubensfragen leichter, wenn er es nicht mit dem Gegeneinander einer biblischen Geschichte und einer theologischen Kritik des Lehrers an ihr zu tun hat, sondern wenn er zwei Versionen derselben Geschichte miteinander vergleichen kann, von denen die eine mit erzählerischen Mitteln die überlieferte Auffassung kritisiert. Auf diese Weise kann er auf der Ebene des phantasierenden Nacherlebens über grundsätzliche theologische Fragen nachdenken.«

Neidhart realisiert das in unserem Falle mit der Präsentation der Geschichte der Hochzeit von Kana aus drei Erzählperspektiven. Wir präsentieren hier die Erzählperspektiven des Hausburschen und des Jüngers Philippus. Die Erzählung aus der Sicht der Mutter Jesu lassen wir weg (a.a.O., 193):

> Der Hausbursche nimmt im Laufe des Festes wahr, dass der Wein zu Ende geht.
> »Wir waren ärgerlich und dachten: ›Jetzt ist das Fest im Eimer. Die Leute wollen doch nicht zum Rindsbraten Wasser trinken.‹
> Da kam die Mutter des Gottesmannes von draußen zu uns an den Herd. Sie fragte: ›Was habt ihr? Ist etwas nicht in Ordnung?‹
> Mein Kollege sagte: ›Der Chef hat zu wenig Wein eingekauft, das Fest ist im Eimer.‹
> Die Frau sagte: ›Kümmert euch nicht darum. Mein Sohn wird euch helfen.‹ Dann ging sie wieder hinaus und flüsterte mit ihrem Sohn. Dann kam der Gottesmann zu uns und sagte:
> ›Füllt diese Krüge mit Wasser.‹ Es standen nämlich sechs leere Krüge am Boden. Wir trugen sie zur Quelle ins Unterdorf und füllten sie. Zurück schleppten wir immer nur einen. Sie waren schwer. Als wir mit dem Wasserholen fertig waren, kam der Gottesmann wieder und sagte: ›Nehmt eine Probe von dem Wasser und bringt sie dem Chef.‹
> Der wunderte sich und sagte: ›Das ist der beste Wein, den ich je getrunken habe. Wo habt ihr den nur gefunden?‹
> Wir aber sagten ihm nichts von dem Gottesmann. Und die Gäste tranken alle von dem Wein und waren fröhlich. Und das Fest war der Hammer.«
>
> Philippus erzählt davon, wie er bereits durch eine Erzählung Jesu und den gemeinsamen Tanz innerlich bewegt ist.
> »Inzwischen war es Abend geworden. Jesus ging zu den Dienern am Herd, sprach mit ihnen und wies auf die Wasserkrüge, die dort standen. Es waren sechs Krüge. Die Diener nahmen sie, holten Wasser vom Brunnen im Unterdorf und stellten die gefüllten Krüge wieder hin. Jesus sagte: ›Schöpft draus und gebt den Gästen zu trinken.‹
> Wir hatten alle Durst bekommen. Sie füllten unsere Becher, und wir tranken. Und das Wasser löschte meinen Durst, so wie mir noch nie ein Getränk den Durst gelöscht hatte. Es schmeckte köstlicher als der beste Wein. Alle tranken es wie ein Himmelsgetränk und wurden von Freude und Jubel und von Dankbarkeit gegen Gott erfüllt.

In der Nacht auf dem Heimweg sagte Nathanael zu mir: ›Ich habe noch nie eine solche Freude erlebt wie heute. Es war eine heilige Freude. Ich bin durch diese Freude ein anderer Mensch geworden.‹ Ich gab ihm recht. So hatte ich es auch erlebt.«

Im Gegensatz zu seinem ersten Entwurf lässt Neidhart hier seine Hörer/innen selbst entscheiden, in welcher Weise sie sich der Wunderthematik stellen wollen. Seine eigenen Überlegungen zur Stelle folgen der Beobachtung, dass die meisten Zeichen im Johannesevangelium gefolgt werden von erläuternden Reden Jesu, die häufig auch in Ich-bin-Worten kulminieren. Analog zum Speisungswunder mit dem Wort »Ich bin das Brot des Lebens« (Joh 6,25) könnte man dann – nach einer Predigtidee von E. Schlink – an eine Jesus-Rede denken, »die in dem Bekenntnis mündet: ›Ich bin der Wein des Lebens, wer an mich glaubt, den wird niemals dürsten, er wird ewig fröhlich sein‹« (a.a.O., 188). Die Darstellung der Perspektive des Philippus in der Geschichte entspricht in etwa diesem Gedanken. Die Position des Hausknechtes ist dem gegenüber – wohl bewusst – recht blass gezeichnet. Ihm geht es allein um das Gelingen des Festes. Man kann von daher fragen, ob die beiden Wunderinterpretationen in ihren Alternativen wirklich so stimmig sind. Gleichwohl bieten sie ein faires Diskussionsangebot für die Hörer/innen und stellen so ein gewisses Vorbild für unser eigenes Vorgehen dar.

Über Neidhart hinaus sind wir daran interessiert, den Aspekt der Relevanz noch stärker herauszustreichen. Natürlich bieten der Hausknecht und Philippus alternative Zugänge zur Wunderthematik, ja sogar im Hinblick auf Jesus selbst. Was wir gerne stärker herausstreichen möchten, ist die Position zwischen diesen beiden Extremen. Gerade indem wir *mittlere Positionen* anbieten, sehen wir uns in der Linie Neidharts im Bezug auf johanneische Texte (a.a.O., 181):

»Sie [=die Leser/innen] sollen verschiedene Möglichkeiten, mit Christus in Beziehung zu treten, kennen lernen und dadurch eingeladen werden, ihre eigene, für sie subjektiv wahre Beziehung zu ihm zu suchen. Auch diese Nacherzählungen zu Johannes sind nicht als historische Rekonstruktionen gemeint, sondern als Versuche, mit Elementen aus der johanneischen Überlieferung ein anderes Christus-Verständnis als das des johanneischen Kreises auszudrücken.«

Wir vertrauen darauf, dass gerade dilemma-artige Präsentationen der johanneischen Perikopen eine besondere didaktische Eignung haben. Von daher ist unser ›Flirt‹ mit der dekonstruktivistischen Texttheorie kein Modegag, sondern entspringt unserem didaktischen Konzept. In diesem Sinne folgen wir Überlegungen, wie sie Godwin Lämmermann im Hinblick auf eine postmoderne Bibeldidaktik formuliert hat (1999, 120):

»Hinsichtlich des Textes zeigt ein dekonstruktiver Zugang, dass der Text keine abgeschlossenen, selbstreferenten Wahrheiten enthält, sondern dass er – wie im übrigen jedes Kunstwerk auch – *Sinnstiftung* und *Sinnnegation* vereint und dass er *Sinnpotentiale* enthält, die durch einen nicht-feststellenden, nicht-vereinnahmenden, das heißt ästhetischen und spielerischen Umgang entschlüsselt werden können. Wie alle literarischen Texte ist die Bibel in sich spannungsreicher als geschlossene dogmatisch-definitorische Deutungsmuster vorgaukeln: auch sie ist als ›offener Text‹ (U. Eco) zu verstehen, der ›nicht mehr bloß nach einem festgeschriebenen Muster gelesen‹ [(Hintze)] werden kann und darf.«

4.5 Materialien und Impulse für den Unterricht: Die »Hochzeit von Kana« (Joh 2,1–11)

Wundergeschichten sind aus didaktischer Sicht schwierige Texte. In diesem Band stellen wir verschiedene Zugänge zu johanneischen Wundererzählungen vor (vgl. außerdem Kap. 6 und 14), die einerseits den Schüler/innen andererseits der johanneischen Konzeption gerecht zu werden versuchen. In dem vorliegenden Kapitel nähern wir uns der ersten Wundererzählung des Johannesevangeliums narrativ. Die Schwierigkeit des Textes wollen wir dadurch auffangen, dass wir den Schüler/innen in narrativer Form zwei unterschiedliche Perspektiven auf das Wunder vorstellen und sie damit in eine Diskussion um die Bedeutung der Wundererzählungen entlassen, ohne diese von vornherein zu entscheiden.

Wir arbeiten an dieser Stelle mit einem fiktiven Briefwechsel. Dieser thematisiert die Frage der Bedeutung von Wundern in der johanneischen Theologie. Typisch für Johannes ist eine merkwürdige Ambivalenz: Einerseits berichtet er von z.T. spektakulären Wundern (neben dem Weinwunder z.B. die Auferweckung des Lazarus, Joh 11), andererseits äußert der johanneische Jesus Vorbehalte gegenüber Menschen, die an ihn glauben, weil er Wunder tut (Joh 2,23–25; vgl. Schenke 1992, 57). Dahinter steht wohl das Anliegen, Jesu Hoheit und Vollmacht herauszustellen, aber auch zu verdeutlichen, dass »wahrer« Glaube sich nicht auf Wunder fixieren darf. Der Briefwechsel stellt zwei Typen von Menschen vor, die sich zu einseitig an die Wunder halten: zum einen den Hochzeitsgast, der Jesu Wundertätigkeit geradezu ausnutzen will und sich ansonsten nicht für ihn interessiert, zum anderen den Speisemeister, der wirklich tief beeindruckt ist von Jesus und sein ganzes Leben umstellt, aber dennoch nicht zum johanneischen Glauben daran, dass Jesus der Gesandte Gottes ist, kommt. Insofern stellen wir bewusst nicht eine ideale und eine defizitäre Sichtweise gegenüber, sondern wählen zwei Positionen, die je auf ihre Weise als defizitär gelten können. Dadurch, dass wir die »ideale« Lösung gerade nicht bieten, eröffnen wir den Schüler/innen Freiräume, eigene Deutungen ins Spiel zu bringen.

Briefwechsel zwischen einem Hochzeitsgast und dem Speisemeister:

Sehr geehrter Herr Speisemeister!

Sie werden sich vielleicht nicht mehr an mich erinnern, bestimmt aber an die Gelegenheit, als wir uns begegnet sind. Es war letztes Jahr, auf der Hochzeit in Kana. Sie werden dieses Fest nicht vergessen haben, denn der Wein war ausgegangen. Ich hatte mich persönlich an Sie gewandt, um noch welchen zu bekommen, und es war ihnen als Speisemeister furchtbar peinlich, dass Sie zu knapp kalkuliert hatten und nun keiner mehr da war. Das hat sich dann auch schnell herumgesprochen, denn wer trinkt schon gern Wasser auf einer Hochzeit? Die gute Stimmung war ernsthaft in Gefahr, einige Gäste hatten sogar verärgert das Fest schon verlassen. Und dann plötzlich war doch wieder Wein da – und was für welcher! Damals waren Sie, glaube ich, einfach erleichtert und haben nicht groß danach gefragt, woher der Wein eigentlich kam. Daher weiß ich auch nicht, ob es sich inzwischen bis zu Ihnen herumgesprochen hat. Die Diener waren schon damals informiert und haben mir das Geheimnis verraten: Es war ein gewisser Jesus von Nazareth. Er war mit seiner Mutter gekommen und ein

paar Leuten, die ihm anscheinend auf Schritt und Tritt folgen. Er hat – wenn man den Dienern in Ihrem Haus Glauben schenken darf – auf die Bitte seiner Mutter hin aus Wasser Wein gemacht.
Damit komme ich auch endlich zum konkreten Anliegen meines Schreibens. Ich möchte nämlich demnächst selbst heiraten – allerdings nicht in Galiläa, sondern in Jerusalem. Leider sind meine und die Familie meiner Frau knapp bei Kasse. Da ist mir dieser Jesus wieder eingefallen. Können Sie mir nicht sagen, wie ich ihn erreichen kann – vielleicht über seine Mutter? Ich würde ihn gerne einladen.
Ihnen wünsche ich alles Gute

Mit freundlichen Grüßen
Ihr Salomo Elias

Sehr geehrter Herr Elias,

noch vor zwei Wochen hätte Ihr Brief mich nicht erreicht. Ich hatte nämlich meine Stellung als Speisemeister aufgegeben, um mich Jesus anzuschließen. Denn natürlich hatte auch ich schließlich erfahren, woher der Wein bei der Hochzeit kam. Erst wollt' ich's gar nicht glauben. Aber dann hab' ich gedacht: Wenn das wirklich stimmt, muss ich diesen Jesus kennen lernen. Also hab' ich hier alles aufgegeben, um ihn zu suchen. Nach drei Wochen hatte ich ihn tatsächlich gefunden. Ich war so beeindruckt von Jesus, dass ich gleich bei ihm geblieben bin. Zuerst war es faszinierend: Er hat noch mehr Wunder vollbracht und ich durfte dabei sein. Aber irgendetwas hat nicht gestimmt. Jesus hat nämlich nicht nur Wunder vollbracht, sondern auch große Reden gehalten: Er sei vom Vater gesandt, er sei das Brot des Lebens, die Welt müsse ihn hassen. Wirklich merkwürdig. Mir ist immer ganz mulmig geworden, denn er hat mit diesen Reden auch Verärgerung bei den Zuhörern hervorgerufen. Ich hab' immer gedacht: Warum tut er das bloß, wo er doch Wunder vollbringen kann, so dass ihm die Leute zufliegen? Neulich hab' ich Jesus direkt gefragt. Da hat er mich lange angeschaut, mit einem Blick, den ich gar nicht beschreiben kann. Aber eins war klar: Glücklich war Jesus über die Frage nicht. Die Distanz zwischen uns, die ich schon immer irgendwie gespürt hatte, wurde plötzlich unüberwindlich. Da wusste ich: Ich gehöre nicht hier hin. Noch am selben Tag hab' ich mich auf den Heimweg gemacht. Mein Herr hat mich zum Glück wieder als Speisemeister eingestellt.

Was also Ihre Anfrage angeht: Jesus würde bestimmt nicht auf Ihre Hochzeit kommen, um Wasser in Wein zu verwandeln. Es hat wohl keinen Zweck, ihn deswegen zu suchen.

Ich wünsche Ihnen trotzdem ein schönes Fest!

Freundliche Grüße
Ihr Ruben

Werden diese Deutungen dem Text gerecht? Wir meinen schon, weil sie einerseits eine Grundaussage johanneischer Theologie aufnehmen, dass es nämlich in diesem Evangelium darum geht, wie sich die Figuren des Textes, aber auch die Leser/innen zu Jesus Christus stellen. Eine Diskussion der Wundertaten Jesu außerhalb dieses Kontextes verfehlt gerade das typisch Johanneische. Konkret gesprochen, wer die Wunder ohne Nachfolge Jesu haben möchte, ist auf jeden Fall auf dem Holzweg. Die Option des cleveren Hochzeitsgastes schließt sich also aus. Die Skizzierung des Speisemeisters lädt dagegen zur Auseinandersetzung ein. Selbst die Aussage, dass er letztlich angesichts der Schwierigkeiten der Nachfolge resigniert, enthält einen Aufforderungscharakter, darüber nachzudenken, wie und auf welche Weise sich jeder auf Jesus Christus einlassen will.

Impulse:

- Was »stimmt« nicht zwischen Jesus und dem Speisemeister?
- Petrus schreibt einen Brief an seine Mutter, in dem er ihr davon erzählt, was auf dem Hochzeitsfest passiert ist und was er dabei empfunden hat.
- Ein johanneischer Christ fragt den Evangelisten: Warum erzählst du in deinem Evangelium von diesem Weinwunder? War es denn wirklich so wichtig, dass die Menschen genug Alkohol zu trinken hatten?

5. Die Frage der Nähe als Ausdruck der Christologie

In einem praktischen Kontext stellen sich folgende Grundsatzfragen:

- Welche Bedeutung soll der Jesus für uns haben, dem wir uns durch die Lektüre neutestamentlicher Texte nähern wollen?
- In welcher Weise wollen wir uns dabei leiten und beeinflussen lassen durch die Sichtweise eines bestimmten Evangeliums?

Die Antworten, die wir dabei entwickeln, stellen in etwa das dar, was man klassisch in einer »Theologie des Neuen Testaments« finden konnte. Betrachten wir dazu einige Ausführungen Rudolf Bultmanns (1965, 427ff):

> Das Johannesevangelium präsentiert den Weg des Glaubens an Jesus Christus als das Heil. Das Alternativmodell stellt »die Welt« dar. »Die Welt verlangt nach Leben und meint, es zu kennen, es zu finden oder gar zu haben.« Doch gerade darin täuscht sie sich und ihre Anhänger, da sie den Christus, der das »Licht der Welt« ist, nicht kennt bzw. nicht kennen will. »*Die Glaubensforderung* ist also die Forderung an die Welt, ihre Maßstäbe und Urteile, ihr bisheriges Selbstverständnis preiszugeben.« »Der Glaube ist die Abkehr von der Welt [...], die Preisgabe der Scheinsicherheit und Lebenslüge, die Bereitschaft aus dem Unsichtbaren und Unverfügbaren zu leben, also völlig neue Maßstäbe anzunehmen, von dem, was Tod und Leben heißt, und das Leben zu empfangen, das Jesus gibt und ist, und das weltlich nicht aufweisbar ist.«
> »Die Welt ist [...] für Johannes [...] eine geschichtliche Macht, die durch den Menschen, der sich gegen Gott empört hat, selbst konstituiert wird.« So ist denn der Glaube »nichts anderes als die in der Überwindung des Anstoßes vollzogene *Entscheidung gegen die Welt* für Gott«.

Wir sehen, dass Bultmann hier weiten Abstand nimmt von den historischen Prozessen der Auseinandersetzung zwischen frühchristlicher Gemeinde und dem sich nach der Katastrophe des Jahres 70 neu etablierenden Judentum. Für ihn sind diese Auseinandersetzungen nur die Folie für grundsätzliche Prozesse und Entscheidungen, wie sie für jeden Christen und jede Christin jetzt und heute genauso anstehen wie zur Zeit der Abfassung des Evangeliums. Die Bultmannsche *existentiale Interpretation* hält den johanneischen Ansatz aktuell für heutige Leser/innen. Das heißt aber auch, dass Bultmann das scharfe Entweder-Oder, das zur Entscheidung drängt, für eine treffende Zugangsweise zu Jesus Christus ansieht. Nun hat die Radikalität einer solchen dualistischen Sicht durchaus ihre Faszination, auch und gerade im Hinblick auf die von uns ins Auge gefasste Altersgruppe. Andererseits ist aber deren – und nicht nur deren – Zugang zu Jesus Christus in der Praxis stärker von »probierenden« Modi der teilweisen oder zeitweiligen Identifikation geprägt. Das bedeutet die immer wieder gegebene Möglichkeit der Distanzierung und des Neubeginns. Dieser eher postmodern zu titulierende Stil steht nun in einem ausgeprägten Spannungsverhältnis zu der von Bultmann postulierten Linie der Eindeutigkeit. Kann man sich von dieser Linie entfernen, ohne die Grundaussagen des Johannesevangeliums zu verzeichnen? Wir wollen versuchen, einen alternativen Zugangsweg zur johanneischen Christologie zu skizzieren.

5.1 Vom Dualismus zum Soziogramm

Wir hatten in einem früheren Kapitel dafür plädiert, das Johannesevangelium als eine Bühneninszenierung zu lesen. Betrachten wir unter dieser Voraussetzung die Bultmannschen Aussagen, dann wirkt der Plot des Stückes zwar spannend, insofern es hier um ein dualistisches Entweder-Oder, um Heil oder Unheil geht, das den Zuschauer in dieses Geschehen hineinzuziehen versucht. Doch mit welchen Personen soll man sich identifizieren? Will man ein Jünger sein, der sich im Umfeld seines Meisters bewegt, und bei ihm »bleibt«? Judas oder einer von den »Juden« wird man nicht sein wollen, wenngleich die Einwände Letzterer gegenüber dem Anspruch des gottgesandten Christus manchmal durchaus stichhaltig klingen. Wir möchten das Augenmerk ganz besonders auf die Personen lenken, die keinem der beiden Extreme zugehören. Wir können dabei Anleihe machen bei der Tragödientheorie des Aristoteles, die für das plädiert, was man später als den *mittleren Charakter* bezeichnen wird (Aristoteles, Poetik 13). Aristoteles akzentuiert diesen Begriff dahingehend, dass er die Person am interessantesten findet, »die sich weder durch Tugend und Gerechtigkeit auszeichnet, noch wegen Laster und Schlechtigkeit ins Unglück gesetzt wird, sondern wegen eines Fehlers«. Wenn man nicht von einer direkten Übertragbarkeit ausgehen will, so könnte es doch reizvoll sein, gerade auch im Johannesevangelium einen verstärkten Blick auf diese Mittelpersonen zu richten. Diese wären dann dadurch gekennzeichnet, dass sie eben nicht eindeutig auf Seiten von Jesus oder auf Seiten der »Welt« stehen. Damit hätten sie einen einladenden Charakter für all die, die sich als Suchende begreifen, fasziniert von der Eindeutigkeit und gleichzeitig beunruhigt durch die damit implizierte Verbindlichkeit. Gerade der Umgang mit Schüler/innen im Jugendalter wird mit einer solchen Grundhaltung rechnen müssen.

An dieser Stelle muss dann die Frage gestellt werden, in welcher Weise wir uns das Verhältnis des Einzelnen zu Christus bzw. zur »Welt« denken sollen. Das dualistische Konzept spielt letztlich mit dem Gedanken einer *Trennungslinie*. Wer auf der einen Seite steht, der steht auf der Christusseite, der andere auf der Seite der Welt. Wir möchten an dieser Stelle ein anderes Bild einführen, von dem wir meinen, dass es der johanneischen Christologie entspricht, das aber die dualistischen Verkürzungen meidet. Wir übernehmen den Grundgedanken der sog. Soziometrie. In Aufnahme und Weiterführung von Gedanken von Jakob L. Moreno und Kurt Lewin könnte man die Beziehung der einzelnen Personen des Johannesevangeliums zu Jesus Christus als ein *Soziogramm* darstellen. Nach Elfriede Höhn und Christoph P. Schick (1974, 9) ist darunter folgendes Procedere zu verstehen:

> »Ein Soziogramm will die Beziehungen zwischen den Gliedern einer Menschengruppe graphisch, in einer Tabelle oder einer ähnlichen Form übersichtlich darstellen. Das setzt voraus, dass Angaben oder Beobachtungen über diese Beziehungen bereits

gesammelt worden sind. Das Soziogramm ist also nicht eine Methode zur Gewinnung, sondern zur *Verarbeitung* psychologischen und soziologischen Materials.«

Gemäß dieser Überlegungen heißt das, dass wir die Angaben des Evangeliums zu den einzelnen dort erwähnten Personen als *soziologisches Material* nehmen. Indem wir dieses in einem *Feld* um Jesus als Mittelpunkt anordnen, können wir die einzelnen Personen gewissermaßen auf konzentrischen Kreisen um die Christusgestalt herum einordnen. Nach diesem Verfahren wäre die Nähe bzw. Entfernung von Jesus das einzige Kriterium der Zuordnung. Soweit wir die Bezüge der Personen zueinander berücksichtigen, ließe sich dieses Modell noch diversifizieren. Im Hinblick auf die Christologie bringt dies jedoch nur wenig Zugewinn. Worin besteht nun der Vorzug dieses Zuganges? Es wird einleuchten, dass das hier entworfene Modell *graduell* das Verhältnis der Personen des Evangeliums zu Jesus darstellt. Man wird im Einzelfall z.B. zu überlegen haben, ob der Lieblingsjünger näher bei Jesus zu platzieren wäre als Maria, dessen Mutter, oder ob die Jünger alle dieselbe Nähe/Distanz haben sollten etc. Dasselbe gilt auch für entferntere Figuren wie die Samaritanerin oder Nikodemus. Wir haben in einer Seminarsitzung die Studierenden gebeten, sich mit einer der Personen vertraut zu machen. Wir haben dann einen Stuhl in die Zimmermitte gestellt und die Studierenden gebeten, sich im Raum zu postieren unter der Voraussetzung, dass der Stuhl Jesus Christus symbolisieren sollte. Die Inszenierung wurde von allen Beteiligten als sehr produktiv erlebt. Von der Sache her wird durch dieses Verfahren deutlich, dass die Zuordnung der einzelnen Personen trotz der Textvorgaben im Evangelium kein objektivierbarer Prozess ist, sondern der Abwägung und der Diskussion bedarf. Deshalb ist das Verfahren ja pädagogisch so produktiv. Auf der anderen Seite macht dies nachvollziehbar, dass es nicht so einfach ist, bei den »mittleren Personen« die Grenze zwischen Zuneigung und Ablehnung klar zu treffen. D.h., selbst im dualistischen Plot des Evangeliums ist die konkrete Grenzziehung zwischen »Christus« und der »Welt« im Hinblick auf einzelne Personen so eindeutig nicht zu vollziehen. Da eine solche Scheidung sowieso nicht in unser Belieben gestellt ist (vgl. Gleichnis vom Unkraut unter dem Weizen, Mt 13,24ff), scheint es uns sinnvoller, diesen Gedanken diskursiv einzubringen, was in unserem soziometrischen Modell durchaus stimmig einzutragen ist. Für das Programm dieses Kapitels bedeutet das die Aufgabe, zumindest exemplarisch wichtige Personen des Johannesevangeliums genauer zu betrachten und bei dieser Gelegenheit ihren Ort in diesem soziometrischen Modell zu bedenken. Wir wählen an dieser Stelle zum einen eine Figur, die geradezu die ideale Jesusnähe repräsentiert (den Lieblingsjünger), und stellen ihr zum anderen eine ambivalente Figur gegenüber, deren Nähe zu Jesus offen bleibt (Nikodemus). Er erscheint im Evangelium als ein Sympathisant Jesu, der aber den Schritt zur vollen Jüngerschaft nicht gehen will oder kann. Im Sinne unserer anfänglichen Überlegungen versprechen wir uns gerade von solchen Figuren einen besonderen didaktischen Reiz.

5.2 Der Lieblingsjünger

Bei der angesprochenen soziometrischen Übung war die Entscheidung für eine der Rollenträger/innen offenbar recht einfach. Sie setzte sich auf den »Jesus-Stuhl«. Sie hatte in der Tat eine biblische Vorlage mit dem Lieblingsjünger an Jesu Brust. Folgt man unserem Verfahren, dann erregt dieser Lieblingsjünger natürlich unser ganz besonderes Interesse, denn er repräsentiert offenbar eine *ideale* Jesusnähe. Was wissen wir über ihn? Er stellt eine der zahlreichen Besonderheiten des Johannesevangeliums dar. Wir wollen in einem ersten Schritt unsere Aufmerksamkeit auf die biblischen Nachweise richten und danach die neutestamentlichen Deutungen referieren.

Interessanterweise tritt der Lieblingsjünger erst im zweiten Teil des Evangeliums auf. In der Fußwaschungsgeschichte Joh 13 bringt Jesus unvermittelt das Gespräch auf den bevorstehenden Verrat (Joh 13,23–27):

> *Es war aber einer unter seinen Jüngern, den Jesus lieb hatte, der lag bei Tisch an der Brust Jesu. Dem winkte Simon Petrus, dass er fragen sollte, wer es wäre, von dem er redete. Da lehnte der sich an die Brust Jesu und fragte ihn: Herr, wer ist's?*
> *Jesus antwortete: Der ist's, dem ich den Bissen eintauche und gebe. Und er nahm den Bissen, tauchte ihn ein und gab ihn Judas, dem Sohn des Simon Iskariot. Und als der den Bissen nahm, fuhr der Satan in ihn. Da sprach Jesus zu ihm: Was du tust, das tue bald!*

Bei seinem ersten Auftauchen im Evangelium begegnet uns der Lieblingsjünger in größter Intimität gegenüber Jesus. Er ruht an seiner Brust, eine Attitüde, die typisch ist für Geliebte oder Kinder bei ihren Eltern. Dieser Eindruck wird nun noch dadurch gesteigert, dass Petrus, dem gemeinhin eine Führungsrolle innerhalb der Jüngerschaft zukommt, den Lieblingsjünger darum bittet, herauszufinden, wer denn der Verräter sei. Die Frage des Lieblingsjüngers wird denn auch begleitet von einer expliziten Hinwendung an Jesus. Man kann sich geradezu bildlich vorstellen, wie er ihm die Frage gleichsam ins Ohr flüstert.

Der zweite Auftritt des Lieblingsjüngers erfolgt dann unter dem Kreuz (Joh 19,25–27):

> *Es standen aber bei dem Kreuz Jesu seine Mutter und seiner Mutter Schwester, Maria, die Frau des Klopas, und Maria von Magdala. Als nun Jesus seine Mutter sah und bei ihr den Jünger, den er lieb hatte, spricht er zu seiner Mutter: Frau, siehe, das ist dein Sohn! Danach spricht er zu dem Jünger: Siehe, das ist deine Mutter! Und von dieser Stunde an nahm sie der Jünger zu sich.*

In der Stunde seines Todes vertraut Jesus seine Mutter diesem Lieblingsjünger an. Damit übernimmt er gegenüber dieser quasi das Erbe des toten Sohnes, es entsteht eine existentielle Beziehung zwischen Maria und diesem Jünger.

Die beiden folgenden Stellen sind beide nicht auf den ersten Blick zu verstehen. In ihnen wird auf jeden Fall eine gewisse Konkurrenzsituation zwischen dem *anderen* Jünger und Petrus ersichtlich. Die erste Szene spielt am leeren Grab, die zweite thematisiert die Begegnung mit dem Auferstandenen.

Am Ostermorgen berichtet Maria von Magdala Petrus und dem Lieblingsjünger vom leeren Grab (Joh 20,3–8):

> *Da gingen Petrus und der andere Jünger hinaus, und sie kamen zum Grab. Es liefen aber die zwei miteinander, und der andere Jünger lief voraus, schneller als Petrus und er lief*

zuerst zum Grab, schaut hinein und sieht die Leintücher liegen; er ging aber nicht hinein. Da kam Simon Petrus ihm nach und ging in das Grab hinein und sieht die Leintücher liegen, aber das Schweißtuch, das Jesus um das Haupt gebunden war, nicht bei den Leinentüchern liegen, sondern daneben, zusammengewickelt an einem besonderen Ort. Da ging auch der andere Jünger hinein, der zuerst zum Grab gekommen war, und sah und glaubte.

Zum Ende des Evangeliums, im angehängten 21. Kapitel, erscheint der Auferstandene am See Genezareth. Nachdem er Petrus beauftragt hat, »seine Lämmer zu weiden« und dessen Kreuzestod angesprochen wird, kommt die Rede auf den Lieblingsjünger (Joh 21,20–23):

Petrus aber wandte sich um und sah den Jünger folgen, den Jesus lieb hatte, der auch beim Abendessen an seiner Brust gelegen und gesagt hatte: Herr, wer ist's der dich verrät? Als Petrus diesen sah, spricht er zu Jesus: Herr, was aber wird mit diesem? Jesus spricht zu ihm: Wenn ich will, dass er bleibt, bis ich komme, was geht es dich an? Folge du mir nach! Da kam unter den Brüdern die Rede auf: Dieser Jünger stirbt nicht. Aber Jesus hatte nicht zu ihm gesagt: Er stirbt nicht, sondern: Wenn ich will, dass er bleibt, bis ich komme, was geht es dich an?

Beide Textpassagen müssen einen naiven Leser irritieren. Deutbar werden sie erst, wenn wir in ihnen eine Konkurrenz zweier frühchristlicher Traditionen erblicken. Auch das Johannesevangelium respektiert die Autorität des Petrus als erstem Auferstehungszeugen (trotz der Frauen!) und die Führungsrolle des Petrus in der nachösterlichen Gemeinde. Zugleich wird aber die Tradition des Lieblingsjüngers als mindestens gleichwertig präsentiert.

»Petrus ist zwar der erste unter den namentlich erwähnten Jüngern und hat den Vortritt bei der Inspektion des Grabes. Aber der Lieblingsjünger, der nicht mehr sieht als Petrus, sieht im Glauben doch weit tiefer als dieser. Seine Nähe zu Jesus und sein besonderer Glaube ermöglichen ihm, die Fakten von Leinenbinden und Schweißtuch, die wohlgeordnet daliegen, zu deuten und zugleich hinter sich zu lassen« (Dschulnigg 2000, 254).

In der zweiten Stelle geht es offenbar um ein besonderes *Bleiben* des Lieblingsjüngers.

»Offensichtlich soll das ›*menein*‹ [= bleiben] nicht als leibliches Bleiben, sondern übertragen verstanden werden: Der Lieblingsjünger wird in seinem Zeugnis über Jesus bleiben, bis dieser kommt. Seine Überlieferung von Jesus ist unvergänglich, bleibend gültig« (ebd., 256).

Spätestens mit dem Hinweis Joh 21,24 (»Dies ist der Jünger, der dies alles bezeugt und aufgeschrieben hat, und wir wissen, dass sein Zeugnis wahr ist«) wird deutlich, wie sehr die Lieblingsjüngertradition tragend für das ganze Evangelium ist. Es scheint von daher an dieser Stelle angemessen, einige Anmerkungen zur neutestamentlichen Diskussion der Lieblingsjüngerfrage einzuschieben. Wer ist dieser Lieblingsjünger? Das Problem ergibt sich dadurch, dass die im Johannesevangelium genannten Jünger nicht deckungsgleich sind mit den Jüngerlisten der Synoptiker. So taucht z.B. der für Johannes wichtige Nathanael dort nicht auf. Nun hat man über

Jahrhunderte den Lieblingsjünger mit dem Autor des Evangeliums gleichgesetzt und diesen wiederum mit dem Zebedaiden Johannes. Diese Identifikation lässt sich nur begründen durch die Joh 21,2 genannten sieben Jünger. Unter diesen muss sich der später in der Szene vorkommende Lieblingsjünger befinden. Dort werden auch noch zwei »andere Jünger« genannt. Die neuere Forschung stellt diese Identifizierung in Frage. Allerdings konnte sich auch keine der Alternativhypothesen wirklich durchsetzen (ebd., 255ff):

- Den einen gilt der Lieblingsjünger als »Idealgestalt«, hinter dem keine historische Gestalt stehe.
- Unter den historischen Jüngerfiguren steht nach wie vor an prominentester Stelle Johannes, der Sohn des Zebedäus.
- Ein Alternativkandidat wäre Lazarus, der nach dem Evangelium Jesu besondere Zuneigung besaß und dessen Auftreten kurz vor dem des Lieblingsjüngers liegt.
- Andreas und Nathanael gehören beide zu den erstberufenen Jüngern und spielen im Evangelium eine wichtige Rolle, so dass das Prädikat »Lieblingsjünger« prinzipiell auch für sie gelten könnte.

Für unser weiteres Vorgehen ist die prinzipielle Unlösbarkeit dieser Frage kein Problem, weil es uns mehr auf die *Funktion* als auf die *Person* des Lieblingsjüngers ankommt. Dem Verfasser des Evangeliums mag es durchaus auch darum gegangen sein, den Anspruch der johanneischen Tradition in der frühen Christenheit zu begründen oder zu verteidigen. Auf der anderen Seite bietet der Verfasser aber in dieser Figur in jedem Fall ein Modell der Nähe zu Jesus Christus, das die Leser/innen identifizierend aufnehmen sollen. Wir können einen solchen Schritt der Identifikation gut an einem Beispiel aus der Kunst nachvollziehen (s.u.).

5.3 Nikodemus (Joh 3)

Nikodemus gehört, wie gesagt, zur Gruppe der ambivalenten Figuren. Ludger Schenke hat diese Gruppe folgendermaßen charakterisiert (1992, 56):

> »Neben den Jüngern, die an Jesus glauben und bei ihm bleiben, und solchen ›Juden‹, die ihn ablehnen und hassen, treten in der Handlung des JohEv noch weitere Personen auf. Sie stehen zwischen diesen beiden Gruppen. Sie glauben wohl an Jesus, werden auch gelegentlich Jünger genannt, sie bekennen sich aber ›aus Furcht vor den Juden‹ nicht zu Jesus, oder wenden sich aus Ärger über Jesu Anspruch wieder von ihm ab. Aus Jüngern werden sie somit zu ›Juden‹.«

Wir verfolgen ein prominentes Mitglied dieser Gruppe (Joh 3,1f):

> *Es war aber ein Mensch unter den Pharisäern mit dem Namen Nikodemus, einer von den Oberen der Juden. Der kam zu Jesus bei Nacht und sprach zu ihm: Meister, du bist ein Lehrer, von Gott gekommen: denn niemand kann die Zeichen tun, die du tust, es sei denn Gott mit ihm.*

Jürgen Becker (1991, 156) betont zu Recht, dass die Person des Nikodemus im Folgenden nur sehr knapp charakterisiert wird: »Nikodemus darf einmal einen substantiellen Gesprächsbeitrag leisten (V2), zweimal sein Missverständnis äußern (V4), um dann ganz mitsamt der Szene ausgeblendet zu sein.« Obwohl Nikodemus nur Fragen stellt, antwortet ihm Jesus recht harsch (V11): »Wahrlich, wahrlich, ich sage dir: Wir reden, was wir wissen, und bezeugen, was wir gesehen haben: ihr aber nehmt unser Zeugnis nicht an.« Es fällt nicht leicht, dieses Urteil aus den *Äußerungen* des Nikodemus selbst herzuleiten, Jesus weiß hier definitiv mehr als der Leser.

Die zweite Begegnung mit Johannes findet im Zusammenhang der verschärften Auseinandersetzung zwischen »den Juden« und Jesus statt. Die »Hohenpriester und Schriftgelehrten« hatten vergeblich versucht, Knechte zu schicken und Jesus gefangen zu nehmen. Zur Auseinandersetzung des Nikodemus mit seinen Kollegen heißt es dann (Joh 7,50–52):

> *Spricht zu ihnen Nikodemus, der vormals zu ihm gekommen war und der einer von ihnen war: Richtet denn unser Gesetz einen Menschen, ehe man ihn verhört und erkannt hat, was er tut? Sie antworteten und sprachen zu ihm: Bist du auch ein Galiläer? Forsche und sieh: Aus Galiläa steht kein Prophet auf.*

Wir erleben Nikodemus hier in der Auseinandersetzung um die Bewertung Jesu. Sein Votum lässt sich zumindest als ein Plädoyer für ein faires Verfahren gegenüber Jesus deuten.

Ein drittes Mal begegnen wir Nikodemus bei der Bestattung Jesu (Joh 19,38–40):

> *Danach bat Josef von Arimathäa, der ein Jünger Jesu war, doch heimlich, aus Furcht vor den Juden, den Pilatus, dass er den Leichnam Jesu abnehmen dürfe. Und Pilatus erlaubte es. Da kam er und nahm den Leichnam ab. Es kam aber auch Nikodemus, der vormals in der Nacht zu Jesus gekommen war, und brachte Myrrhe gemischt mit Aloe, etwa hundert Pfund. Da nahmen sie den Leichnam Jesu und banden ihn in Leintücher mit wohlriechenden Ölen, wie die Juden zu begraben pflegen.*

Es ist interessant, dass die Bewertung der Person des Nikodemus auch unter den Exegeten sehr auseinander geht. So schreibt Klaus Wengst (2004, 127):

> »Will man […] Nikodemus zusammenfassend charakterisieren, so wird man sagen müssen, dass er der Typ eines mit ›weltlicher‹ und ›geistlicher‹ Macht ausgestatteten ›Oberen‹ ist, der sich gerne mit einem bestimmten liberalen Nimbus umgibt: Er ist aufgeschlossen und interessiert, grundsätzlich bereit, jedem Anerkennung zu zollen, der sie seiner Meinung nach verdient (3,2); er ist gegen voreilige, aus reinem Machtwillen heraus gefällte Urteile und verlangt gründliche, dem Gesetz genügende Prüfung des Falles (7,51); er ist hilfreich bis zur verschwenderischen Großzügigkeit, wenn es zu spät ist (19,39); im Entscheidungsfall passt er sich opportunistisch an und geht in die innere Emigration (12,42); er hat zutiefst keine Ahnung, um was es geht, und er erhebt statt dessen noch einen Einwand und stellt noch eine Frage (3,4.9), die ihn daran hindern, in klarer Weise Stellung zu beziehen und Partei zu ergreifen.«

Wengst charakterisiert Nikodemus damit als gutmütig, aber letztlich naiv, weil er die Bedeutung der Person Jesu nicht wirklich verstanden habe. Ludger Schenke zieht – insbesondere bezogen auf die Salbungsszene – ein noch kritischeres Resümee (1992, 58):

> »Der [letzte Auftritt] hat etwas Tragikomisches an sich. Ganz den jüdischen Begräbnisriten verhaftet, bringt er die übertriebene Menge von einhundert Litern Salböl herbei, um den Leichnam einzubalsamieren (und zu konservieren?). Dabei wurde Jesus doch bereits durch Maria für das Begräbnis gesalbt (12,1–8), und er wird auch nur wenige Stunden im Grab liegen, um dann als Auferstandener zum Vater hinaufzusteigen (20,17). Nikodemus scheint aber von all dem nichts zu wissen und all das nicht zu erwarten. In Bezug auf die wahre Herkunft Jesu ist er ahnungslos und daher ohne Glauben.«

Peter Dschulnigg wertet gerade das gemeinsame Handeln zusammen mit Josef von Arimathäa positiv (2000, 118f):

> »Josef und Nikodemus bleiben für [... viele Fachleute] heimliche Jünger Jesu aus Furcht vor den Juden, und diese Art der Jüngerschaft wird in der Tat im Joh bei 12,42f deutlich abgewertet, weil ihr das offene Bekenntnis zu Jesus fehlt. Diese Einschätzung von Josef und Nikodemus bezieht sich wohl aber nur auf ihr bisheriges Verhalten, das sie mit ihrem Einsatz für die Bestattung Jesu gerade durchbrechen. Mit ihrer Bestattung Jesu wird es vielmehr gerade öffentlich, dass sie zu Jesus stehen und sich aus großer Verehrung um den Gekreuzigten sorgen. Sie erweisen Jesus miteinander den letzten Liebesdienst, der im jüdischen Urteil hoch geschätzt wird. Jesus erhält von ihnen ein würdiges Begräbnis, und auch das Grab selbst entspricht seiner Hoheit. Gerade auch die große Menge der kostbaren Gewürze, die Nikodemus zur Bestattung beibringt, zeigt, dass Jesus ein Begräbnis erfährt, das einer Krönung würdig ist.«

Es ist interessant, dass sich die schillernde Charakterisierung des Nikodemus im Evangelium in ähnlich schwankenden Urteilen der Exegeten niederschlägt.

5.4 Materialien und Impulse für den Unterricht

Im Johannesevangelium begegnen Jesus viele sehr unterschiedliche Menschen: »gute«, »schlechte« und »ambivalente, unentschiedene«. Das Johannesevangelium bietet natürlich die »Guten« als Identifikationsfiguren an, allen voran den sog. Lieblingsjünger. Er verkörpert die ideale Jesusnähe. Für Schüler/innen kann diese Nähe einerseits faszinierend, andererseits problematisch sein. Daher bietet es sich an, der Figur des Lieblingsjüngers eine andere, ambivalente Gestalt an die Seite zu stellen. Während die Stellung des Lieblingsjüngers zu Jesus eindeutig ist, bleibt sie bei Nikodemus (und anderen) offen. Diese Ambivalenz ist gerade für Schüler/innen, die zwischen Sicherheit gebender Eindeutigkeit und Freiräume schaffender Offenheit schwanken, reizvoll.

5.4.1 Der Lieblingsjünger in der bildenden Kunst

Zu Beginn des 14. Jahrhunderts entstanden im schwabisch-allemannischen Raum eine Reihe von Skulpturen, in denen der Lieblingsjünger Johannes in trauter Eintracht mit Jesus Christus dargestellt wird. Die 25 erhaltenen Exemplare unterscheiden sich deutlich in der Größe. »Das Format schwankt zwischen beinahe lebensgroß und Kleinplastik« (Hausherr 1975, 81). Wir beziehen unsere Detailanalyse auf das

Johannes-Gruppe, Oberrheinischer Meister, etwa 1330 bis 1340.

Exemplar aus dem Frankfurter Liebighaus, das eher zur zweiten Gruppe zu zählen ist. Der biblische Bezug liegt in der oben angesprochenen Szene der Fußwaschung, quasi der Abendmahlsszene des Johannesevangeliums. Bildet das Gesamtszenarium die Grundlage etwa des berühmten und auch in der jüngeren Kunst immer wieder rezitierten Bildes des Leonardo da Vinci in Mailand, so abstrahiert diese Plastik von aller Umgebung und konzentriert sich auf die Zweierbeziehung Johannes – Christus. Bei der Gestaltung des Bildes blieb das antike und biblische »Zu-Tische-Liegen« unberücksichtigt bzw. musste aus dem Liegen ein Sitzen werden. »Deshalb stellte man sich Christus und Johannes nebeneinander sitzend vor, wobei Johannes sein Haupt an das pectus Jesu legt – nur so war die Schilderung des Evangelisten mit dem Sitzen an der Tafel in Einklang zu bringen« (ebd., 88). Eine charakteristische Veränderung erfährt das Bild gegenüber dem Text vor allem durch die Tatsache des Ruhens, vielleicht sogar Schlafens des Jüngers, »denn wer schläft, kann keine Fragen stellen« (ebd.), wie es im Evangelium zur Stelle ausdrücklich berichtet wird (Joh 13,24). Das bedeutet, dass in die Darstellung andere Motive mit eingegangen sind. Dies sind solche aus der Tradition des Hohen Liedes und solche, die »die Brust des Herren als Quelle des Lebens und der Offenbarung des Evangeliums« (ebd., 89f) deuten. Analog zur Liturgie wird »die familiaritas des Jüngers mit Christus herausgearbeitet, der seit Augustin zum Vorbild der vita contemplativa geworden war« (ebd., 90). Als solches konnte das Bild Karriere machen als Vorbild für Mönche und wohl vor allem für Nonnen. Das Bild ist ein Symbol geworden für *persönliche* Frömmigkeit. Gerade in dieser Funktion ist es anschlussfähig für heutige Annäherungen an Jesus Christus. Denn der Wunsch, sich in Ruhe und tiefem Vertrauen an Christi Brust lehnen zu können, lädt förmlich zu einer Identifikation mit Johannes ein. Die fast androgynen Züge der Johannesfigur bieten damit Identifikationsangebote an »Jüngerinnen« und »Jünger«. Von daher überrascht die Bedeutung solcher Plastiken für die Frauenmystik nicht.

Betrachtet man das Bild genauer, dann sehen wir den Größenunterschied. Neben seiner Hervorhebung der unterschiedlichen Bedeutsamkeit der Personen nimmt dies gleichzeitig die Tradition von der relativen Jugend des Johannes innerhalb des Jüngerkreises auf. Die geschlossenen Augen des Johannes signalisieren einen Ausdruck höchster Geborgenheit. Dies wird verstärkt durch die linke Hand Jesu, die schützend auf seiner Schulter ruht. Die in einander gelegten rechten Hände erscheinen auch noch dem heutigen Betrachter als Ausdruck großer Intimität. So gesehen erfüllt die Zuspitzung dieser Plastik unsere Absicht, im Johannesjünger quasi die größtmögliche Nähe zu Jesus Christus darzustellen.

Impulse:

- Lies dir Joh 13,21–30 aufmerksam durch. Male Jesus und den Lieblingsjünger, wie sie in den Versen 23 und 25 beschrieben werden. Halte dich möglichst eng an den Text.
- Vergleiche deine Darstellung mit dem Bild. Was ist hier anders? Warum?
- Wie ist dem Jünger auf dem Bild wohl zumute?
- Warum hat er sich so angekuschelt und die Augen geschlossen?
- Wie verhält sich Jesus?
- (Wo) Würdest du dich in das Bild einzeichnen?

Gerade die letzte Impulsfrage zielt auf die ambivalente Haltung der Schüler/innen, die sie diesem Bild wahrscheinlich entgegen bringen. Die Vorstellung, derart eng an der Brust von jemandem zu liegen, wird bei Schüler/innen der Sek I widersprüchliche Gefühle und Äußerungen auslösen. Die Zeit, in der sie sich auf diese Art an ihre Eltern ankuschelten, dürfte vorbei sein. Eher könnten hier Beziehungen zu »peers« ins Spiel kommen, wobei die Frage ist, wieviel die Schüler/innen davon im Klassengespräch gewillt sind preiszugeben. Auch die Frage, ob die Schüler/innen ihre Beziehung zu Jesus auf diese Weise darstellen würden, werden die meisten kaum mit ja beantworten. Insofern bietet das Bild eine geeignete Folie für die anschließende Betrachtung einer sehr viel ambivalenteren Gestalt.

5.4.2 Nikodemus – eine Dilemmageschichte

So wünschenswert eine nachfolgende Jüngerschaft gegenüber Jesus Christus sein mag, für die meisten Schüler/innen sind die etwas »schwankenden« Mittelpersonen vermutlich attraktivere Identifikationspartner. Die Hörer/innen und Leser/innen der Geschichten werden gleichsam probeweise zur Identifikation eingeladen. Dazu bedarf es aber der Alternative zur »absolut guten« Figur des Lieblingsjüngers. Interessant sind dann besonders innere Monologe einer Gestalt wie die des Nikodemus. Speziell da, wo er sich opportunistisch verhalten mag, können wir ihn gut verstehen. Sein Dilemma zwischen Jesus und »den Juden« ist ja kein künstliches. Es ist eines wie es Christen und solchen, die es vielleicht werden wollen, tagtäglich begegnet.

Gerade durch sein Schwanken und seine Zweifel wird Nikodemus interessant. Wir bieten an dieser Stelle eine solche Dilemmasituation, wie sie Katrin Häußler und Andrea Knauß entworfen haben:

(Nikodemus sitzt mit seiner Familie zusammen)

Frau:	Wohin bist du gestern Nacht gegangen?
Nikodemus:	Eigentlich wollte ich mit niemandem darüber sprechen. Ich habe gestern mit diesem gewissen Jesus gesprochen.
(Die übrigen Familienmitglieder sind geschockt.)	
Frau:	Du meinst den Jesus, über den überall gesprochen wird? Hat dich auch niemand gesehen? Nicht, dass wir Ärger bekommen!
Kind 1:	Was wolltest du von ihm?
Nikodemus:	(*holt tief Luft*) Das ist nicht leicht zu erklären. Ich beobachte sein Tun schon seit einiger Zeit, denn seine Zeichen werden von vielen von uns gesehen und bewundert. Ich glaube, er kann diese Zeichen nur tun, weil er ein von Gott geschickter Lehrer ist. Viele Pharisäer sehen das allerdings nicht so. Sie sind nicht gut auf Jesus zu sprechen. In einer unserer nächsten Versammlungen wollen wir über ihn sprechen. Ich wollte vorher mit ihm reden, um mir ein genaueres Bild von seinen sogenannten Wundern und seiner Person machen zu können. Damit ich weiß, welche Meinung ich in dieser Versammlung vertreten soll.

Frau/ Kinder:	Und? Wie ist er so? Was hat er gesagt?
Nikodemus:	Hm. Er hat mir Dinge erzählt, von denen ich noch nie zuvor gehört habe. Und ihr wisst ja, ich weiß viel.
Kind 2:	Was hat er denn genau erzählt?
Nikodemus:	Er hat irgendetwas davon erzählt, dass man ein zweites Mal geboren werden kann … Ich frage mich, wie das gehen soll!
Frau:	Das ist wirklich verrücktes Zeug. So ein Unsinn!
Kind 1:	Erwachsene passen ja gar nicht mehr in den Bauch!
Kind 2:	Der hat dir Quatsch erzählt!
Nikodemus:	Genau das habe ich auch gedacht. Aber dann habe ich mir überlegt, dass wir vielleicht aneinander vorbei geredet haben. Als Lehrer muss er doch viel wissen, da erzählt man doch keinen Unsinn.
Frau:	Die Leute sagen, dass er nicht nur ein Lehrer, sondern Gottes Sohn sein soll!
Nikodemus:	Das glaube ich nicht – auch wenn er Wunder tut. Wie kann er Gottes Sohn sein, wenn er Eltern in Nazareth hat? Außerdem kann doch kein Erlöser aus Galiläa kommen! Andererseits – so viele Menschen haben seine Wunder gesehen, glauben an ihn und folgen ihm nach …
Kind 1:	Und? Was wirst du in der Versammlung sagen? Wenn du für ihn sprichst, gibt das vielleicht Ärger mit den Pharisäern!
Nikodemus:	Ich weiß nicht, was ich tun soll!

Impulse:
Die Dilemmageschichte kann methodisch mit dem Verfahren des »Doppelns« (Bubenheimer) erarbeitet werden (vgl. zum Verfahren auch Kap. 7.6). Die Schüler/innen sammeln in Einzelarbeit Argumente für folgende Positionen:
1. Ich spreche mich in der Versammlung für Jesus aus, denn …
2. Ich spreche mich in der Versammlung gegen Jesus aus, denn …

Anschließend werden im Klassenzimmer drei Stühle aufgestellt: einer (in der Mitte) steht für Nikodemus, die beiden Stühle links und rechts davon für die beiden Optionen, zwischen denen Nikodemus sich entscheiden muss. Auf jedem Stuhl nimmt ein/e Schüler/in Platz und übernimmt die entsprechende Rolle. »Nikodemus« formuliert sein Dilemma. Danach formulieren die beiden zur Rechten und Linken je ein Argument, das ihre jeweilige Position unterstützt. Nun treten die Schüler/innen der Reihe nach hinter den entsprechenden Stuhl und lesen ein Argument vor, das die Position, die der Stuhl repräsentiert, unterstützt. Abschließend wird der/die Schüler/in auf dem mittleren Stuhl gefragt, wie er/sie sich entscheidet.

In einem zweiten Schritt können die Schüler/innen Joh 19,38–40 lesen. Wichtig sind die Informationen, dass Nikodemus eine unangemessen große Menge an Salböl mitbringt und dass das Bestattungsritual öffentlich ist. Lässt der Text erkennen, wie Nikodemus sich entschieden hat – für oder gegen Jesus? Je nach Leistungsstärke der Klasse können folgende Statements zur Diskussion gestellt werden:

- »Nikodemus handelt erst, wenn alles zu spät ist.«
- »Nikodemus zeigt durch sein Verhalten, dass er nichts verstanden hat. Wozu Jesus einbalsamieren, wenn er doch auferstehen soll?«
- »Die Bestattung ist öffentlich. Nikodemus bekennt sich hier klar zu Jesus.«
- »Die verschwenderisch große Menge an Salböl, die Nikodemus mitbringt, zeigt, dass …?«

Abschließend kann die Klasse ihre individuellen Lesarten der Figur räumlich abbilden. Dazu wird ein Stuhl aufgestellt, der Jesus repräsentieren soll. Die Schüler/innen positionieren jetzt je einen Stuhl so, dass er den Grad an Nähe zu Jesus abbildet, in dem Nikodemus zu Jesus steht. Die Positionierungen sind zu begründen. Wichtig ist, dass es kein richtig oder falsch gibt, sondern dass der Text Spielräume eröffnet.

B

Johanneische Einzelszenen

6. Begegnung am Brunnen: Eine »Outsiderin« sieht Jesus

6.1 Die Erzählung in Johannes 4

Kein anderes Evangelium erzählt von der Begegnung Jesu mit einer Frau aus Samaria. Die Begegnung ist geprägt von langen Dialogabschnitten. Besonders interessant ist die Kombination von Missverständnismotiv und Führung zum wahren Glauben. Aufschlussreich ist hier etwa ein Vergleich mit dem Dialog zwischen Jesus und »den Juden« in Joh 8,30–59. Der Abschnitt beginnt mit der Feststellung: »Als Jesus das sagte, kamen viele zum Glauben an ihn. Da sagte er zu den Juden, die an ihn glaubten: ...« (Joh 8,30f). Der folgende Dialog zeigt, dass die Juden nicht zum wahren Glauben gekommen sind. Zwischen ihnen und Jesus tut sich im Laufe des Gesprächs ein unüberbrückbarer Gegensatz auf, der in einen tätlichen Angriff »der Juden« auf Jesus mündet: »Da hoben sie Steine auf, um auf ihn zu werfen.« (Joh 8,59). Beim Dialog zwischen Jesus und der Frau aus Samaria in Joh 4,4–42 findet sich eine gegenläufige Bewegung: Ausgangspunkt ist eine große Distanz zwischen Jesus und der Frau, die zum einen auf der traditionellen Feindschaft zwischen Juden und Samaritanern beruht (Joh 4,9), zum anderen auf den gesellschaftlichen Konventionen des Umgangs zwischen Männern und Frauen in der Öffentlichkeit. Trotz dieser ungünstigen Ausgangsbedingungen lässt sich die Frau auf ein längeres Gespräch mit Jesus ein. »Obwohl sie um die Trennung zwischen Samaritern und Juden weiß und Jesus als Fremden auch unter dieser Perspektive sieht, ist sie zu einem Gespräch bereit und bricht es trotz Missverständnissen nicht ab« (Dschulnigg 2000, 133). Sie kommt dann nicht nur selbst zum Glauben an Jesus, sondern führt auch viele andere Samaritaner zu Jesus (Joh 4,39–42). Während also in Joh 8 Glaube als »falsch« entlarvt wird und in offene Feindschaft mündet, wird in Joh 4 aus traditioneller Feindschaft ein Verhältnis wahren Glaubens.

Joh 4 gliedert sich (vgl. Dschulnigg 2000, 123):

1. in eine erzählerische Hinführung, die das »Setting« der Szene umreißt (V 4–6),
2. einen ersten Gesprächsgang zwischen Jesus und der Frau aus Samaria um das »lebendige Wasser« (V 7–15),
3. einen zweiten Gesprächsgang über den wahren Gottesdienst und den Propheten/Messias (V 16–26),
4. den Auftritt der Jünger, Weggang der Frau und ihre Werbung für Jesus (V 27–30),
5. den Dialog Jesu mit den Jüngern und deren Belehrung über die Mission in Samaria (V 31–38) und
6. den Glauben der Samariter an Jesus, der durch dessen Verkündigung vollendet wird (V 39–42).

Der erste Gesprächsgang (V 7–15) ist spiegelsymmetrisch aufgebaut: Jesus eröffnet den Dialog mit der Bitte: »Gib mir zu trinken!« (Joh 4,7). Er ist also der Bittsteller. In V10 werden die Rollen vertauscht: Der durstige Wanderer offenbart sich als Spender des Lebenswassers (Becker 1991, 203). Der Gesprächsgang endet mit der Bitte der Frau: »Herr, gib mir solches Wasser« (Joh 4,15). Damit setzt der Verfasser voraus, dass die Frage nach dem ewigen Leben eine Frage ist, die auch die Samaritaner beschäftigt. Religionsgeschichtlich betrachtet dürfte das kaum der Fall gewesen sein. Denn die Samaritaner sahen nur die 5 Bücher Mose als verbindlich an und vertraten nicht den Glauben an die Auferstehung. »Wenn also Jesus in Joh 4,10–15 voraussetzt, die Frage nach dem ewigen Leben treibe auch die Samaritaner um, so steht die Religionsgeschichte dagegen. Mit anderen Worten: E [der Evangelist] konstruiert den Dialog ohne historisch-biographisches Interesse und schreibt im Blick auf seine Gemeinde« (ebd., 201). Obwohl also der Gegensatz zwischen Juden und Samaritanern für die Perikope konstitutiv ist, wird kein Spezialwissen über diese Gruppe vorausgesetzt. Der erste Gesprächsgang endet mit einem Missverständnis (Becker 1991, 205; Dschulnigg 2000, 127; gegen Schenke 1998, 86). Ermöglicht wird dieses Missverständnis durch die doppelte Bedeutung des Ausdrucks »lebendiges Wasser«: »Neben der Offenbarungsquelle hat in der Alltagssprache ›lebendiges Wasser‹ die Bedeutung von Quellwasser im Unterschied zum Zisternenwasser« (Becker 1991, 203). Die »Quelle des Wassers im Menschen« (Joh 4,14) missversteht die Frau so, dass sie nie mehr zum Brunnen gehen müsste. »Sie hätte ein partielles Schlaraffenland« (ebd.).

Der zweite Gesprächsgang (Joh 4,16–26) bietet einen thematischen Neueinsatz. Unter den Auslegern ist umstritten, in welchem Maß hier samaritanische Religionsgeschichte im Hintergrund steht (vgl. Link 1992, 268–274). Unmissverständlich setzen die Verse 20–24 ein Wissen um die unterschiedlichen Kultorte von Juden und Samaritanern voraus:

> »Im Hintergrund dieser Aussage [bereits Joh 4,9] steht ein Schisma zwischen Samaritern und Juden, das aus einem Konflikt mit dem Tempel und der Priesterschaft von Jerusalem hervorgegangen war. Den Samaritern wurde nach Esr 4,2f die Beteiligung am Bau des zweiten Tempels zu Jerusalem verweigert. Aus diesem Grund und wegen Differenzen in Mischehenfragen unter der Priesterschaft bauten die Samariter auf dem Garizim im 4. Jhd. v. Chr. einen eigenen Tempel, den der Hasmonäer Johannes Hyrkan (134–104 v. Chr.) um 128 zerstörte, was die Feindschaft zwischen Juden und Samaritern noch verstärkte. Für die Juden galt das Mischvolk der Samariter als unrein, und es gehörte in die Nähe der Weltvölker (vgl. Mt 10,5), obwohl die Samariter die fünf Bücher Mose bewahrten und sich als die wahren Erben der Erzväter verstanden.« (Dschulnigg 2000, 126; vgl. Maier 1990, 53f)

Umstritten ist, ob mit den fünf Männern, die die Frau gehabt hat, auf die Situation Samarias hinwiesen werden soll, das von fünf Fremdstämmen bewohnt wurde (vgl. 2 Kön 17,24–34) (so z.B. Dschulnigg 2000, 128). Dagegen spricht jedoch u.E., dass die Pointe damit zerstört würde. Denn hervorgehoben werden soll ja gerade das erstaunliche Wissen Jesu um die Vergangenheit der Frau. Das religionsgeschichtliche Wissen um die Vergangenheit Samarias war dagegen allgemein bekannt (mit Becker 1991, 202). Ähnlich wird man bei der Betitelung Jesu als Prophet urteilen müssen (Joh 4,19): Hier ist keine spezifisch samaritanische Prophetenvorstellung einzutragen (vgl. ebd.), sondern der Prophet zeichnet sich dadurch aus, dass er »alles weiß, was ich getan habe« (Joh 4,29). Das heißt: »Zur Interpretation von Joh 4 sind konstitutiv: die Feindschaft zwischen Juden und Samaritanern, der verschiedene Kultort und ein allgemeines Wissen um die Besonderheit christlicher Mission in Samaria. Alle anderen angeblichen samaritanischen Spezialissima sind hypothetisch in den Texthintergrund eingetragen« (ebd.).

Diese Beobachtungen sind wichtig für die Fragen der Adressat/innen und der Intention von Joh 4: Die Perikope richtet sich an johanneische Christen, bei denen kein Spezialwissen über Samaria vorausgesetzt wird. Damit handelt es sich bei Joh 4 aber auch nicht um einen »Missionstext« in dem Sinne, dass er Nicht-Christen missionieren will, sondern die Erzählung berichtet »Insidern« von einem Missionserfolg unter schwierigen Bedingungen. Historisch reflektiert der Text wohl einen johanneischen Missionserfolg in Samaria, der auf den johanneischen Christus zurück projiziert wird.

An der narrativen Gestaltung dieses Missionsprozesses (Joh 4,27–42) fällt auf, dass die Frau zunächst »Rat« bei den Ihren sucht. Viele Leute, denen sie von ihrer Begegnung mit Jesus erzählt, kommen zum Glauben an Jesus (V 30). Dieser Glaube vollendet sich aber erst, als sie selbst Jesus begegnen (Joh 4,39–42).

6.2 Didaktische Überlegungen

Joh 4 eröffnet den Leser/innen eine »Outsiderperspektive« auf Jesus, die – anders als bei »den Juden« – nicht radikal abqualifiziert wird, sondern in »wahren Glauben« mündet. Diese Konzeption ist didaktisch in dem Sinne fruchtbar zu machen, dass sie zum christologischen Nachdenken einlädt. Einzelne Aspekte der Erzählung werden dabei ausgeblendet, weil sie entweder eine zu große historische Distanz aufbauen könnten oder bereits im johanneischen Text einen Themen- und Szenenwechsel einschieben. Letzteres trifft auf den Abschnitt Joh 4,31–38 zu: Der Dialog zwischen Jesus und den Jüngern führt das neue Bild der Ernte ein, um über das Wesen der Mission zu reflektieren. Er wird hier weggelassen. In Joh 4,20–24 geht es um den wahren Gottesdienst. Der Abschnitt setzt recht umfangreiches religionsgeschichtliches Wissen voraus, das mit den Schüler/innen erst erarbeitet werden müsste. Wir beschränken uns auf die christologische Thematik des Abschnitts mit den Titeln Prophet (V 19) und Messias/Christus (V 25).

Die Erarbeitung soll in drei Schritten erfolgen:

1. Zunächst geht es um die eschatologische Thematik des »lebendigen Wassers« (Joh 4,4–15). Hier können Verstehensprozesse angebahnt werden, die später bei den Ich-bin-Worten ihre Vertiefung finden (vgl. Kapitel 8 und 9).
2. In einem zweiten Schritt geht es um die Frage, wer Jesus sei: Prophet, Messias/Christus. Die narrative Gestaltung der Szene betont die Offenheit der Frau im Blick auf »christologisches Nachdenken«, und das, obwohl Jesus sie zumindest indirekt für ihren Lebenswandel kritisiert.
3. Abschließend geht es um die Frage des Zum-Glauben-Findens. Im Unterrichtsprozess ist u.E. auf eine offene Gestaltung dieser Thematik zu achten. Es soll nicht darum gehen, Kinder »zum Glauben zu führen«, oder spezielle Bekehrungserlebnisse zu thematisieren. Didaktisch fruchtbar scheint uns zum einen der Erzähl-

zug, nach dem die Frau zuerst noch unschlüssig ist und darauf hin »ihre« Leute in die »christologische« Diskussion einbezieht (Joh 4,28f). Diese Leute berichten dann – und hierin sehen wir den anderen didaktisch interessanten Erzählzug –, dass sie zunächst auf Grund der Aussage der Frau zum Glauben kommen, dass dieser Glaube aber erst durch die direkte Begegnung mit Jesus vollendet wird. In didaktischer Sicht stellt sich hier die Frage, ob wir »Nachösterliche« heute auch noch Jesus begegnen können. Das Johannesevangelium gibt auf diese Frage zwei Antworten: Zum einen führt es die Gestalt des Parakleten ein, der das Heilsangebot Jesu Christi auch nachösterlich aufrecht erhält (vgl. Kapitel 10). Zum anderen – und darum soll es an dieser Stelle gehen – übernimmt das Evangelium selbst die Funktion Jesu Christi: Die johanneischen Christen – so der Anspruch des Johannesevangeliums – können Jesus Christus *im* Evangelium begegnen – und diese Begegnung steht der vorösterlichen mit dem Irdischen in nichts nach (Meeks 1979). Zu fragen ist also, welche Bedeutung Geschichten haben, ob bzw. wie sie uns verändern können. Um das Gespräch möglichst offen zu halten, werden diese Fragen bewusst nicht im Zusammenhang mit religiösen Bekehrungsgeschichten thematisiert, sondern anhand eines Kinderbuches, das die Bedeutung von Geschichten und Büchern generell narrativ beleuchtet.

6.3 Materialien und Impulse für den Unterricht

6.3.1 Das »lebendige Wasser« (Joh 4,4–15)

6.3.1.1 Die szenische Eröffnung (Joh 4,4–6.7)

Die einleitende Erzählung führt die Kinder narrativ in die Szene ein und vermittelt ihnen das historische Wissen, das für die Perikope konstitutiv ist. Die große Distanz zwischen Juden und Samaritanern bildet jedoch die Folie für die Begegnung von Jesus und der Frau am Brunnen. Als solche muss sie mit den Schüler/innen thematisiert werden. Nur so wird verständlich, warum die Frau auf Jesu Bitte, ihm Wasser zu geben, so erstaunt reagiert. Jesus überschreitet eine unsichtbare Grenze. Der Erzählvorschlag nimmt dieses Motiv auf. Damit wird die Bereitschaft (und auch Neugierde) der Frau betont, sich trotz der ungünstigen Bedingungen auf ein Gespräch mit Jesus einzulassen.

Umkehren?

Eine Frau erzählt:
»Gestern bin ich zum Brunnen gegangen, um Wasser zu holen – wie fast jeden Tag. Am Brunnen saß ein fremder Mann. Ich wollte schon umdrehen, als ich ihn gesehen habe. Denn es gehört sich nicht, dass eine Frau allein mit einem fremden Mann zusammen ist. Aber ich brauchte Wasser, also bin ich weitergegangen. Als ich näher kam, habe ich gesehen, dass er ein Jude war. Irgendwie erkennt man das gleich. Wir mögen die Juden nicht, und die Juden mögen uns Samaritaner nicht. Das war schon immer so.
Angefangen hat diese Feindschaft, glaube ich, vor mehreren hundert Jahren. Wir Samaritaner durften beim Wiederaufbau des Tempels in Jerusalem nicht mitmachen. Also

haben wir uns einen eigenen Tempel gebaut, nicht in Jerusalem, sondern auf dem Garizim, in unserem eigenen Land. Diesen Tempel haben die Juden natürlich nicht anerkannt, sie haben gesagt, es sei gar kein echter Tempel. Vor etwa 150 Jahren hat dann ein Jude unseren Tempel zerstört. Seitdem herrscht zwischen Juden und Samaritanern eine tiefe Feindschaft.
Da saß also ein jüdischer Mann am Brunnen – Grund genug, umzukehren. Aber wie gesagt: Ich brauchte Wasser, und irgendwie war ich auch neugierig. Also bin ich unbeirrt zum Brunnen gegangen. Ich wollte gerade anfangen, mit meinem Krug Wasser aus dem Brunnen zu schöpfen, da ist etwas Unerhörtes passiert: Der Mann hat mich doch tatsächlich angesprochen. Das tut man natürlich nicht, wir kennen uns doch gar nicht. Zuerst wollte ich so tun, als hätte ich nichts gehört, aber dann habe ich mich doch dazu entschlossen, mit dem Mann zu reden.«

6.3.1.2 Der Dialog über das lebendige Wasser (Joh 4,7–15)

Joh 4,7–15 ist kunstvoll gestaltet: Der Dialog lebt einerseits von der Fremdheit und Distanz beider Personen, andererseits von der Symmetrie zwischen ihnen. Sie treffen sich am Brunnen. Zunächst ist es Jesus, der die Frau um Wasser bittet (V7), später bittet die Frau Jesus um Wasser (V15). Anhand des Bildes von Pieter Pieterz Lastman (1583–1633, Kunstmuseum Basel) lassen sich Gegensatz und Spiegel-Symmetrie herausarbeiten, bevor das in Joh 4 komponierte Gespräch zwischen Jesus und der Samaritanerin in seinem biblischen Wortlaut betrachtet wird.

Lastman malt in der Tradition von Caravaggio und ist einer der Lehrer von Rembrandt. Das Bild ist spiegelsymmetrisch um eine vertikale Mittelachse aufgebaut. Zur Besprechung des Bildes empfiehlt sich eine Bildschablone, die diese Struktur verdeutlicht und es den Kindern erlaubt, Sprechblasen etc. zu ergänzen. Auffällig sind zunächst die beiden Gesprächspartner. Jesus und die Frau haben Blickkontakt. Beide Personen zeigen mit der linken Hand auf ihre Wasserkrüge. Kennt man den Bibeltext nicht, ist man geneigt, an einen Wettstreit über den Inhalt der Krüge zu denken. Dadurch wird deutlich gemacht, dass es in dem Gespräch um ein längeres Hin und Her um die beiden Krüge gehen muss. Der Krug Jesu ist dabei interessanterweise Komposition des Malers (vgl. Joh 4,11). Auffällig ist die Darstellung des jeweiligen linken bzw. rechten Fußes. Derjenige der Frau ist reich geschmückt, der Jesu nackt. Auffällig sind auch die Bäume, die die beiden Personen flankieren.

Vor dem Hintergrund dieser Symmetrie fallen die Unterschiede zwischen beiden Bildhälften um so mehr ins Auge: Signifikant ist zunächst der Lichtschein um Jesu Kopf, die Übersetzung des Heiligenscheins in Lichtsymbolik. Bei der Samaritanerin sind dagegen Gesicht, Arme und linker Fuß sehr viel heller dargestellt als bei Jesus, ein Heiligenschein fehlt ihr aber. Der linke Baum wirkt entwurzelt und vergleichsweise kränklich im Vergleich zu der Baumfülle hinter Jesus. Auf der linken Seite wird noch ein Schäfer sichtbar. Dies wäre beziehbar auf das Ich-bin-Wort Jesu (vgl. Joh 10,11.14; Kapitel 9), aber auch auf den offensichtlichen Erfolg der johanneischen Mission bei den Samaritanern.

Pieter Pietersz Lastman (1583–1633), Christus und die Samariterin

Impulse:

Beschreibe, was du auf dem Bild siehst.

- Denke dir eine Linie in der Mitte des Bildes, die von oben nach unten verläuft. Welche Gegenstände und Gesten findest du auf beiden Seiten des Bildes?
- Versuche zusammen mit Deinem/r Banknachbar(i)n die Gestik der beiden Personen nachzustellen!
- Vergleiche beide Bildhälften: Wo findest du Gemeinsamkeiten, wo Unterschiede?
- Was könnten die beiden Personen zueinander sagen? Schreibe die Äußerungen in zwei Sprechblasen und lege sie in die Bildschablone!

Anschließend kann der Dialog zwischen Jesus und der Samaritanerin gelesen werden. Der folgende Erzählvorschlag bietet eine leicht vereinfachte Version des biblischen Textes, der bestimmte Implikationen explizit macht:

Zwei Fremde unterhalten sich am Brunnen

J: »Gib mir zu trinken!«

S: »Wie, du bittest mich um etwas zu trinken? Du bist doch ein Mann, und Männer sprechen keine fremden Frauen an, genauso wenig wie Frauen fremde Männer ansprechen dürfen. Außerdem bist du ein Jude und ich eine Samaritanerin. Wir gehen uns doch eigentlich immer aus dem Weg und reden nicht miteinander.«

J: »Wenn du wüsstest, wer ich wirklich bin, würdest du mich um Wasser bitten. Denn ich kann dir lebendiges Wasser geben.«

S: »Aber du hast doch nichts, womit du das Wasser aus dem Brunnen holen könntest, und der Brunnen ist tief. Woher hast du dann lebendiges Wasser?«

J: »Wer von diesem Wasser trinkt, der wird wieder durstig werden. Wer aber von dem Wasser trinkt, das ich ihm gebe, der wird nie mehr durstig sein. Denn das Wasser, das ich ihm gebe, wird in ihm zu einer sprudelnden Quelle werden. Diese Quelle schenkt ewiges Leben.«

S: »Herr gib mir solches Wasser, damit ich keinen Durst mehr habe und ich nicht mehr hierher kommen muss, um Wasser zu schöpfen.«

Impulse:

- Wähle aus dem Gespräch Jesu mit der Samaritanerin die Passagen aus, die zu dem Bild passend sind! Schreibe sie in zwei Sprechblasen und lege sie in die Bildschablone!
- Gib eine Begründung, warum du gerade diese Verse ausgewählt hast.
- Vergleiche diese Sprechblasen mit denjenigen, die du geschrieben hast, bevor du den biblischen Text kanntest.
- Was würdest du sagen – jetzt, wo du den biblischen Text kennst: Was ist in dem Krug der Frau, was in Jesu Krug?
- Der Maler hat sich nicht immer an die biblische Vorlage gehalten. Benenne wichtige Unterschiede zwischen Bild und Text und überlege, warum der Maler vom Text abgewichen ist.
- Jesus bietet der Frau »lebendiges Wasser« an. Die Samaritanerin sagt daraufhin: »Herr gib mir solches Wasser, damit ich keinen Durst mehr habe und ich nicht mehr hierher kommen muss, um Wasser zu schöpfen.« Sie hat Jesus offensichtlich nicht richtig verstanden. Woran kann man das erkennen?
- Was hätte die Samaritanerin sagen können, wenn sie Jesus richtig verstanden hätte? Vervollständige den Satz: »Herr, gib mir solches Wasser, damit …« Betrachte dazu auch den Liedtext.

Das Lied nimmt die metaphorische Rede von der Quelle (Strophe 1), vom Licht (Strophe 2) und vom »In-uns-Sein« (Strophe 4) auf (vgl. Joh 4,14).

Lied: Bewahre uns, Gott

1. Bewahre uns, Gott,
behüte uns, Gott,
sei um uns auf unsern Wegen.
Sei Quelle und Brot in Wüstennot,
sei um uns mit deinem Segen.

2. Bewahre uns, Gott,
behüte uns, Gott,
sei mit uns in allem Leiden.
Voll Wärme und Licht im Angesicht,
sei nahe in schweren Zeiten.

3. Bewahre uns, Gott,
behüte uns, Gott,
sei mit uns vor allem Bösen.
Sei Hilfe und Kraft, die Frieden schafft,
sei in uns, uns zu erlösen.

4. Bewahre uns, Gott,
behüte uns, Gott,
sei mit uns durch deinen Segen.
Dein Heiliger Geist, der Leben verheißt,
sei um uns auf unsern Wegen.«

(vgl. auch Kap. 10)

6.3.2 Wer ist Jesus: Prophet – Alleswisser – Christus – Retter der Welt?

Der Erzählvorschlag nimmt die Perspektive der Frau auf. Wiederum wird ihre Bereitschaft betont, sich weiter mit diesem Jesus zu unterhalten. Zentral ist der Aspekt des Wissens: Jesus weiß um die Vergangenheit der Frau und ist für sie deshalb ein Prophet. Der Messias wird von der Frau so charakterisiert, dass er »alles verkünden wird«. Der Dialog schließt mit der Aussage Jesu, dass er dieser Christus sei. Die Reaktion der Frau bleibt zunächst offen.

Der Dialog soll dazu einladen, mit den Schüler/innen darüber nachzudenken, was Jesus auszeichnet, und was ein Prophet bzw. ein Messias/Christus ist. Das Gespräch verdeutlicht anschaulich die Ambivalenz des »Alles-Wissens« – eine Problematik, die z.T. auch in Verbindung mit dem Gottesbild thematisiert wird. Diese Ambivalenz kann im Unterrichtsgespräch diskutiert werden.

Die Frau erzählt:

»Das Gespräch mit dem jüdischen Mann am Brunnen verlief merkwürdig. Irgendwie hatte ich immer wieder das Gefühl, ihn nicht richtig zu verstehen. Plötzlich hat er gesagt, ich solle meinen Mann herholen. Ich habe überhaupt nicht verstanden, was das jetzt sollte. Mit den Männern ist das bei mir nämlich so eine Sache. Ich hatte schon fünf, und der Mann, mit dem ich momentan zusammenlebe, ist nicht mein Ehemann. Aber das ging diesen Juden natürlich nichts an. Also habe ich nur gesagt: »Ich habe keinen Mann.« Wie erstaunt war ich, als sich herausstellte, dass der Mann am Brunnen über meine Verhältnisse genauestens informiert war. Er sagte mir auf den Kopf zu, wie viele Männer ich in der Vergangenheit schon gehabt hatte. Es war fast unheimlich. Einen Moment lang wusste ich nicht, wie ich reagieren sollte. Ich war richtig beleidigt. Was bildete sich dieser Mann eigentlich ein? Aber plötzlich habe ich geahnt, dass dieser Mann ein Prophet ist. Er hat dann davon geredet, wie wir zu Gott beten sollen. Mich hat das an den Messias erinnert, von dem wir glauben, dass er irgendwann kommen wird. Also habe ich gesagt:
»Ich weiß, dass der Messias kommt, der Gesalbte, der Christus. Wenn er kommt, wird er uns alles verkünden.« Wie erstaunt war ich, als dieser Mann antwortete: »Ich bin es, ich, der mit dir spricht.«

Impulse:

- Versucht die Haltung von Jesus und der Samaritanerin in dieser Situation nachzustellen. Bildet dazu Dreier- oder Vierergruppen. Zwei Personen sind bloße »Modelliermasse«, einer oder zwei andere »formen« die Szene, wie sie sich ihnen darstellt (ohne Worte); die Figuren äußern am Ende, wie sie sich in der Position, in die sie gebracht wurden, gefühlt haben.
- Stell dir vor, jemand weiß alles über dich. Notiere dir Stichworte, die dir dazu einfallen.
- Jesus – ein »Alleswisser«?

6.3.3 Glauben: Zweifeln – Begegnen – Weitererzählen (Joh 4,27–42)

Die Frau erzählt:
Dieser Mann sollte der Christus sein – war das wirklich möglich? Ich rannte in die Stadt, um meinen Freunden von der merkwürdigen Begegnung zu erzählen. Ich sagte zu ihnen: »Kommt her, seht, da ist ein Mann, der mir alles gesagt hat, was ich getan habe: Ist er vielleicht der Messias?« Da gingen die Leute zu Jesus, um ihn selber reden zu hören. Nach ein paar Tagen traf ich einige dieser Leute wieder. Jesus war schon weitergezogen. Die Leute sagten zu mir: »Zuerst haben wir geglaubt, weil du uns von diesem Mann erzählt hast. Aber nun glauben wir, weil wir ihn selbst gehört haben. Jetzt wissen wir: Er ist wirklich der Retter der Welt.« Da wusste auch ich endlich, wem ich am Brunnen begegnet war: Nicht nur einem Propheten, der alles über mich wusste, sondern dem Christus, dem Retter der Welt, der lebendiges Wasser geben kann.

Mögliche Aufgabenstellungen:

- Versuche, dich an Situationen zu erinnern, wo andere dir etwas erzählt haben, und du dir das Ganze dann selber noch einmal ansehen wolltest. Erzähle deinem Tischnachbarn/deiner Tischnachbarin davon.
- Was meinst du: Können wir Jesus heute noch begegnen? Wie könnte das aussehen? Sieh dir dazu auch den folgenden Ausschnitt aus einem Kinderbuch an.

Mo, ein Buchbinder, reist viel und nimmt dabei immer seine Tochter Meggie mit. Meggie packt wieder einmal ihre Sachen.

Mo hatte die Kiste rot lackiert, rot wie Klatschmohn, Meggies Lieblingsblume, deren Blüten sich so gut zwischen ein paar Buchseiten pressen ließen und deren Stempel einem Sternmuster in die Hand drückten. Auf den Deckel hatte Mo mit wunderschönen, verschlungenen Buchstaben Meggies Schatzkiste geschrieben und innen war sie mit glänzend schwarzem Futtertaft ausgeschlagen. Von dem Stoff war allerdings kaum etwas zu sehen, denn Meggie besaß viele Lieblingsbücher. Und immer wieder kam ein Buch dazu, auf einer neuen Reise, an einem anderen Ort. »Wenn du ein Buch auf eine Reise mitnimmst«, hatte Mo gesagt, als er ihr das erste in die Kiste gelegt hatte, »dann geschieht etwas Seltsames: Das Buch wird anfangen, deine Erinnerungen zu sammeln. Du wirst es später nur aufschlagen müssen und schon wirst du wieder dort sein, wo du zuerst darin gelesen hast. Schon mit den ersten Wörtern wird alles zurückkommen: die Bilder, die Gerüche, das Eis, das du beim Lesen gegessen hast (…) Glaub mir, Bücher sind wie Fliegenpapier. An nichts haften Erinnerungen so gut wie an bedruckten Seiten.«

Vermutlich hatte er damit Recht. Doch Meggie nahm ihre Bücher noch aus einem anderen Grund auf jede Reise mit. Sie waren ihr Zuhause in der Fremde – vertraute Stimmen, Freunde, die sich nie mit ihr stritten, kluge, mächtige Freunde, verwegen und mit allen Wassern der Welt gewaschen, weit gereist, abenteuererprobt. Ihre Bücher munterten sie auf, wenn sie traurig war, und vertrieben ihr die Langeweile, während Mo Leder und Stoffe zuschnitt und alte Seiten neu heftete, die brüchig geworden waren von unzähligen Jahren und ungezählten blätternden Fingern.

(Cornelia Funke, Tintenherz, 24f)

Impulse:

- Versuche, dich an ein Buch zu erinnern, das du besonders gern gelesen hast. Kannst du dich noch daran erinnern, wo und wann du es gelesen hast? Schreibe in Stichworten alles auf, woran du dich erinnerst, wenn du an dieses Lieblingsbuch denkst.
- Beim Lesen eines Buches begegnest du vielen Personen. Welches ist deine Lieblingsfigur, der du beim Lesen begegnet bist?
- Es gibt Begegnungen mit Romanfiguren und es gibt Begegnungen mit »wirklichen«, lebendigen Personen. Vergleiche beide: Was ist gleich, was ist anders?
- Der Mann, der das Johannesevangelium geschrieben hat, wollte, dass die Christen in dem Evangelium Jesus begegnen – so, wie die Frau aus Samaria Jesus begegnet ist. Was meinst du – ist das möglich?

7. Der Gelähmte und der Blindgeborene (Johannes 5 und 9)

7.1 Zur Rahmung von Wundergeschichten

Die Wundergeschichten Jesu werden in einem bestimmten Zusammenhang erzählt. So erhält jede von ihnen ihr besonderes Kolorit. Dies kann uns dazu verhelfen, bis zu den sozialen Hintergründen eines konkreten Falles vorzustoßen. So macht etwa Gerd Theißen deutlich, dass die Begegnung Jesu mit der Frau aus Syrophönizien sehr viel über die Beziehungen zwischen deren Ländern zum Ausdruck bringt (Theißen 1989, 63ff). Andererseits spielt häufig die Rahmung (Goffman 1980) eine entscheidende Rolle, etwa wenn es wie bei der Beispielgeschichte vom barmherzigen Samariter darum geht, ob der Schriftgelehrte Jesus fragt, um ihn zu »versuchen« (Lk 10,25) oder »weil er gut geantwortet hatte«, wie es bei der parallelen Szene Mk 12,28b heißt. Kleine rahmende Veränderungen vermögen es demnach, den Charakter einer Jesusgeschichte deutlich zu variieren. Wir gehen im Folgenden von zwei johanneischen Wundergeschichten aus, die von Jesus auch in den Synoptikern überliefert sind: Ein gelähmter Mann kann wieder gehen (Joh 5), ein Blinder wieder sehen (Joh 9). Nach den Worten Jesu sind beide Zeichen der beginnenden messianischen Zeit (Mt 11,5 par.).

7.2 Der heutige Rahmen

Der Zugriff auf die Wundergeschichten Jesu ist bis heute nicht unproblematisch. Für den Laien stellen sich zwei Situationen: In der normalen wird er fragen: »Ist das möglich? Damals? Bei Jesus? Gibt es das noch heute?« Je nach seinem Vorverständnis wird er grundsätzlich oder bezogen auf die einzelne Geschichte entweder eher zustimmend oder ablehnend urteilen. Ändert sich jedoch die Lebenssituation, wird sich in der Regel auch die Perspektive ändern: In Seenot, im Anblick einer lebensbedrohenden Erkrankung oder in einer sonstigen Gefahrenlage wird ein Eingreifen Gottes oder Jesu Christi, ja die Möglichkeit eines Wunders anders beurteilt. Es wird im Sinne Ingo Baldermanns die »Notwendigkeit« erkannt, dass sich »die Not wenden« möge (Baldermann 1991, 36).

Denselben Prozess können wir auch im Kontext der neutestamentlichen Wissenschaftsdiskussion verfolgen. Wir treffen hier Vorstellungen, wonach an der Historizität von Jesu Wundern keinerlei Interesse besteht (Bultmann 1993, 227), bis hin zu detailliertem Nachdenken darüber, welche Wunder dem historischen Jesus im einzelnen zuzuschreiben sind (Theißen/Merz 1996, 279ff). Wieder ist es der spezifische Rahmen, der die Frage in der spezifischen Weise aufkommen lässt und so eine bestimmte Antwort provoziert.

Die Radikalität dieser Sichtweise wird deutlich an folgender Beispielgeschichte:

Sie schauen aus dem Fenster. Aus dem Bankgebäude gegenüber kommt ein maskierter Mann gerannt mit einer Tasche in der Hand. Gleich darauf sehen Sie, dass er von zwei Polizisten verfolgt wird.
In einem Gefühl zwischen Nervenkitzel, Angst und der Überlegung, ob Sie etwas tun können, ist ihre Deutung doch klar: ein Banküberfall.
Doch da sehen Sie plötzlich, dass ein Kamerateam mit vollem Equipment den dreien folgt. Erst werden Sie irritiert sein und dann vermutlich anfangen zu lachen. Sie sind unversehens – unfreiwillig – auf einer Bühne gelandet: der Aufzeichnung eines Film-Überfalls. Aus Kinofilmen weiß man, dass die Geschichte hier noch nicht zu Ende sein muss. Es könnte sich herausstellen, dass die Polizisten und das Filmteam gar nicht »echt« waren, dass der Überfall als Filmaufnahme getarnt worden war …

7.3 Der Lahme und der Blinde als exemplarische Figuren

Was dieses Konzept im Hinblick auf das Johannesevangelium zu leisten vermag, können wir am Beispiel der Heilungskapitel 5 bzw. 9 zeigen. Beide Geschichten zeigen auffällige Parallelen im Bezug auf das Handeln Jesu gegenüber dem Kranken. Interessant ist dann das im Rahmen auftretende völlig unterschiedliche Verhalten der beiden Geheilten. Ludger Schenke schreibt dazu (1992, 61):

> »Der Geheilte von 5,1–9 ist solch eine zwielichtige Gestalt. Sein Verhalten ist außerordentlich irritierend. Er verteidigt nicht wie der geheilte Blinde von 9,13–17.23–34 das Wirken Jesu, sondern zeigt ihn vielmehr bei den gegnerischen Juden an, sobald er ihn im Tempel getroffen hat (5,14f). Die Folge ist, dass die ›Juden‹ Jesus verfolgen und töten wollen (5,16.18).«

Für die von uns vorgestellte religionspädagogische Strategie ergeben sich daraus mehrere Teilaufgaben. Wir werden für beide Wundergeschichten deren »existentielle« Qualität erheben und dazu Schritte angeben, wie sie auch bislang häufig vorgeschlagen wurden. Die spezifisch johanneische Thematik tritt nun allerdings in den alternativen Verhaltensweisen der Geheilten zutage. Im Sinne unserer früheren Ausführungen wollen wir die beiden Protagonisten nicht in derselben dualistischen Gegenüberstellung präsentieren, wie dies etwa Schenke tut. D.h. wir verzichten darauf, den Ex-Gelähmten bloß als dunkle Folie gegen den jetzt Sehenden zu stellen. Wir möchten den ersten durchaus als »mittleren Charakter« präsentieren, gerade in seiner scheinbaren Ambivalenz gegenüber Jesus. Wir werden konkret so vorgehen, dass wir jeweils einen Abschnitt exegetisch bearbeiten werden und daran unterrichtliche Strategien anknüpfen.

7.4 Der Gelähmte (Joh 5)

7.4.1 Exegetische Sachinformationen

Die Verse 1–3 geben Zeit und Ort des Geschehens an. Das Fest wird nicht näher bezeichnet. Da es im Duktus des Evangeliums zwischen einem jeweils ausdrücklich genannten Pessach bzw. Laubhüttenfest liegt, neigen einige Exegeten dazu, hier an Schawuot, das Wochenfest, die Vorlage für das christliche Pfingstfest zu denken (Wengst 2004, 192; Becker 1991, 277). Der ehemalige Teich Bethesda kann heute in Jerusalem sicher identifiziert werden. Er bestand aus einem Doppelteich, »eine Anlage aus um eine Zisterne angeordneten Bädern, die jüdischen Reinigungsbädern gleichen« (Riesner 1990, 195). Offenbar handelte es sich um ein jüdisches Heilungsheiligtum. Dabei gab es wohl die Erwartung, dass die zeitweilige Bewegung des Wassers im Becken besonders heilkräftige Wirkung erzeugte und dass diese, wie spätere Handschriften erläutern, von einem Engel verursacht seien. Die lange Leidenszeit von 38 Jahren lässt sich nach Wengst (2004, 194) auch im Hinblick auf die vierzigjährige Wüstenwanderung des Volkes Israel deuten. Der Bibeltext stellt deutlich, die – freilich bislang erfolglose – Heilungsstrategie des Kranken vor. Hätte er einen, der ihn zum entscheidenden Zeitpunkt der Wasserbewegung als Ersten ins Becken brächte, dann hätte er eine Chance. Gerade diese Passage ist auch heutigen Hörer/innen gut nachvollziehbar: Gesundheit ist ein knappes Gut, um das sich viele Bedürftige streiten.

Interessant ist die Auflösung der Geschichte. Fast wortgleich zu Mk 2,11–12 wird der Kranke, den wir dadurch als Gelähmten identifizieren können, aufgefordert, sein Bett zu nehmen und zu gehen, was dann auch geschieht.

7.4.2 Didaktische Überlegungen zu Joh 5

Geht es uns primär darum, wie wir mit den Schüler/innen von den Wundern Jesu sprechen können, dann scheint uns ein Vorgehen im Sinne von Ingo Baldermann nach wie vor plausibel. Er lässt die Kinder sich mit dem Gelähmten identifizieren, indem er auf entsprechende Psalmverse wie Ps 22,17f verweist (1991, 36):

> »Aber all diese Worte waren ja nicht einfach Zitate aus den Psalmen, sondern inzwischen für die Kinder zu ihren eigenen Worten geworden. So legten sie den Gelähmten jetzt ihre eigene Angst und Verzweiflung in den Mund. Das war der Schlüssel für ein völlig verändertes Verständnis dieser Geschichte. Ob und wie so etwas *möglich* sei, war für sie kein Thema mehr; für sie war klar, dass dies *notwendig* war. In dem Augenblick, als sie selbst in die Geschichte hineingerieten, wurde sie für die Kinder zu einer notwendigen Geschichte. Das ist das Geheimnis des Umgangs mit Wundergeschichten, und so waren sie auch ursprünglich gemeint. […] Nur als Geschichten von meiner Angst und Hoffnung sind sie schlüssig und notwendig: als Verheißungsgeschichten.«

Solche Identifikationsübungen können auf vielerlei Weise erfolgen. Man kann den »Gelähmten« in Briefen oder Tagebuchnotizen seine Situation und seine Hoffnungen schildern lassen, man kann Rollstuhlerfahrungen machen lassen etc. Die Perikope setzt den Akzent auf die heilende, hilfreiche Begegnung mit Jesus Christus auch und gerade in Situationen der eigenen Not und Bedrängnis.

Es lässt sich leicht nachvollziehen, dass es bei einem solchen Zugriff ziemlich egal ist, ob die Geschichte in Kafarnaum oder in Jerusalem spielt, ob an einem Feiertag, einem Sabbat oder an einem »normalen« Tag (wie Mk 2). Diese Rahmendaten werden erst dann interessant, wenn diese die Bewertung des Ereignisses beeinflussen.

Insofern ist der Vergleich mit Mk 2 hier interessant. Der auch dort erwähnte Widerspruch der »Schriftgelehrten« (Mk 2,6) macht sich an der Frage der Sündenvergebung fest, nicht an der Sabbatthematik. Am Ende der Perikope ist vom »Entsetzen« und vom »Lobpreis Gottes« die Rede und der Erkenntnis: »Wir haben so etwas noch nie gesehen« (Mk 2,12b).

Vergleicht man damit die Perikope Joh 5, dann erkennt man, dass der Rahmenhinweis in V 9b »Es war aber an dem Tag Sabbat« eine Wirkung entfaltet, wie wir sie in dem oben skizzierten Beispiel demonstriert haben. Dieser Hinweis wertet zumindest in den Augen der Jesusgegner die Heilungsgeschichte um. War sie bislang ein Grund zur Freude, so jetzt ein Anlass des Abscheus und der Kritik. Der Geheilte kann nicht mehr sein neues Glück genießen. Jetzt muss er sich entscheiden, wie er sich in einem Feld behaupten soll, das ihn offenbar in einen Loyalitätskonflikt bringt. Dabei bringt V 13 insoweit ein retardierendes Moment, als der Geheilte sich gegenüber den »Juden« nicht wirklich äußern kann, weil er den Namen seines Wohltäters gar nicht kennt. V 14 zeigt dann aber eine zweite Begegnung im Tempel, in welcher Jesus – ähnlich der Mk-Stelle – den Zusammenhang von Krankheit und Sünde deutlich macht und den Geheilten auf ein mögliches schlimmeres Widerfahrnis hinweist. Es bleibt unklar, was damit gemeint ist bzw. ob dies etwa auf den nächsten Vers bezogen ist, wo der Geheilte den »Juden« jetzt mitteilt, sein Wohltäter sei Jesus. Letzteres führt dann zu Auseinandersetzungen zwischen Jesus und den Juden und deren Absicht, ihn zu töten (V 18).

7.5 Der Blindgeborene (Joh 9)

7.5.1 Exegetische Sachinformationen

»Schon auf den ersten Blick fallen die Ähnlichkeiten zu Joh 5 auf: Jesu Wundertat, erzählerisch verspätet als Sabbatheilung charakterisiert (Joh 9,14), löst eine Reihe von Dialogen mit wechselnden Szenen aus« (Becker 1991, 370). Doch geht die Parallelität über den Gesamtaufbau der Perikope hinaus. Es finden sich hier wie dort Anklänge an das Tun-Ergehens-Motiv und Bezugnahme zu Jerusalemer Wasserstätten. Wie erwähnt findet die Modulation (Goffman 1980) der Geschichte durch die nachgeschobene Information (V 14) zum Sabbat statt. Die anschließenden Gespräche weisen den geheilten Blinden als Kontrastfigur zum geheilten Lahmen aus. Er wird zum Jesusanhänger mit der Konsequenz, dass ihn die jüdischen Autoritäten »hinausstoßen« (V 34).

Für das religionspädagogische Vorgehen bieten sich hier drei Fokussierungen an: einmal das Wunder der Blindenheilung, zweitens der Diskurs über die Ursache der Blindheit und drittens die Auseinandersetzung des Geheilten mit den jüdischen Autoritäten.

Wie bereits erwähnt, lässt sich die Perikope Joh 9,1–7 unterteilen in die eigentliche Wundergeschichte und den Dialog Jesu mit seinen Jüngern VV 2–5. Joh 9,1 beginnt mit einem Neueinstieg gegenüber dem Vorhergehenden (Wengst 2004, 362f). Jesus sieht einen Blindgeborenen. Nach dem Diskurs mit seinen Jüngern heilt er den Blinden auf handgreifliche Weise mit einem Brei aus Erde und Spucke. Der geht zum Teich Siloah, wäscht sich (vermutlich den Brei von den Augen) und erscheint wieder – nun sehend – bei Jesus. Wieder gibt es eine große Verwandtschaft zu Texten wie Mk 8,22–26, wo Jesus in Betsaida einen Blinden, diesmal allein durch Speichelauftrag auf die Augen, heilt. Der Gang zum Teich Siloah erschließt sich nicht auf den ersten Blick. Wengst (2004, 370) meint, der Blinde müsse »zu seiner Heilung auch selbst etwas beitragen«. Doch wichtiger ist für Joh offenbar die Interpretation des hebräischen Wortes »Schiloach« im Sinne von »Gesandter«. Damit soll deutlich gemacht werden, dass der Blinde durch den »Gesandten Gottes« geheilt worden ist (ebd.).

In der Heilungsgeschichte Joh 5 macht Jesus dem nun geheilten Lahmen deutlich, dass sein Glück sich auch wieder ändern könne, wenn er sich nicht entsprechend verhalte (Joh 5,14b): »Siehe, du bist gesund geworden; sündige hinfort nicht mehr, dass dir nicht etwas Schlimmeres widerfahre.« Wie man dieses »Schlimmere« auch deuten mag, in Bezug auf das aktuelle Ergehen oder auf das zukünftige postmortale Geschick, die Aussage Jesu bindet es offensichtlich an ein bestimmtes Verhalten.

In der Perikope Joh 9 wird diese Sache ausdrücklich von Jesu Jüngern thematisiert (V 2b): »Meister, wer hat gesündigt, dieser oder seine Eltern, dass er blind geboren ist?« Worauf Jesus antwortet (V 3): »Es hat weder dieser gesündigt noch seine Eltern, sondern es sollen die Werke Gottes offenbar werden an ihm.« Jesus sieht den Fall also aus der Perspektive seines bzw. von Gottes Handeln an diesem Blindgeborenen.

Beide Jesusworte haben in der Auslegung große Beachtung gefunden. Der übliche Auslegungshorizont sieht in Jesu Argumentation einen Bruch zu einem Verständnis, wie es in der alttestamentlich-jüdischen Tradition zumindest häufig anzutreffen ist. Nicht umsonst spricht die alttestamentliche Wissenschaft von einem »Tun-Ergehens-Zusammenhang«, der sich z.B. in der deuteronomistischen Geschichtsdeutung oder im Grundtenor des Sprüche-Buches leicht nachweisen lässt. Allerdings finden sich auch kritische Aussagen, denken wir nur an die Krise der Weisheit, wie sie sich in den Büchern Hiob und Kohelet zeigt, auch und gerade bestimmt durch die Kritik an diesem Tun-Ergehens-Konzept. Jer 31,29f bzw. Ez 18,1–4 wenden sich ausdrücklich gegen das Sprichwort »Die Väter haben saure Trauben gegessen, aber den Kindern sind die Zähne davon stumpf geworden.« Sie wollen den Tun-Ergehens-Zusammenhang zumindest im Sinne einer Sippenhaftung ausschließen, wie es ja bei dem Blindgeborenen gegeben gewesen wäre. Die Argumentation Jesu lässt sich im Kontext der geschilderten jüdischen Diskussion gut nachvollziehen und bedarf keiner drastischen Gegenüberstellung von jüdischer versus christlicher Position (vgl. Wengst 2004, 364ff).

7.5.2 Didaktische Überlegungen

Im religionspädagogischen Kontext scheint es vielmehr sinnvoll, einen Blick auf die Theorie der religiösen Entwicklung zu werfen. Dort treffen wir verschiedene Möglichkeiten, menschliches Handeln und göttliche Führung bzw. göttliches Eingreifen zusammen zu denken. Während jüngere Kinder noch davon ausgehen, dass Gott alles mehr oder weniger willkürlich regle, setzt sich in der Grundschulzeit und noch darüber hinaus eine Vorstellung durch, dass die Beziehung Gott – Mensch von einem gegenseitigen Geben und Nehmen bestimmt sei (do-ut-des). Mit der beginnenden Adoleszenz kommen dann in der Regel Zweifel daran auf, ob es einen solchen erkennbaren Zusammenhang zwischen menschlichem Tun und göttlichem Handeln überhaupt gibt. Betrachtet man diese Muster, dann ist die gedankliche Verwandtschaft zwischen dem do-ut-des-Modus und dem Tun-Ergehens-Zusammenhang auffällig. Gute menschliche Taten werden belohnt, böse bestraft. Beides motiviert für die Zukunft zu moralischem Handeln. Die Erfahrung, dass dieses Modell so nicht immer funktioniert, führt im AT zur »Krise der Weisheit«, im individuellen Denken zur These, dass menschliches Handeln und Gottes Eingreifen sich offenbar nicht so leicht aufeinander beziehen lassen. Interpretiert man Gottes Gnadenhandeln in diesem Modell, so lässt sich zwar Gottes Unverfügbarkeit gut denken, das »dankbare« Verhalten des Menschen jedoch nicht wirklich. Erst auf einer höheren Stufe wird man das menschliche Handeln im Kontext göttlicher Führung verstehen können, wobei dies dann nicht akribisch auf jedes Einzelereignis zu beziehen ist.

7.6 Materialien und Impulse für den Unterricht

7.6.1 Der Gelähmte (Joh 5)

Gemäß unserer früheren Überlegungen wollen wir den Gelähmten nicht als bösartigen Denunzianten ansehen, sondern als einen, der in einen Konflikt geraten ist, in welchem für ihn nicht so leicht zu entscheiden ist, was zu tun ist. Aus dem Text ist zumindest nicht explizit zu entnehmen, dass seine Mitteilung an die »Juden« de facto Züge einer Denunziation trägt. Religionspädagogisch können wir den Geheilten damit als eine der Identifikationsfiguren aufgreifen, die es ermöglichen – unter schwierigen Bedingungen! – über Ferne und Nähe zu Jesus nachzudenken. Wir halten an dieser Stelle das bibliodramatische Rollenspiel wie es Ulrich Bubenheimer (1991) entwickelt hat, für die geeignete Methode. Inhaltlich wird dabei angeknüpft an die innere Dynamik der einzelnen biblischen Perikope. D.h. es wird vorausgesetzt, dass der Ablauf dieser Perikope grundsätzlich auch anders möglich wäre. Der Ablauf gemäß der biblischen Vorgabe ist also *eine* Möglichkeit, die im Lichte von Alternativen plausibler und transparenter wird. Der Gelähmte am Teich Bethesda (Joh 5) entspricht den Anforderungen dieses Vorgehens. Er steht einerseits in großer Schuld gegenüber seinem Heiler Jesus, auf der anderen Seite treten die Vertreter der »Juden« an ihn heran, um über ihn den »Sabbatschänder« Jesus ausfindig zu machen.

In der Exegese ist umstritten, wie dieses Verhalten zu bewerten ist: Wird der Geheilte durch diese Angabe als Denunziant Jesu negativ gezeichnet (Metzner 1999, 177–193)? Oder ist er sich der Gefahr für Jesus nicht bewusst? Oder muss er – dramaturgisch – einfach die Rolle desjenigen übernehmen, der veranlasst, dass es zur entscheidenden Begegnung Jesu mit seinen Gegnern kommt (Schnelle 1998, 105)? Diese Ambivalenzen sind für Schüler/innen reizvoll. Denn sie haben einen einladenden Charakter für all die, die sich als Suchende begreifen, die einerseits von der Eindeutigkeit fasziniert sind, andererseits aber beunruhigt durch die damit verbundene Verbindlichkeit. Gerade der Umgang mit Schüler/innen im Jugendalter wird mit einer solchen Grundhaltung rechnen müssen.

Das Verfahren

Mittels der folgenden Ich-Erzählung wird der innere Konflikt des Mannes skizziert, den Jesus nach 38 Jahren Lähmung geheilt hat. Sinnvollerweise gibt man den Schüler/innen ein Blatt mit einer Figur und zwei Sprech- bzw. Denkblasen. In der einen steht: »Ich bin Jesus so dankbar, ich werde keinesfalls etwas sagen, wenn die Leute mich nach ihm fragen …« In der anderen steht: »Ich muss doch den Leuten wahrheitsgemäß Auskunft geben, wenn sie mich fragen. Wer weiß, was sonst passiert?! …«

Vor Spielbeginn werden drei Stühle postiert. Auf den mittleren setzt sich der Protagonist des »geheilten Mannes«. Er formuliert den inneren Konflikt und endet mit dem Satz: »Wie soll ich mich denn nun entscheiden?« Auf der einen Seite nimmt die Meinung Platz, die bedingungslos zu Jesus steht, auf der anderen diejenige, die auf die Fragen der jüdischen Vertreter eingeht. Wenn jede Seite ihr Argument genannt hat, treten andere Schüler/innen hinter einen oder mehrere Stühle und geben als *Doppelgänger* ihr Votum ab. Auch die Protagonisten können hinter anderen Stühlen als Doppelgänger auftreten. Der Spielleiter kann auch beim Doppeln eingreifen, wenn er so das etwas erlahmende Spiel neu stimulieren kann. Wenn die Argumente genannt sind, zieht der Protagonist des »Geheilten« eine Konsequenz, wie er sich entscheiden will. Anschließend können noch andere Schüler/innen diese Entscheidung des Protagonisten doppeln.

Die Geschichte
Leute, ihr könnt euch gar nicht vorstellen, wie gut es mir geht. 38 Jahre bin ich gelähmt, ein Krüppel, abhängig von der Hilfe anderer. Vor einigen Jahren, ich weiß gar nicht mehr genau, wann es war, da haben sie mich an den Teich Bethesda gebracht. Hier ist ein heiliger Ort, an dem schon viele geheilt worden sind. Auch wird erzählt, dass manchmal ein Engel das Wasser bewegt. Wer dann als erster ins Wasser kommt, der wird geheilt. Bei mir hat alles nichts genutzt. Mir hat ja auch keiner geholfen, als erster ins Wasser zu kommen. Und dann kommt aus heiterem Himmel ein Mann und sagt zu mir: Steh auf, nimm dein Bett und geh!« Erst dachte ich, er will mich verspotten. Doch als ich es versuchte, da ging's. Meine Freude kann ich gar niemandem sagen, so groß war die. Doch wie ich mit meiner Matte unterwegs bin, da halten mich einige Leute an. Ich denke, es waren irgendwelche Leute vom Tempel oder sonst wichtige Religionsvertreter. Die schnauzten mich an, wieso ich denn am Sabbat mit einem Bett rumlaufe. »Arbeiten am Sabbat ist verboten!« Daran hatte ich wirklich nicht gedacht. Doch ich war so glücklich, und erzählte von dem unbekannten Mann, der mir geholfen hat. Die Leute wollten wissen, wer das denn wäre. Nun, ich hatte es gut, ich kannte den Mann ja nicht. Doch später traf ich ihn wieder im Tempel. Dahin war ich gegangen, weil ich Gott für das danken wollte, was mir Gutes widerfahren war. Da erfuhr ich, dass der Mann Jesus ist. Er sagte mir noch: »Sündige nicht mehr!«
Jetzt stehe ich allein da. Doch da vorn kommen wieder die Religionsmänner. Ich wette, die fragen mich nochmals nach dem Mann. Ich glaube, die mögen den nicht. Was soll ich denn jetzt machen. Abhauen geht nicht, die haben mich schon gesehen. Was soll ich tun?

7.6.2 Der Blindgeborene (Joh 9)

Die Heilung

Religionspädagogisch gilt im Prinzip das oben zu Joh 5 Gesagte. In aller Regel geht es um Identifikationsprozesse mit dem Blinden. Hilfreich sind hier Übungen, bei denen jemand durch Verbinden der Augen kurzfristig »blind« gemacht wird und dann seine Erfahrungen mitteilt. Theodor Eggers (1991) hat anhand der Bartimäus-Perikope interessante Vorschläge gemacht, sich die jeweilige Wundergeschichte genau anzusehen und auch die Differenzen zwischen den einzelnen Versionen der Blindenheilungen zu beachten. Wir können diesen Gedanken aufnehmen, indem wir etwa die Schüler/innen bitten, jeweils zu zweit zu überlegen, wie sie die Szene darstellen wollen. Dabei kann man sich gut vorstellen, dass die beiden vor der Darstellung erst einmal eine Skizze erstellen. Dabei dürfte ihnen – spätestens im Nachgespräch – klar werden, dass es nicht nur um eine »technische« Reproduktion des Geschehens gehen kann, sondern dabei auch symbolische Züge etwa in Haltung und Gestik mitrepräsentiert werden. Anschließend ist es möglich und sinnvoll, die eigenen »Inszenierungen« zu vergleichen mit entsprechenden Versuchen in der christlichen Kunst.

Besonders geeignet erscheint uns die Darstellung durch den italienischen Maler Duccio aus dem 13. Jh. Das Bild ist ein Ausschnitt aus einem Altargemälde. Die stilisierte Stadt macht deutlich, dass die Handlung in Jerusalem spielt. Damit bestätigt das Bild die Tendenz der damaligen Zeit, der johanneischen Blindenheilung den Vorzug zu geben vor dem derzeitigen religionspädagogischen »Liebling« Bartimäus (Jäger 1976). Das Bild Duccios ist ein sog. Simultanbild, d.h. der Geheilte ist zweimal abgebildet, einmal im Moment, in dem Jesus ihn »behandelt«, zum anderen als er sich im Siloah-Brunnen den Brei von den Augen wäscht und sehend wird. Ursprünglich enthielt das Gemälde wohl noch ein Spiegelbild im Brunnen, das er dann erblickt haben könnte. Für unsere Übung mit Gestik und Mimik könnte es interessant sein, die selbst gefundenen »Posen« mit denen des Bildes zu vergleichen, bzw. auch diese nachzustellen. Dies kann dann wiederum ein Gesprächsanlass sein im Hinblick auf das Gefühl und Empfinden des Geheilten.

Impulse:

- Bildet Zweiergruppen. Lest euch Joh 9,1–7 aufmerksam durch. Überlegt, wie ihr die geschilderte Szene bildlich darstellen würdet. Entwerft dazu eine Skizze. Achtet besonders auf Gestik und Mimik.
- Vergleicht eure Skizze mit dem Bild von Duccio. Inwiefern sind Gestik und Mimik der dargestellten Personen bei dem Künstler anders?
- Stellt a) eure Skizze und b) das Bild Duccios nach. Überlegt, wie sich der Geheilte fühlt.

Duccio di Buoninsegna, Christus heilt einen Blinden, 13. Jahrhundert

Warum überhaupt erst blind?

Jede Wundergeschichte wirft die kritische Frage auf, warum Menschen überhaupt erst lahm, blind und taub werden, wenn Gott bzw. Jesus doch grundsätzlich die Macht besitzen, sie gesund zu machen oder von vornherein gesund zu erschaffen. Gerade mit Jugendlichen bietet sich eine Diskussion über diese schwierige Frage an. Daher scheint es uns konstruktiv, die schwere, das Leben prägende Krankheit, in diesem Falle die Blindheit seit der Geburt, als Ausgangspunkt zu nehmen für die Theodizee-Frage: Warum geschieht so etwas? Warum lässt Gott so etwas zu? Man kann die Fragen in einen Kreis in die Mitte der Tafel schreiben oder kleben. Dann kann man die Schüler/innen bitten, eine Antwort zu formulieren. Diese, in Einzel-, Partner oder Gruppenarbeit formulierten Aussagen lassen sich dann um den Kreis gruppieren und wie mit Sonnenstrahlen mit dem Kreis verbinden. Anschließend werden zwei Papierstreifen dazugefügt, auf denen einmal der Satz steht: »Jesus sagt: Es hat weder dieser gesündigt noch seine Eltern!« (Joh 9,3a), zum anderen: »Jesus sagt: Es sollen die Werke Gottes offenbar werden an ihm!« (Joh 9,3b). Beide Sätze sind zu diskutieren. Der erstere lässt sich verstehen im Kontext der Diskussion um die Do-ut-des-Thematik, die in der einen oder anderen Weise gewiss Anhänger/innen unter den Schüler/innen haben wird. Die zweite Satzhälfte ist provokanter: Gott lässt den Menschen blind werden, weil er bzw. Jesus seine Größe und Güte an ihm offenbaren will. Diese Aussage mag auf der einen Seite zynisch klingen, wieso bedarf es dieser negativen Erfahrung bis zur schlussendlichen Hilfe? Man kann es auch anders lesen: Es gibt in jeder Notlage die Möglichkeit eines göttlichen Eingreifens, wie dies auch immer geschehen mag. Zur Blindheitsthematik ist in diesem Falle ein Hinweis auf Jacques Lusseyrans Buch das »Wiedergefundene Licht« sinnvoll, wo geschildert wird, wie ein Erblindeter sein Leben meistert und so »sein Licht« wiederfindet.

Bekenntnis und Hinauswurf

Völlig parallel zu Joh 5 beginnt die Fortsetzung der eigentlichen Wundergeschichte mit der Frage nach dem Wundertäter und dem die Szene modulierenden Hinweis auf den Sabbat. Damit gestaltet sich die Handlung zu einer Konfliktgeschichte. Dabei werden die »Juden« zeitweise als »Pharisäer« identifiziert. Der Konflikt spielt bereits vor der Drohung (V 23), den Geheilten »aus der Synagoge hinauszustoßen«. Dies wollen dessen Eltern durch ihre hinhaltende Taktik (wie beim Ex-Gelähmten!?) verhindern. Doch der Geheilte steht zu seiner Erfahrung der Heilung durch Jesus, indem er darauf verweist, dass das, was ihm als Blindgeborenen widerfahren ist, nur von einem Gottgesandten gewirkt worden sein kann. (V 33). Dem darauf erfolgten Hinauswurf aus der Synagoge folgen Bekenntnis und Anbetung Jesu, des Menschensohnes. V 39 setzt sich die Perikope – gemäß dem Menschensohntitel – mit der Auseinandersetzung Jesu mit den Pharisäern um das Thema Gericht fort und leitet über zur Rede vom »Guten Hirten« in Kap. 10.

Wie soll man diesen Sachverhalt religionspädagogisch aufnehmen? Der Geheilte ist in dieser Szene der exemplarisch »Gute«, der in der Auseinandersetzung mit den jüdischen Autoritäten seinem Wohltäter Jesus Christus treu bleibt und ihm nach dem Hinauswurf aus der Synagoge die göttliche Verehrung zukommen lässt. Diese Eindeutigkeit in der Zeichnung ist nun erkauft durch die Gegenblende eines »Juden«-Bildes, das sich notorisch der »besseren« Einsicht entzieht und mit Machtmitteln gegenüber dem Protagonisten reagiert. Will man derlei Eindeutigkeiten dekonstruieren, dann muss man jeweils die ausgeblendete Seite stark machen. Das bedeutet, dass man aus einer Geschichte zwei machen muss. Jede von ihnen hat ihren Wahrheitsanspruch und erfährt gleichzeitig dessen Bestreitung durch die jeweils andere. Gerade wenn man konzediert, dass für den Einzelnen Eindeutigkeit notwendig ist, muss deutlich werden, dass dies aber auch seinen Preis hat. Der »Christus-Weg« des Geheilten ist auf eigentümliche Weise verknüpft mit dem »Mose-Weg« seiner Kontrahenten. Der Unterricht hat den Antagonismus zu inszenieren, ohne ihn für den Einzelnen bereits vorzuentscheiden. Für das Procedere bieten wir deshalb zwei Geschichten, die entsprechend zu präsentieren sind.

Die Nachgeschichte des Geheilten
Wie mir zumute war, nachdem ich mein Augenlicht wieder gefunden hatte, kann sich von euch wahrscheinlich keiner vorstellen. Doch kaum war ich vom Teich Siloah zurück, noch ganz durchströmt von dem Glück, das mir widerfahren ist, kam ich in eine Mühle von Nachfragen und Verhören. Erst gerieten meine Nachbarn darüber in Streit, ob ich es sei. »Der ist doch ein blinder Bettler!« rief der eine; »Doch er ist's, schau nur genau hin!« der andere. Als ich ihnen sagte, dass ich es wirklich sei, musste ich natürlich erzählen, was Jesus an mir vollbracht hatte.
Doch dann führten sie mich zu den jüdischen Autoritäten. Für die war vor allem wichtig, dass Jesus am Sabbat geheilt hatte. Das Kneten eines Teigs ist da ja ausdrücklich verboten und das hatte Jesus getan. Auf der anderen Seite konnten sie ja nicht darüber hinwegsehen, dass ein Blindgeborener sehend geworden war. Das war für sie ein Problem. Um sicher zu gehen, fragten sie meine Eltern, doch die bestätigten das Ganze nur und sagten ihnen: »Wenn ihr Genaueres wissen wollt, fragt ihn selbst, er ist alt genug.« Da fingen sie noch einmal mit mir an: »Wir wissen, dass der Mann, der dich geheilt haben soll, ein Sünder ist.« Was sollte ich da antworten: »Ob er ein Sünder ist, dazu kann ich nichts sagen. Ich weiß nur, dass er mich geheilt hat.« Als sie immer noch weiter nach den Einzelheiten fragten, konnte ich nur noch, leicht erregt, antworten: »Wollt ihr auch seine Jünger werden?« Doch das erboste sie und sie sprachen: »Du bist sein Jünger, wir sind Jünger Mose. Von dem wissen wir, dass Gott mit ihm geredet hat, das wissen wir von deinem angeblichen Heiler nicht!«
Da musste ich ihnen dann aber doch deutlich widersprechen: »Wenn einer einen Blindgeborenen heilen kann, dann ist das ein Zeichen von Gottesfurcht und Übereinstimmung mit Gottes Willen, nicht von Sünde, wie ihr behauptet. Wäre dieser Mann nicht von Gott, dann könnte er so etwas nicht tun.«
Darauf fiel ihnen nichts mehr ein und sie warfen mich hinaus.
Als ich dann noch mal Jesus begegnete, bezeugte ich ihm meinen Glauben an ihn.

Das Problem der Pharisäer
»Woher soll man wissen, was es mit diesem Jesus auf sich hat?« Mit dieser Frage müssen wir uns beschäftigen. Da kommt ein Mann zu uns mit der Behauptung, Jesus habe ihn, der blind geboren sei, geheilt. Das ist schon mal ein Problem, das andere liegt darin, dass dies ausgerechnet am Sabbat sein musste. Für uns gibt es da ein klares Kriterium, die Thora des Mose. Darin steht ausdrücklich, dass man am Sabbat keine Arbeit tun darf und das Kneten eines Teiges gehört ausdrücklich dazu.
»Wie kann jemand ein Gottesmann sein, wenn er sich gegen Gottes Thora stellt?« Auf diese Frage konnte der angeblich von Jesus Geheilte keine Antwort geben. Deshalb ist er genauso ein Sünder wie dieser Jesus, dessen Jünger er offensichtlich ist. Mit so jemandem wollen wir nichts zu tun haben.

Impuls:
- Inszeniert ein Streitgespräch zu der Frage: »Was hat es mit Jesus auf sich?« Bildet dazu zwei Gruppen: Die eine Gruppe steht zu Jesus, die andere zweifelt an seinem Wirken und an seinem Anspruch. Sammelt zunächst in euren Gruppen Argumente, die ihr in das Gespräch einbringen könnt, und Fragen, die ihr der anderen Gruppe stellen wollt. Bestimmt einen Moderator, der die Diskussion leitet.

8. »Ich bin das Brot des Lebens« (Johannes 6,35)

8.1 Die Ich-bin-Worte

Die Ich-bin-Worte des Johannesevangeliums sind einzuzeichnen in die johanneische Sendungschristologie, die wir im 3. Kapitel skizziert haben. Der johanneische Christus wird mit einem bestimmten Auftrag auf die Erde gesandt. Zur Durchführung des Auftrags ist es erforderlich, dass sich der Bote vorstellt, um so seine Sendung zu legitimieren. Dabei sind zwei Formeln der Selbstrepräsentation üblich: »Ich bin gekommen, um …« oder »Ich bin …« (Bühner 1977). »Dabei gehört zur Ich-bin-Aussage der Name des Gesandten (…) oder/und seine Funktionsbezeichnung (…)« (Becker 1991, 250).

Der typische Aufbau der Ich-bin-Worte umfasst zwei Elemente:
»Eingangs steht die Selbstprädikation, bestehend aus zwei Elementen, dem ›Ich bin‹ und der soteriologischen Funktionsangabe als Bildwort oder Heilsbegriff, jeweils mit bestimmtem Artikel, wie z.B. ›Ich bin das Brot des Lebens‹ … Es folgt der daraus sich ergebende Ruf zur Entscheidung, bei dem die Einladung … und die Heilszusicherung, die immer auf die Gabe des ewigen Lebens zuläuft, zu erkennen sind« (Becker 1991, 251).

Bei dem Ich-bin-Wort vom guten Hirten (Joh 10,11.14) fehlt der Ruf zur Entscheidung. Dieses Wort ist ekklesiologisch ausgerichtet, es beschreibt, wie ein guter Hirte ist (ähnlich Joh 10,7.9; 15,1.5).

Welchen Platz hatten diese prägnanten Ich-bin-Worte in der johanneischen Gemeinde, bevor sie im Evangelium fixiert wurden? Es spricht einiges dafür, dass es in der Gemeinde Personen gab, die sich als Geistbegabte, als »Propheten« sahen. In dieser Funktion konnten sie in der Ich-Form vom johanneischen – oder besser: als johanneischer – Christus reden. Für diese These spricht, dass nach Joh 14,26 eine wichtige Aufgabe des Parakleten, also des Geistes, darin besteht, die Jünger alles zu lehren und sie an alles zu erinnern, was Jesus ihnen gesagt hat. Die Geistbegabten fungieren damit als »Sprachrohr« für den erhöhten Christus (vgl. Offb 2–3). »Dann gehört zur Aufgabe des Parakleten (Joh 14,16f.25f), der in den Jüngern ist und im Namen Jesu gesandt ist, diese Ich-Rede. Der Geist ist Repräsentant des erhöhten Herrn und damit der Christus praesens in der Gemeinde, darum redet er wie dieser« (Becker 1991, 253).

8.2 Allgemeine didaktische Überlegungen

Die Ich-bin-Worte »haben eine metaphorische Dimension« (Schnelle 2004, 125). Was bedeutet das? In der Fachliteratur findet sich eine Vielzahl von Metapherntheorien

(Übersicht bei van Noppen 1991). Grundsätzlich werden zwei Ansätze unterschieden: der rhetorische und der semantische. Der rhetorische Ansatz betrachtet das einzelne Wort als die wesentliche Bedeutungseinheit der Sprache. Die Metapher ersetzt nach dieser Theorie ein bestimmtes Wort durch ein anderes, um einen bestimmten rhetorischen Effekt zu erzielen. Die Metapher hat eine ausschmückende Funktion. Das, was sie »eigentlich« meint, könnte auch ohne sie, also wörtlich, ausgedrückt werden. Der semantische Ansatz betrachtet den Satz als die wesentliche Bedeutungseinheit der Sprache. Nach diesem Verständnis ist die Metapher nicht einfach eine schmückende Redewendung, sondern sie repräsentiert ein wesentliches Charakteristikum menschlichen Denkens. Der Metapher wird eine schöpferische Kraft zugesprochen. Sie erschließt neue Dimensionen der Wirklichkeit. Damit lässt sich die Metapher auch nicht vollgültig und erschöpfend in nicht-bildliche Sprache »übersetzen«. Vielmehr inspiriert der metaphorische Charakter den/die Leser/in dazu, den Text unterschiedlich zu verstehen, »and the number of possible meanings is theoretically speaking infinite« (Jablonski 1997, 29).

Während ein rhetorisches Metaphernverständnis den Kindern und Jugendlichen eine »Übersetzungsarbeit« zumutet, lädt sie das semantische Metaphernverständnis dazu ein, die Wirklichkeit neu zu sehen.

Einen Überblick über die Forschung zum Metaphernverständnis bei Kindern und Jugendlichen bietet Hyde (1990, 383–391). Spätestens mit Erreichen der formal-operatorischen Phase wird bei Kindern und Jugendlichen mit der Fähigkeit gerechnet, Metaphern zu verstehen.

Der vorliegende didaktische Ansatz versteht die Ich-bin-Worte als semantische Metaphern. Das heißt: »Jesus bringt nicht eine hinter dem Bildwort stehende Sache, sondern er ist selbst Leben, Wahrheit, Weg usw. Er ist es auch nicht in dem Sinne, dass er es als Gesandter einmal war, sondern wie der Geist Christus für immer vergegenwärtigt, so ist das ›Ich bin‹ eine jederzeit geltende Anrede« (Becker 1991, 253).

Welche methodischen Konsequenzen sind aus dem metaphorischen Charakter der Ich-bin-Worte zu ziehen?

Wird die Metapher auf der Satzebene angesiedelt, dann ist der christologische Bezug herzustellen. Es genügt nicht, z.B. der Licht-Dunkel-Symbolik nachzuspüren – etwa in einer Phantasiereise. Damit kommt das »Ich-bin« und damit der eigentlich metaphorische Charakter noch nicht zum Tragen. Erst wenn thematisiert wird, dass *der johanneische Christus* das Licht, der Weg usw. ist, wird der metaphorische Charakter methodisch voll eingelöst.

Wie ist das zu leisten?

Hier machen wir uns die Beobachtung zunutze, dass die Ich-bin-Worte zwar einerseits »selbständige Offenbarungsworte [sind], der Kontext (…) also nicht ihre primäre Heimat [ist]« (Becker 1991, 252), vom Evangelisten jedoch in einen bestimmten – engeren und weiteren – literarischen Kontext eingebettet werden. »Der Sinn eines solchen Wortes erschließt sich nur, wenn (…) der konkrete Kontext im Johannesevangelium als Verstehenshorizont miteinbezogen wird« (Schnelle 2004, 125).

Wir wählen daher einen narrativen Weg, um die Metaphorik der Ich-bin-Worte auszuleuchten: Zu jedem der beiden hier behandelten Ich-bin-Worte wird eine johanneische Erzählung herangezogen, die mit demselben Bildfeld arbeitet (vgl. Berger 1984, 38–40):

1. »Ich bin das Brot des Lebens.« – Die Speisung der 5000 (Joh 6), Die Fußwaschung (Joh 13)
2. »Ich bin der gute Hirte.« (10,11.14) – Die Verleugnung und Einsetzung des Petrus ins Hirtenamt (Joh 18; 21)

8.3 Exegetische Sachinformationen

Das Ich-bin-Wort vom Brot des Lebens findet sich in der sogenannten »Brotrede« (Joh 6,30–59), die auf das Geschenkwunder (Theißen 1987, 111–112) der Speisung der 5000 und den Seewandel folgt. Die Brotrede interpretiert die voraufgehende Wundertat Jesu. Folgende Aspekte scheinen uns dabei wichtig:

a) *Das Ich-bin-Wort eröffnet eine eschatologische Dimension und überbietet damit die episodalen Wundertaten Jesu.*
»Was hat der Lazarus denn davon, dass Jesus ihn auferweckt, wenn er doch wieder sterben muss?« Diese Frage eines 8.-Klässlers umschreibt das, was die neutestamentliche Wissenschaft als den *episodalen* Charakter der Wundertaten bezeichnet: Sie sind nur von vorübergehender Wirkung. Dieser episodale Zug ist im Johannesevangelium deutlich herausgearbeitet: Nachdem Jesus den Lazarus von den Toten auferweckt hat, heißt es im anschließenden Kapitel: »Aber die Hohenpriester beschlossen, auch Lazarus zu töten.« (Joh 12,10) Lazarus bleibt ein sterblicher Mensch, seine Rückkehr unter die Lebenden ist nur von vorübergehender Dauer. Ähnliches gilt für andere Wundertaten, von denen das vierte Evangelium berichtet: Der Wein auf der Hochzeit zu Kana (Joh 2) wird irgendwann wieder alle sein, die 5 000 Gespeisten werden irgendwann wieder Hunger haben (Joh 6).

Gegen diesen episodalen Charakter der Wundertaten setzt das Johannesevangelium nun den eschatologischen, also ewigen, unwiderruflichen Charakter der Ich-bin-Worte. Nachdem der johanneische Jesus die 5000 gesättigt hat, sagt er in der sogenannten »Brotrede«: »Ich bin das Brot des Lebens. Wer zu mir kommt, der wird nie mehr hungern; und wer an mich glaubt, der wird nie mehr durstig sein.« (Joh 6,35) Bevor Jesus Lazarus als einen sterblichen Menschen auferweckt, sagt er: »Ich bin die Auferstehung und das Leben. Wer an mich glaubt, wird leben, auch wenn er stirbt. Und jeder, der lebt und an mich glaubt, wird auf ewig nicht sterben.« (Joh 11,25f)

Insofern *überbieten* die eschatologischen Ich-bin-Worte die episodalen Wundertaten.

Die Ich-bin-Worte vom Brot des Lebens (Joh 6,35.51) stehen in Gesprächsabschnitten, die den Zusammenhang von Sehen und Glauben thematisieren (Joh 6,30) und vom johanneischen Missverständnismotiv geprägt sind (Joh 6,30–35; 6,51–58).

Im Dialog zwischen Jesus und Volk (Joh 6,30–35) wird auf die Exoduserzählung rekurriert. Der Unterschied zwischen Episodalem und Eschatologischem wird narrativ entfaltet, wenn es heißt: »Da sprachen sie zu ihm: ›Herr, gib uns allezeit solches

Brot.‹ Jesus aber sprach zu ihnen: ›Ich bin das Brot des Lebens. Wer zu mir kommt, wird nie mehr hungern, und wer an mich glaubt, wird nie mehr Durst haben.‹« (Joh 6,34–35).

Die Szene kontrastiert die Mannaspeisung in der Wüste mit der Jesusoffenbarung. Nicht Mose hat das Brot vom Himmel gegeben, sondern der Vater Jesu gibt das wahre und wirkliche Brot. Hinter dieser Antithetik steht der johanneische Dualismus. »Einmal ist nach 1,18; 5,37f; 6,46 usw. ausschließlich Jesus der Offenbarer des Vaters. Gibt es abgesehen von Jesus keine lebensspendende Offenbarung des Vaters, dann auch keine zur Zeit des Mose. Zum anderen: Der Himmel ist für [den] E[vangelisten] der Ort Gottes und damit des Lebens (Joh 3; 5,26). Von diesem Himmel kann das Manna nicht gekommen sein, weil es kein ewiges Leben brachte (6,49f) wie Jesus als Lebensbrot (6,33–35).« (Becker 1991, 246f)

b) *Das Ich-bin-Wort eröffnet eine eucharistische Dimension und verweist auf die Fußwaschungsszene.*

Auch die zweite Szene ist durch das Missverständnismotiv geprägt (Joh 6,51–58). Nachdem Joh 6,51a.b gleichsam eine Zusammenfassung der ganzen bisherigen Brotrede liefert (Wengst 2004, 249), kommt in V 51c mit der Rede vom »Fleisch« ein neuer Begriff ins Spiel. »Die Juden« fragen: »Wie kann der uns sein Fleisch zu essen geben?« (Joh 6,52). Damit klingt deutlich eine eucharistische Dimension an. Für »essen« verwendet das Evangelium an dieser Stelle einen sehr drastischen Begriff (*trogein*), der im Sinne von ›kauen‹ zu verstehen ist. Dadurch betont der Text »unüberhörbar die in der Eucharistie gegenwärtige Realität von Inkarnation und Kreuzestod« (Schnelle 2004, 133). Diese Aussage wird auch narrativ entfaltet, und zwar in der Fußwaschungsszene (Joh 13). Hier und nur hier taucht das ›*trogein*‹ wieder auf. Schnelle deutet diese Wiederholung – u.E. zu Recht – im Sinne eines thematischen Zusammenhangs: »Fußwaschung und eucharistischer Abschnitt verbindet ein Thema: Jesu heilvolle Hingabe für die Seinen aus Liebe.« (ebd.)

8.4 Materialien und Impulse für den Unterricht

8.4.1 Bildliche Rede

Anhand des Ich-bin-Wortes vom Brot des Lebens aus Joh 6,35 soll zunächst der bildhafte Charakter von Sprache thematisiert werden.

In einem zweiten Schritt geht es um die Erarbeitung des Unterschiedes zwischen einem episodalen Wunder und einer eschatologischen Zusage. Wer Brot isst, wird irgendwann wieder hungrig. Wer dann wieder und wieder Brot isst, kann den Hunger langfristig, also: immer wieder, vermeiden. Dass damit jedoch noch keine eschatologische Veränderung eintritt, verdeutlicht das Märchen vom süßen Brei. Am »normalen« Brot bzw. am süßen Brei kann der Mensch auch ersticken, wenn er zuviel davon bekommt. Das Märchen vom süßen Brei kann somit einem bei Kindern gängigen Missverständnis vorbeugen: Das Wort Jesu zielt nicht darauf ab, einen diesseitigen Zustand auf ewig zu perpetuieren, sondern auf einen fundamentalen qualitativen Unterschied. Dieser ganz anderen, eschatologischen Welt können wir uns sprachlich nur noch durch Bildworte annähern. Vom »Brot des Lebens«

kann es nicht zuviel geben. Gerade dadurch, dass insbesondere das Märchen die ständige Verfügbarkeit des süßen Breis auch problematisiert und so die Begrenztheit dieser »Heilsvorstellung« hervorhebt, können Kinder der metaphorischen und eschatologischen Qualität der Ich-bin-Zusage auf die Spur kommen.

In einem dritten Schritt wird diese metaphorisch-eschatologische Dimension anhand der Vorstellung entfaltet, dass Jesus auch heute noch bei uns sein kann, wenn wir (Brot) essen. Hier besteht eine Anschlussmöglichkeit zum Kapitel 10 über den johanneischen Parakleten.

Anschließend wird das zweite, eng verwandte Ich-bin-Wort vom »lebendigen Brot« (Joh 6,51) in den Blick genommen. Dieses Wort eröffnet eine eucharistische Dimension und stellt einen narrativen Zusammenhang zur Fußwaschungsszene her. Die eucharistische Bedeutung des letzten Mahles lässt sich dadurch – für Schüler/innen verständlich – auf den Dienst am anderen Menschen zuspitzen.

Zunächst soll anhand eines Arbeitsblattes in die bildliche Rede eingeführt werden.

In einem zweiten Schritt wird der metaphorisch-eschatologische Charakter des Bildwortes mit einem wörtlich-episodalen (Miss-)Verständnis konfrontiert.

Dazu bieten wir den Schüler/innen zunächst den Dialog zwischen Jesus und dem Volk bis V 34:

Da sprachen die Leute zu Jesus:
»Unsere Väter haben das Manna in der Wüste gegessen, wie es in der Schrift heißt: Brot vom Himmel gab er ihnen zu essen.«

Jesus sagte zu ihnen:
»Amen, amen, ich sage euch: Nicht Mose hat euch das Brot vom Himmel gegeben, sondern mein Vater gibt euch das wahre Brot vom Himmel. Denn das Brot, das Gott gibt, kommt vom Himmel herab und gibt der Welt das Leben.«

Da baten sie ihn:
»Herr, gib uns immer dieses Brot!«
(Joh 6,30–34)

Impulse:

- Informiere dich über die Geschichte mit dem Manna in der Wüste.
- Was meint Jesus, wenn er sagt: »Nicht Mose hat euch das Brot vom Himmel gegeben, sondern mein Vater gibt euch das wahre Brot vom Himmel. Denn das Brot, das Gott gibt, kommt vom Himmel herab und gibt der Welt das Leben.«?
- Das Volk bittet Jesus: »Gib uns immer dieses Brot!« Vergleiche dazu das Märchen vom süßen Brei.

Arbeitsblatt

Bildworte – eine besondere Art zu sprechen

Du bist ein Engel.

Er ist ein Fels in der Brandung.

Er ist ein Elefant im Porzellanladen.

Ich bin das Brot des Lebens.

Ich bin ein schlauer Fuchs.

Du bist ein Goldstück.

Impulse:

- Was bedeuten die einzelnen Sätze?
- Was verbindet die Sätze miteinander?
- Finde zwei weitere Bildworte.
- Welche dieser Bildworte lassen sich deiner Meinung nach auf Jesus beziehen, welche nicht?

Märchen der Brüder Grimm: Der süße Brei

Es war einmal ein armes frommes Mädchen, das lebte mit seiner Mutter allein, und sie hatten nichts mehr zu essen. Da ging das Kind hinaus in den Wald und es begegnete ihm da eine alte Frau, die wusste seinen Jammer schon und schenkte ihm ein Töpfchen, zu dem sollte es sagen: »Töpfchen, koche«, so kochte es guten süßen Hirsebrei, und wenn es sagte: »Töpfchen, steh«, so hörte es wieder auf zu kochen. Das Mädchen brachte den Topf seiner Mutter heim, und nun waren sie ihre Armut und ihren Hunger los und aßen süßen Brei, sooft sie wollten. Einmal war das Mädchen ausgegangen, da sprach die Mutter: »Töpfchen, koche«, da kocht es, und sie isst sich satt; nun will sie, dass das Töpfchen wieder aufhören soll, aber sie weiß das Wort nicht. Also kocht es fort, und der Brei steigt über den Rand hinaus und kocht immerzu, die Küche und das ganze Haus voll, und das zweite Haus und dann die Straße, als wollt's die ganze Welt satt machen, und ist die größte Not, und kein Mensch weiß sich da zu helfen. Endlich, wie nur noch ein einziges Haus übrig ist, da kommt das Kind heim und spricht nur: »Töpfchen, steh«, da steht es und hört auf zu kochen; und wer wieder in die Stadt wollte, der musste sich durchessen.

Nach Brüder Grimm: Kinder- und Hausmärchen

Vergleiche dazu die Antwort, die Jesus dem Volk gibt, als es ihn bittet, ihnen immer dieses Brot zu geben:

> *Ich bin das Brot des Lebens; wer zu mir kommt, wird nie mehr hungern, und wer an mich glaubt, wird nie mehr Durst haben. (Joh 6,35)*

Impuls:
- Jesus – ein »Backöfchen, back?«

Betrachte nochmals die Bildworte, die deiner Meinung nach auf Jesus passen. Formuliere mit ihnen Sätze nach folgendem Muster:

Ich bin ______________________________.

Wer zu mir kommt, wird nie mehr ______________________________.

In einem dritten Schritt wird die metaphorisch-eschatologische Dimension anhand der Vorstellung, dass Jesus auch heute noch bei uns sein kann, wenn wir (Brot) essen, entfaltet.

Mögliche Überleitung:
Nach christlicher Vorstellung kommen wir nicht nur zu Jesus, sondern Jesus kommt auch zu uns. Davon handelt z.B. das folgende Lied:

Iss und trink, was du brauchst.
Nimm und gib, was du hast.
Christus sitzt bei dir am Tisch
und ist bei dir zu Gast.

Tischplatte mit Christusmonogramm, Heimatmuseum Bad Aibling

8.4.2 »Ich bin das lebendige Brot« (Joh 6,51) und die Fußwaschungsszene (Joh 13)

Jesus sagt: »Ich bin das lebendige Brot, das vom Himmel gekommen ist. Wer von diesem Brot isst, der wird leben in Ewigkeit. Und dieses Brot ist mein Fleisch, das ich geben werde für das Leben der Welt.« Da stritten die Juden untereinander und sagten: »Wie kann der uns sein Fleisch zu essen geben?«

(Joh 6,51–52)

Gemäß unserem didaktischen Ansatz (s.o. Kap. 3.4.), rhetorische Fragen als echte zu stellen, bietet es sich an, den Text an dieser Stelle zunächst abbrechen und die Schüler/innen nach möglichen Antworten suchen zu lassen.

Das Bild von Sieger Köder kann dann als eine mögliche – johanneische – Antwort ins Spiel gebracht werden.

Das Bild zeigt im Hintergrund einen Tisch, auf dem ein Kelch und ein viergeteiltes Brot liegen. Die Szene gehört damit klar in den Kontext des letzten Mahles Jesu

Sieger Köder, Fußwaschung, © Sieger Köder

mit seinen Jüngern. Im Vordergrund kniet Jesus vor Petrus und wäscht ihm die Füße. Der Rabbi hat sein Obergewand abgelegt. Er ist barfuß. Sein Kopf ist verhüllt. Die Füße des sitzenden Petrus sind in einer mit Wasser gefüllten Schüssel. Im Orient war es üblich, sich vor dem Mahl die Füße waschen zu lassen. Das aber war die Aufgabe der Diener. Sie zogen den Tischgenossen die Sandalen aus und wuschen ihre Füße. Jesus übernimmt also eine Aufgabe, die eigentlich den Dienern überlassen wurde. Insofern erniedrigt er sich. Petrus macht mit der linken Hand eine abwehrende Geste. Er will nicht akzeptieren, dass Jesus die Rolle des Dieners annimmt. Aber Jesus insistiert. »Dem Wehren aus Unverständnis antwortet Jesus: So muss es geschehen, tut ihr desgleichen! Und dabei fällt das Spiegelbild seines Gesichtes genau auf die Füße des Petrus. Eine Aussage, die in die Zukunft weist: Wenn du, Simon, als Petrus deine Rolle einnimmst, dann trete in meine Fußstapfen. Lass deine Füße gelenkt sein von meinem Bild, des Bildes der Demut, der Liebe zum Menschen. Es geht in dem Amt, das dir zufallen wird, nicht um Herrschaftsanspruch, sondern um Knechtsdienst.« (Köder 1997, 170) Damit leitet das Bild zum Ich-bin-Wort vom guten Hirten über.

Impulse:

- Stellt das Bild nach. Was könnt ihr aus den Körperhaltungen der beiden Personen alles erschließen?
- Achtet auch auf den Tisch im Hintergrund. Warum hat der Künstler ihn wohl so gemalt?
- Heute gibt es in den Häusern kaum noch Tischdiener. Aber auch wir unterscheiden zwischen »bessergestellten«, mächtigen Personen und solchen, die in unserer Gesellschaft eher »unten« stehen. Zeichne eine Pyramide und trage ein, wer deiner Meinung nach »oben« und wer »unten« steht.
- Wie sieht es in deiner Schule aus? Wer steht hier an der Spitze, wer steht unten?
- Was wünschst du dir von einem guten Lehrer, einer guten Schulleiterin?

9. »Ich bin der gute Hirte« (Johannes 10,11) – Verleugnung (Johannes 18) und Beauftragung des Petrus (Johannes 21)

9.1 Exegetische Sachinformationen

Die beiden Ich-bin-Worte (vgl. Kap. 8.1.) vom guten Hirten (Joh 10,11.14) finden sich in einer längeren Bildrede (Joh 10,1–18). Diese Rede entfaltet zunächst die Thematik des guten Hirten in der dritten Person: Während der Dieb in den Schafstall einsteigt, geht der gute Hirte zur Tür hinein (Joh 10,1–2). Der Hirte kennt seine Schafe, er ruft sie bei ihrem Namen (V3). Umgekehrt kennen auch die Schafe ihren Hirten und folgen ihm nach (V4). Als Resümee hält V6 fest: Die Zuhörer verstehen die Bildrede nicht.

Es folgen zwei Abschnitte (VV7–10; VV11–16; zur Gliederung vgl. Büchner 2001, 398), in denen zunächst das Türmotiv, dann das Hirtenmotiv von der ersten Person her – also mithilfe von Ich-bin-Worten – entfaltet wird. Wiederum taucht das Motiv des gegenseitigen Kennens auf (Joh 10,14–16), wiederum wird der gute Hirte einer Negativgestalt kontrastiert, hier dem bezahlten Knecht. Der entscheidende Unterschied zwischen beiden Figuren besteht darin, dass der Hirte sein Leben für die Schafe lässt, während der bezahlte Knecht sie im Stich lässt, sobald Gefahr lauert (Joh 10,11–13).

Mit diesem neuen Aspekt schlägt das Ich-bin-Wort vom guten Hirten den Bogen zur Passionsgeschichte. Dabei wird zumeist übersehen, dass in Joh 10 nicht nur der Tod Jesu anklingt, sondern auch die Verleugnung des Petrus (Joh 18,15–18.25–27): Er gleicht dem bezahlten Knecht, der die Schafe im Stich lässt, sobald sie in Gefahr geraten. Indem das Verhör vor Hannas (Joh 18,19–24) in die Verleugnungsszene hineinkomponiert wird, entsteht ein schroffer Kontrast zwischen Petrus, der seinen engsten Freund verleugnet und Jesus, der zu seinen Jüngern und seiner Lehre steht (Dschulnigg 2000, 64). Und doch scheint der Evangelist den Petrus selbst in dieser Szene zu schonen: Anders als bei Mt und Mk verleugnet er nicht Jesus selbst und flucht und schwört nicht. Außerdem zeichnet sich der johanneische Text gegenüber seinen synoptischen Parallelen dadurch aus, dass er von einer Magd erzählt, die als Türhüterin (vgl. 10,3!) beim Eingang steht und Petrus die erste entscheidende Frage stellt (Dschulnigg 2000, 63). Petrus wird also von der Türhüterin eingelassen – er steigt nicht auf »illegalem Weg« ein (vgl. 10,3!) –, jedoch nur, um eine Falle gestellt zu bekommen. Vielleicht klingt hier an, dass mit dieser Verleugnungsszene noch nicht alles über Petrus gesagt ist.

Nach der Auferstehung Jesu begegnen sich beide wieder, am See von Tiberias (Joh 21,1–14). Hier nun wird Petrus dreimal beauftragt, die Schafe zu weiden. Dieser Auftrag nimmt die Metaphorik des Ich-bin-Wortes vom guten Hirten wieder auf, seine dreimalige Wiederholung entspricht der dreimaligen Verleugnung.

9.2 Didaktische Überlegungen

(1) Der Unterrichtsvorschlag verknüpft das Ich-bin-Wort vom guten Hirten mit dem Hirtenauftrag an Petrus. Das Ich-bin-Wort wird zunächst – unter Rückgriff auf Joh 10,14 – unter dem Aspekt der Zugehörigkeit thematisiert: Der gute Hirte kennt seine Schafe. Im konkreten Kontext des Bildfeldes bedeutet das: Der Hirte muss seine Tiere sehr gut kennen, denn Schafe sehen sich ähnlich. Dieses konkrete Bildfeld kann zunächst abgeschritten werden, indem Erfahrungen und Vorwissen der Schüler/innen zur Sprache kommen.

Bei Menschen (v.a. auch bei Schulkindern!) bedeutet jemanden zu kennen zunächst, seinen *Namen* zu kennen. Die Erzählung von Jutta Richter thematisiert diesen Gedanken in leicht verfremdeter Form. Erst am Ende des Erzählabschnitts wird deutlich, dass es ein Hund ist, der hier seinen Namen nicht kennt. Schüler/innen der Sek I werden das Kürzel G. Ott wahrscheinlich als »Gott« entschlüsseln und in der Erzählung eine Verfremdung der Schöpfungsgeschichte erkennen. Interessant wird der Text dadurch, dass er anspruchsvolle philosophische Fragen aufwirft. Die Geschichte lädt dazu ein, darüber nachzudenken, warum es wichtig ist, einen Namen zu haben und diesen auch zu kennen, ob wir unseren Namen als passend empfinden oder auch nicht, was die einzelnen Namen bedeuten etc. Die abschließende Frage zielt auf den sogenannten Determinismus, also die Vorstellung, dass alles (von Gott) vorherbestimmt ist und Gott daher auch alles weiß.

Im Klassengespräch kann an diesem Punkt die Ambivalenz des Bildes vom guten Hirten anklingen: Jugendliche können sich vernachlässigt, aber auch überbehütet und eingeengt fühlen. Die Vorstellung, dass jemand sie so gut kennt, dass er alles über sie weiß, kann durchaus beklemmend sein. Hier wäre zu fragen, wie die Schüler/innen sich einen »guten Hirten« vorstellen.

Das zweite Ich-bin-Wort vom guten Hirten führt aus, was sich aus der engen Verbindung von Hirt und Schafen ergibt: Er muss bereit sein, sich voll für sie einzusetzen. Hier kann ein Bogen zur Passionsgeschichte geschlagen werden. Uns geht es aber im Rahmen des Bildfeldes zunächst um die Unterscheidung zwischen dem guten Hirten und dem bezahlten Knecht, der die Schafe im Stich lässt, wenn es »brenzlig« wird. An diesem Punkt lässt sich die Erzählung von der Verleugnung des Petrus – der am Schluss des Evangeliums den Hirtenauftrag erhält – anschließen.

(2) Das Verhalten des Petrus kurz nach der Festnahme Jesu weist Parallelen zum Verhalten des bezahlten Knechtes aus Joh 10,11–13 auf. In dem Moment, wo es brenzlig wird, sagt Petrus sich von Jesus los. Das Gedicht von Rudolf Otto Wiemer ist als Rückblick des Petrus formuliert. Es spiegelt, wie sehr der Apostel unter seinen Gewissensbissen leidet. Das Gedicht ist sprachlich recht anspruchsvoll. Sofern die biblische Verleugnungsszene sorgfältig erarbeitet wurde, dürfte es sich den Schüler/innen aber durchaus erschließen.

(3) Zwischen der Verleugnungsszene und der Beauftragung des Petrus als Hirt gibt es wiederum auffällige Berührungen, die einen expliziten intertextuellen Bezug nahe legen:

- Der dreimaligen Verleugnung entspricht die dreimalige Beauftragung.
- Das Kohlenfeuer taucht in beiden Szenen auf und bildet jeweils den Mittelpunkt: In der Verleugnungsszene sind es die Feinde Jesu, die sich um das Feuer versammelt haben, in Joh 21 sind es die Jünger.

Wir thematisieren die Beauftragungsszene unter dem Aspekt der Vergebung und der Verantwortung. Das Bild von Sieger Köder fängt den Moment ein, in dem Petrus auf den Auferstandenen zugeht, die Augen weit aufgerissen vor Erregung. Wichtig scheint uns hier der narrative Kontext: Petrus, also derjenige, der Jesus verleugnet hat und darunter leidet, erhält die Chance, noch einmal mit dem Totgeglaubten zu sprechen. Wie wird dieser Dialog aussehen? Soll Petrus sich entschuldigen und um Verzeihung bitten? Wird Jesus ihm vergeben? Wird Petrus sich besser fühlen oder werden ihn weiter Schuldgefühle quälen? Die entworfenen Dialoge der Schüler/innen werden um diese Fragen kreisen. Eine Tendenz mag darin liegen, Jesus die Rolle des großzügig Vergebenden zuzuschreiben. Joh 21,15–17 bietet angesichts dieser Fragestellungen wesentliche Vertiefungsmöglichkeiten: Jesus vergibt nicht leichtfertig, als sei alles nicht so schlimm gewesen. Dreimal fordert er von Petrus feierlich das Bekenntnis, dass er Jesus liebt – obwohl er das eigentlich sowieso weiß. Hier klingen also die Motive des Kennens bis hin zur »Allwissenheit« aus der Erzählung von G. Ott und des dreimaligen Verleugnens wieder an.

Jesus sagt nicht explizit, dass er Petrus verziehen habe. Aber er tut eigentlich viel mehr, indem er ihn mit einer äußerst verantwortungsvollen Aufgabe betraut: Petrus soll die Aufgaben des guten Hirten übernehmen. Wir blenden hier die anschließende Martyriumsankündigung (Joh 21,18–19) aus, da wir zunächst den Blick für andere mögliche konkrete Konsequenzen öffnen wollen, die dieser Auftrag umfassen mag.

Im Anschluss an diese Einheit kann die Passionsgeschichte behandelt werden (s.u. Kap. 11 und 12). In diesem Kontext kann dann durchaus auf Joh 10,11b und Joh 21,18–19 rekurriert werden.

9.3 Materialien und Impulse für den Unterricht

9.3.1 Der gute Hirte kennt seine Schafe

Jesus sagt:
Ich bin der gute Hirte und kenne die Meinen, und die Meinen kennen mich, wie mich mein Vater kennt, und ich kenne den Vater.

(Joh 10,14)

»Du kennst deinen Namen nicht?«, fragte G. Ott.
Ich schüttelte den Kopf.
»Wenn das so ist«, sagte G. Ott, »dann müssen wir sofort deinen Namen suchen.«
Er holte ein Buch. »Meine Welt« stand in Goldbuchstaben auf dem Einband. Es war mächtig dick, und als G. Ott es aufklappte, sah ich lauter Zeichnungen: Schmetterlingsflügel, Vogelfedern, Tiere mit langen Hälsen, Tiere mit kurzen Hälsen, Pflanzen,

Gräser und Landkarten. Ich glaubte sogar, den Gartenplan zu erkennen. Neben die Zeichnungen waren in einer engen kleinen säuberlichen Handschrift Namen geschrieben.
»Selbst gemalt?« fragte ich.
»Sicher«, antwortete G. Ott.
Ich war beeindruckt, denn so viel zu zeichnen und zu schreiben hätte ich diesem dünnen Mann gar nicht zugetraut.
Musste Jahrzehnte gedauert haben, was sag ich, Jahrzehnte. Jahrhunderte!
»Erfindungen?«, fragte ich.
G. Ott nickte.
»Muss lange gedauert haben, so viel zu erfinden, und dann auch noch den Garten!«
»Ewigkeiten!«, sagte G. Ott und blätterte die Seiten um. »Und ich bin noch lange nicht fertig.«
Er sah wirklich sehr müde aus, so als ob ihm die ganze Arbeit über den Kopf gewachsen wäre.
...
»Warte«, sagte G. Ott. »Jetzt weiß ich wieder, wo's steht.«
Er blätterte drei Seiten weiter.
»Da!«
Ich kuckte ins Buch.
Was sah ich?
Mich.
Fein säuberlich gezeichnet. Als ob ich G. Ott Modell gestanden hätte.
»Das bin ja ich«, sagte ich.
»Natürlich«, lächelte G. Ott. »Und jetzt lies mal, was da steht!«
Und ich las. Und da stand:
HUND!
»Dein Name!«, sagte G. Ott. »Das ist dein Name. Ich wusste doch, dass du einen Namen hast.«
»Hund«, sagte ich leise, und dann noch mal: »Hund!«
Und wirklich, der Name passte mir:
Er war nicht zu lang, er war nicht zu kurz, er war nicht zu groß, er war nicht zu klein, er passte mir wie angegossen. Er passte mir wie mein Fell.
Hund war genauso, wie ich mich fühlte.

»So«, sagte der Hund. »Jetzt kennt ihr die Geschichte.«
...
»Die Geschichte ist überhaupt nicht zu Ende. Kein bisschen zu Ende ist die!«
»Und was war sonst noch alles in dem Buch gezeichnet?«
»Und wieso konnte G. Ott dich gemalt haben, wenn er dich noch nie gesehen hatte!«

(Jutta Richter: Hund, 25–27)

Impuls:

- Dieser Ausschnitt aus dem Kinderbuch »Der Hund mit dem gelben Herzen« thematisiert schwierige philosophische Fragen. Versucht sie zu formulieren und zu diskutieren!

9.3.2 Was tut der gute Hirte für seine Schafe?

Jesus sagt:

»Ich bin der gute Hirte. Der gute Hirte gibt sein Leben hin für die Schafe. Der bezahlte Knecht aber, der nicht Hirte ist und dem die Schafe nicht gehören, lässt die Schafe im Stich und flieht, wenn er den Wolf kommen sieht; und der Wolf reißt sie und jagt sie auseinander. Er flieht, weil er nur ein bezahlter Knecht ist und ihm an den Schafen nichts liegt.«

(Joh 10,11–13)

Thomas Zacharias, Der Gute Hirte, © VG Bild-Kunst, Bonn 2007

Impulse:

- In Ps 23 erfahrt ihr mehr darüber, was einen guten Hirten ausmacht. Schreibt – in ähnlichem Stil – einen »Anti-Psalm« zum bezahlten Knecht.
- Wie wirkt der gute Hirte auf dem Bild auf euch?

9.3.3 Die Verleugnung

Bevor Jesus gefangen genommen wird, setzt er sich ein letztes Mal mit seinen Jüngern zusammen, um mit ihnen zu essen. Bei diesem letzten Essen sagt Jesus zu Petrus: »Wahrlich, wahrlich, ich sage dir: Noch bevor der Hahn kräht, wirst du mich dreimal verleugnen.«

(Joh 13,38)

Jesus ist verhaftet worden und wird gerade vom Hohepriester verhört.
Simon Petrus und ein anderer Jünger folgten Jesus. Dieser Jünger war mit dem Hohenpriester bekannt und ging mit Jesus in den Hof des hohepriesterlichen Palastes. Petrus aber blieb draußen am Tor stehen. Da kam der andere Jünger, der Bekannte des Hohenpriesters, heraus; er sprach mit der Pförtnerin und führte Petrus hinein. Da sagte die Pförtnerin zu Petrus: Bist du nicht auch einer von den Jüngern dieses Menschen (Jesus)? Er antwortete: Nein. Die Diener und die Knechte hatten sich ein Kohlenfeuer angezündet und standen dabei, um sich zu wärmen; denn es war kalt. Auch Petrus stand bei ihnen und wärmte sich.
…
Simon Petrus aber stand (am Feuer) und wärmte sich. Sie sagten zu ihm: Bist nicht auch du einer von seinen Jüngern? Er leugnete und sagte: Nein. Einer von den Dienern des Hohenpriesters, ein Verwandter dessen, dem Petrus das Ohr abgehauen hatte, sagte: Habe ich dich nicht im Garten bei ihm gesehen? Wieder leugnete Petrus, und gleich darauf krähte der Hahn.

(Joh 18,15–18.25–27)

Impulse:
Klärt folgende Begriffe:
- Verleugnen
- Hohepriester

Spielt die Szene nach. Schreibt ein Drehbuch. Überlegt euch:
- Welche Personen sind beteiligt?
- Was sagen die Personen?
- Was für Requisiten braucht ihr?
- Wo stehen die einzelnen Personen?

Gustave Doré, Petrus verleugnet Jesus

Impulse:

- Wer ist auf dem Bild zu sehen?
- Beachtet die Körperhaltungen der einzelnen Personen.
- Wer redet mit wem?
- Vergleicht die Darstellung mit eurer »Inszenierung« der Szene.
- »Was sieht, hört und schmeckt dieser Petrus wohl, wenn er an dieses Ereignis zurückdenkt?« (Langenhorst 2004, 218)

Die Zeichnung stellt den Hof dar. Mehrere Personen sind um ein Feuer gruppiert, einige von ihnen im Schatten, andere im Licht. Petrus und die Pförtnerin bilden die zentralen Figuren. Die Frau ist im Profil dargestellt. Sie beugt sich zum sitzenden Petrus hinab und stellt ihre entscheidende Frage. Petrus macht durch seine Handhaltung deutlich, dass er alle Schuld von sich weist. Eine weitere Frau, die rechts von ihm steht, belauscht seine Antwort, ebenso wie ein Mann, der neben ihm sitzt. Am rechten und linken Bildrand sowie im Bildhintergrund »tuscheln« weitere Männer miteinander. Die Szene vermittelt den Eindruck von bedrohlicher Bespitzelung.

Das recht klassisch gehaltene Bild kann einen tieferen Einstieg in die Verleugnungsszene ermöglichen und die Besprechung des anschließenden Gedichtes von Wiemer vorbereiten.

Der Hahn

Verdammter Hahn,
jede Nacht hör ich ihn kräh'n
und schmecke den Rauch des Wachtfeuers
auf der Zunge.

Und höre die pockennarbige Magd,
die mit den Haarzotteln: Warst du nicht bei ihm?
Und höre mich sagen: Nein.

Und seh' bei der Glut die Soldknechte würfeln.
Und sehe die Hände, die mich befreiten, gefesselt.

Und spüre den Blick beim Qualm der Fackel,
das blutige Auge, das mich sucht.
Und wende mich ab und sage: Ich bin's nicht.

Verdammter Hahn.
Jede Nacht schneide ich ihm den Hals ab.
Doch das Vieh kräht, kräht.
Kräht unter'm Messer.

Rudolf Otto Wiemer

9.3.4 Das Wiedersehen

Das Bild stellt die Szene aus Joh 21 dar: »Sieger Köder malt die Erfahrung der Jünger in einem hellen rötlichen Licht, das auf sie fällt. Einer will es genau wissen, was da vorgeht, und steigt aus dem Boot: Petrus. Er bleibt wie gebannt stehen im Widerschein des Lichts. Keiner wagt, die Erscheinung zu hinterfragen. Fisch auf dem Feuer und Brot für alle, eine Einladung zum Mahl.« (Köder 1997, 180).

Es bietet sich an, das Bild zunächst ohne den narrativen Kontext von Joh 21 einzuführen. So können die Schüler/innen sich unvoreingenommener auf die Darstellung der einzelnen Personen einlassen.

Impulse:
- Beschreibe, was du auf dem Bild siehst.
- Was liegt im Vordergrund? Kennst du eine Geschichte, in der diese Gegenstände eine wichtige Rolle spielen?
- Achte auf die Körperhaltung und auf den Gesichtsausdruck der Menschen im Vorder- und Hintergrund.
- Überlege dir, was einer der Männer im Boot gerade denkt, und schreibe es in eine Gedankenblase.
- Zeichne auch eine Gedankenblase für den Mann im Vordergrund. Was mag ihm durch den Kopf gehen? Warum hat er die linke Hand erhoben?

Erzählvorschlag:
Petrus rennt auf den auferstandenen Jesus zu. Er ist aufgeregt: Hier bietet sich eine Chance, mit der er nicht mehr gerechnet hatte. Er kann noch einmal mit Jesus sprechen. Wird Jesus überhaupt noch mit ihm reden wollen? Was wird er sagen?
Zunächst scheint Jesus einem Gespräch ausweichen zu wollen. Er ist ganz damit beschäftigt, ein gemeinsames Essen am Ufer des Sees zu organisieren. Fische und Brot hat er gebracht – und ein Feuer entzündet. Der Anblick des Feuers erinnert Petrus an das, was er getan hat. Er hat so ein schlechtes Gewissen, dass er keinen Ton herausbringt. Aber plötzlich spricht Jesus ihn an.

Impulse:
- Entwerft einen Dialog zwischen Jesus und Petrus.
- Tragt ihn mit verteilten Rollen vor.

Sieger Köder, Ostermorgen am See, © Sieger Köder

Das Johannesevangelium erzählt es so:
Als sie gegessen hatten, sagte Jesus zu Simon Petrus: Simon, Sohn des Johannes, liebst du mich mehr als diese? Er antwortete ihm: Ja, Herr, du weißt, dass ich dich liebe. Jesus sagt zu ihm: Weide meine Lämmer!
Zum zweitenmal fragt er ihn: Simon, Sohn des Johannes, liebst du mich? Er antwortete ihm: Ja, Herr, du weißt, dass ich dich liebe. Jesus sagte zu ihm: Weide meine Schafe!
Zum drittenmal fragte er ihn: Simon, Sohn des Johannes, liebst du mich? Da wurde Petrus traurig, weil Jesus ihn zum drittenmal gefragt hatte: Hast du mich lieb? Er gab ihm zur Antwort: Herr, du weißt alles; du weißt, dass ich dich lieb habe. Jesus sagte zu ihm: Weide meine Schafe!

(Joh 21,15–17)

Impulse:
- Vergleicht den Text aus der Bibel mit euren Dialogen.
- Warum fragt Jesus dreimal, ob Petrus ihn liebt – obwohl er doch alles weiß?
- Warum macht Petrus das traurig?
- Hat Jesus dem Petrus verziehen?
- Petrus erhält einen Auftrag. Formuliert, was Petrus sich vornimmt, um diesem Auftrag nachzukommen.

Kopiervorlage/Tafelanschrieb

»Weide meine Schafe!«

Petrus will diesen Auftrag von Jesus gern erfüllen. Er überlegt sich, was er in der nächsten Zeit tun wird:

Ich werde …

Ernst Barlach, Das Wiedersehen, 1926, © Ernst Barlach Lizenzverwaltung, Ratzeburg

Impulse:

- Stellt die Skulptur möglichst genau nach.
- Was denkt Petrus?
- Was meint ihr: Haben Petrus und Jesus sich schon unterhalten oder stellt die Skulptur eher den Moment dar, bevor sie miteinander reden?
- Wie müsste die Skulptur aussehen, wenn sie den Moment nach dem Gespräch der beiden darstellen soll? Macht ein Standbild.

10. »Ich will euch nicht als Waisen zurücklassen« (Johannes 14,18)

Der (heilige) »Geist« ist für Kinder und Jugendliche zunächst lediglich eine abstrakte Idee, bei der nicht sicher ist, ob sie in den Bereich des Märchenhaften zu verweisen oder als Teil unserer Wirklichkeit zu begreifen ist. Haben wir es also an diesem Punkt mit einem besonders »schweren« Thema zu tun? Zumindest handelt es sich um ein zentrales Thema. Denn aus theologischer Sicht stellt sich mit der Rede vom »Heiligen Geist« die Frage nach der Gegenwart Jesu Christi (Ebeling 1979, 320ff). Mit ihr berühren wir nach Nipkow (1992, 377ff) einen der Krisenpunkte in der Herausbildung jugendlichen Glaubens. Nach einer Studie von Kramer integrieren 8–10-jährige Kinder die Jesus-Figur unmittelbar in ihre Lebenswelt. Schüler/innen der Sekundarstufe hingegen bereit der Gedanke einer Gegenwart Christi Schwierigkeiten (Kramer 1987, 4–23; Höfler 1987, 24–35). Dieser Befund legt nahe, in der Orientierungsstufe ein Nachdenken über die Gegenwart Christi anzubahnen und dieses in der Sekundarstufe zu vertiefen.

Fragt man Kinder und Jugendliche – unabhängig vom Begriff des »Heiligen Geistes« – danach, wie Jesus Christus heute »anwesend« sein kann, so erhält man typischerweise zwei Antworten (Büttner 2004, 187–192):

1. Er begleitet jeden einzelnen Menschen als »Schutzengel« (vgl. Maaß 2001, 27).
2. Er ist in den Gedanken der einzelnen Menschen anwesend.

Ausgehend von diesen beiden Grundkonzeptionen wollen wir die typisch johanneische Geistvorstellung in den Blick nehmen und danach fragen, inwiefern sie für das Gespräch mit Kindern und Jugendlichen anschlussfähig ist.

10.1 Exegetische Sachinformationen zur johanneischen Geistvorstellung (Johannes 13–17)

Wo weht, wo wirkt der »Geist«? Schon die ersten Christen entwickelten diesbezüglich unterschiedliche Ansichten. Die korinthische Gemeinde etwa sah in ekstatischen Phänomenen, in Wundertätigkeit und Charismen den Geist am Werke (1Kor 12–14). Der johanneische Gemeindeverbund hingegen steht im Zusammenhang derjenigen urchristlichen Geisttradition, die den Geist verstehbarer Rede zuordnet. Der Geist wird in Zusammenhängen genannt, die Lehre, Zeugnis, Bekenntnis und Schriftauslegung zum Thema haben (Joh 6,63; 7,39; 1Joh 4,1–6.13; 5,6.8). Der Geist ist mit der Taufe den Gläubigen gegeben (Joh 3,3.5; 1Joh 3,24; 4,13). Daher besitzt die Gemeinde insgesamt den Geist (1Joh 2,20f.27; vgl. 1Thess 4,8f). Mit dem Geist kann die wahre Anbetung Gottes erfolgen (Joh 4,13f; vgl. Röm 8,15f usw.); mit ihm ist die Vollmacht zur Sündenvergebung verbunden (Joh 14,17; vgl. Gal 3,2.25f; Apg 19,1–7 usw.).

Typisch johanneisch ist die Vorstellung, die den Geist als »Parakleten« bezeichnet. Das griechische Wort »*paraklätos*« hat die Grundbedeutung »der Herbeigerufene«. Die Vorstellung vom Geist als Paraklet ist im Johannesevangelium nur in den sogenannten »Abschiedsreden« (Joh 13,31–17,26) zu finden. Die Gattung Abschiedsrede hat eine legitimierende Funktion; der sterbende »Held« bestimmt seinen Nachfolger und stattet ihn mit dem nötigen Charisma aus. Der Sterbende sorgt durch Nachfolger für die Kontinuität seines Werkes. Im Johannesevangelium ist es der Geist in Gestalt des Parakleten, der Jesus nach seinem Tod auf Erden vertritt und dafür sorgt, dass mit der Kreuzigung nicht alles »vorbei« ist. Ja, der johanneische Jesus kann sogar behaupten: »Es ist gut für euch, dass ich weggehe. Denn wenn ich nicht weggehe, kommt der Paraklet nicht zu euch. Wenn ich aber gehe, will ich ihn zu euch senden« (Joh 16,7).

Wie wirkt der johanneische Paraklet? Welche Aufgaben werden ihm zugeschrieben?

1. Der Paraklet bleibt »in Ewigkeit« bei den Jüngern (Joh 14,16). Diese ewige Gegenwart wird im Johannesevangelium der begrenzten Gegenwart Christi gegenübergestellt. Das ewige Bleiben des Geistes wird aus einer Abschiedssituation heraus profiliert.
2. Eine wichtige Aufgabe des Parakleten besteht darin, die Jünger alles zu lehren und sie an alles zu erinnern, was Jesus ihnen gesagt hat (Joh 14,26). Mit anderen Worten: In der Erinnerung an Jesus Christus bleibt der Erinnerte gegenwärtig. Der Paraklet hält diese Erinnerung lebendig.
3. Angesichts seines Weggangs bittet der johanneische Christus seinen Vater: »Ich bitte nicht, dass du sie aus der Welt nimmst, sondern dass du sie bewahrst vor dem Bösen.« (Joh 17,15) Hier klingt die Vorstellung an, dass Gott die Seinen beschützt.
4. Mit dem Parakleten hinterlässt Jesus auch »seinen Frieden«: »Den Frieden lasse ich euch, meinen Frieden gebe ich euch.« (Joh 14,27) Diese Zusage ist heute im Segensspruch verankert. In ihm drückt sich die Überzeugung der Gegenwart Christi im Heiligen Geist aus.

10.2 Didaktische Überlegungen

Wir sind der Meinung, dass die johanneische Geistkonzeption unter den Evangelien diejenige ist, die sich am besten für eine Behandlung des Themas mit Kindern und Jugendlichen eignet, und zwar aus folgenden Gründen:

1. Die Einzeichnung der Geistthematik in eine Abschiedssituation eröffnet Kindern und Jugendlichen einen Zugang, den sie mit Erfahrungen aus ihrer Lebenswelt füllen können. Die Erfahrung, von einem Menschen Abschied zu nehmen, die Frage, was wird, während er nicht da ist, dürfte jedem jungen Menschen in der ein oder anderen Form vertraut sein.
2. Die starke Personifizierung des Geistes, wie sie in der Gestalt des Parakleten erfolgt, dürfte kindlicher Vorstellung entgegen kommen. Andererseits bleibt das Johannesevangelium nicht bei einer konkret-personalen Vorstellung stehen. Zentral ist nämlich auch der Gedanke, dass Jesus Christus in den Gedanken der Menschen lebendig bleibt und so anwesend ist. Der johanneische Paraklet ermöglicht

also, indem er an Jesus erinnert, eine durchaus abstrakte Form der Gegenwart Christi. Deshalb bietet die johanneische Parakletkonzeption sowohl Kindern der Orientierungsstufe als auch Jugendlichen der Sekundarstufe Möglichkeiten der Auseinandersetzung.

10.3 Materialien und Impulse für den Unterricht

Im Folgenden stellen wir Bausteine vor, mit deren Hilfe unterschiedliche Aspekte des Themas »Geist« erarbeitet werden können.

Der erste Baustein thematisiert die Frage, inwiefern der »Geist« eine Märchenfigur ist oder Teil unserer Wirklichkeit.

Der zweite Baustein entwickelt die Geistthematik aus der Abschiedssituation heraus.

Der dritte Baustein fragt danach, wie der Geist wirkt, wie also Jesus Christus heute gegenwärtig sein kann. Er rekurriert dabei sowohl auf die Konzepte der Kinder und Jugendlichen als auch auf die johanneische Konzeption.

10.3.1 Der »Heilige Geist« – (un)wirklich?

Es geschah eines Nachts, da kam eine Fee zu einem ganz gewöhnlichen Jungen namens Hodder.
Die Fee sagte Hodder, er sei auserwählt, und Hodder, der bis dahin nichts davon gewusst hatte, dass er auserwählt war, und der noch nie eine Fee gesehen hatte, setzte sich im Bett auf, rieb sich die Augen und fragte bescheiden, ob es sich nicht um ein Missverständnis handeln würde.
Die Fee antwortete mit einer Stimme, die gedämpft und doch entschieden war, ganz genau wie der Regen, der nur im Oktober fällt: Du bist der Auserwählte, Hodder, du bist der Auserwählte.«
Hodder setzte seine Brille auf und starrte die Fee an, die mit einem kleinen Hüpfer zum Fenster sprang, wo sich die Gardine im Nachtwind bewegte.
Hodder hatte gerade die Grippe überstanden und fühlte sich immer noch ein bisschen schlotterig in den Beinen, außerdem war er es nicht gewohnt, mitten in der Nacht Besuch zu bekommen. Also fragte er die Fee, ob sie nicht ein andermal vorbeischauen könnte, nächste Woche vielleicht und am liebsten an einem Tag, an dem sein Vater zu Hause war.
Die Fee hob vom Boden ab, flog hoch bis unter die Decke und landete geradewegs vor Hodders Bett, neben einem gelben Zettel mit der Telefonnummer seines Vaters, der Nacht für Nacht an die Giebel und Mauern der Stadt Plakate klebte.
»Reich mir deine Hand, Hodder«, flüsterte die Fee.
Hodder zögerte und sagte, er könne womöglich noch ansteckend sein, aber die Fee achtete nicht darauf und ergriff seine Hand:
»O du Auserwählter, du Nachtschwärmer!«
...
Bescheiden fragte Hodder, ob die Fee sich wirklich sicher sei, die richtige Adresse erwischt zu haben. Dabei könnten ja immer Fehler passieren. Besonders wenn es sich um so wichtige Dinge handelte.

Einmal hatte Hodder zum Beispiel einen Brief vom Städtischen Krankenhaus bekommen, in dem stand, er sei im vierten Monat schwanger, und das war ja nun trotz alledem ein Fehler der Post gewesen.
Die Fee sah ihn an und, so kam es Hodder vor, geradewegs durch ihn hindurch.
»Die Welt erretten wirst du, glücklicher Hodder.«
»Ich habe mal eine Kellerassel vorm Ertrinken errettet. Aus einem Eimer«, murmelte Hodder. »Das heißt, sie ist trotzdem gestorben, vielleicht vor Schreck, aber die Leiche habe ich noch.«
»Du bist der Auserwählte. Du bist der Auserwählte.«
Das waren ihre letzten Worte, und dann verschwand die Fee mit einem kleinen Plopp.

(Bjarne Reuter: Hodder, der Nachtschwärmer, Hamburg 1999, S. 9–14)

Der Text von Bjarne Reuter handelt nicht vom »Heiligen Geist«, sondern von einer Fee, also einer Gestalt aus der Märchenwelt. Für Kinder mag hier zunächst kein großer Unterschied bestehen, umso geeigneter scheint dieser Einstieg.

Der Verfasser schildert einen ganz normalen »Kinderalltag« mit Grippe, In-der-Nacht-Aufwachen, Allein-Sein, während der Vater arbeitet, dem Zettel mit der Telefonnummer für alle Fälle, dem »Retten« einer Kellerassel, einem fehlgeleiteten Brief etc. In diese »normale« Welt bricht die Fee mit ihrer unglaublichen Botschaft ein. Durch diesen scharfen Kontrast wirkt der Text komisch. Ältere Schüler/innen werden diese Fee spontan in den Bereich des »Irrealen«, des Märchenhaften verweisen. Um diese klare Zuordnung etwas aufzubrechen, ist die Frage nach der möglichen Wirkung dieses Besuches auf Hodder zu stellen: Hat er sich durch den Besuch verändert? Fühlt er sich jetzt anders, fühlt er sich als ein anderer? Wird er sich in Zukunft anders verhalten? Und wenn das zutrifft, war der Besuch der Fee dann nicht doch irgendwie »wirklich«, weil er gewirkt hat?

Impulse:

- Würdest du diese Geschichte einem 9-jährigen Kind vorlesen? Warum (nicht)?
- Ein jüngeres Kind erzählt dir, in der Nacht sei eine Fee zu ihm gekommen. Wie reagierst du?
- Hat sich durch den Besuch der Fee für Hodder etwas verändert?
- Fühlt er sich jetzt anders, als ein anderer?
- Wird er sich in Zukunft anders verhalten?
- Was meinst du: War der Besuch der Fee »wirklich«? Was könnte das heißen?
- Diskutiert: Ist jeder Mensch auserwählt!

Motti Mizrachi, Friedensfahrer, 1987

Impulse:

- Beschreibe das Bild.
- Was ist an dem Bild alltäglich, was außergewöhnlich?
- Finde einen Titel für das Bild.

Das Bild der Fahrrad fahrenden »Engel« thematisiert auf andere Art und Weise wiederum die Frage nach der »Wirklichkeit« bestimmter (hier: Engels-)Figuren. Wiederum greifen Alltägliches (Fahrrad fahren) und Außergewöhnliches (Flügel) ineinander. Das Bild greift außerdem indirekt die Konzeption des »Schutzengels« auf: Radfahren im Straßenverkehr kann gefährlich sein. Das erleben Schüler/innen mitunter täglich auf ihrem Schulweg. Wer Fahrrad fährt, braucht vielleicht manchmal einen »Schutzengel«.

10.3.2 Abschied – und dann?

Der erste Baustein war nicht spezifisch religiös oder gar christlich ausgerichtet. Dieser Baustein nun entwickelt die christologisch verankerte Geistvorstellung – gemäß dem johanneischen Ansatz – aus der Situation des Abschieds. Zunächst geht es darum, den Schüler/innen bewusst zu machen, dass es bestimmte »Abschiedsrituale« gibt. Anhand unterschiedlicher Abschiedsszenen soll erarbeitet werden, dass unsere Worte, Gesten und Gefühle beim Abschied variieren – je nachdem, von wem wir uns verabschieden, für wie lange wir uns verabschieden usw. Außerdem soll thematisiert werden, dass wir oftmals beim Abschied für diejenigen, die wir zurücklassen, Vorkehrungen treffen.

- In einem ersten Schritt wird der »Abschied« thematisiert.
- In einem zweiten Schritt erfolgt der Transfer auf die Abschiedsreden des johanneischen Christus.

Ich nehme Abschied

Impulse:
Spielt zu zweit (mindestens) zwei unterschiedliche Abschiedsszenen nach:

1. Deine beste Freundin/dein bester Freund zieht weit weg. Du nimmst Abschied von ihr/von ihm.
2. Du fährst ohne deine Familie mit Freundinnen und Freunden ins Zeltlager. Du verabschiedest dich von deiner Mutter.
3. Du bist vom Zahnarzt behandelt worden und kannst nun nach Hause gehen. Du verabschiedest dich von deinem Zahnarzt.
4. Eine schwer kranke Frau wird ins Krankenhaus eingewiesen. Sie weiß, dass sie es wahrscheinlich nicht mehr lebend verlassen wird und verabschiedet sich von ihren Kindern.

Versucht euch die Szenen möglichst genau vorzustellen. Verteilt die Rollen. Überlegt gemeinsam:

- Wärt ihr in der Situation eher fröhlich oder eher traurig?
- Für wie lange werdet ihr euch wahrscheinlich nicht mehr sehen?
- Mit welchen Worten würdet ihr euch verabschieden?
- Mit welchen Handbewegungen oder Körperbewegungen würdet ihr euch verabschieden?

Wenn Menschen voneinander Abschied nehmen, fragen sie sich oft: Wie soll es nach dem Abschied weitergehen? Wie kann ich meine Freundin erreichen, auch wenn sie nicht mehr hier ist? Wie werden die anderen ohne mich zurechtkommen und wie werde ich ohne die anderen zurechtkommen?

Impulse:
Denkt noch mal an die zweite und die vierte Szene.
Schreibt auf, was vor der Abreise mit den Leuten, die zurückbleiben, alles zu regeln ist und wie das geschehen kann; zum Beispiel:

- Wer wird mich vermissen? Wem muss ich also sagen, dass ich wegfahre? (Reitclub, Fußballverein …)
- Wer kann mein Haustier oder meine Zimmerpflanzen versorgen, während ich nicht da bin?
- Wem sollte ich meine Ferienadresse geben?
- Wie können Erwachsene ihre Erbschaftsangelegenheiten regeln, wie sieht das bei Jugendlichen aus?
- (Wie) kann ich den Abschiedsschmerz bei mir und anderen Menschen lindern?

Jesus nimmt Abschied von seinen Jüngern

Zunächst geht es darum, mit den Schüler/innen zu erarbeiten, um was für eine Art von Abschied es sich handelt: Jesus verabschiedet sich von seinen engsten Freunden; es handelt sich um einen definitiven Abschied; die Jünger sind traurig und ratlos; Jesus trifft Vorkehrungen für die Zeit, in der er nicht mehr selbst anwesend sein wird: Er wird ihnen den »anderen Tröster«, den »Geist der Wahrheit« senden. Die Sendung des Geistes erscheint in diesem Kontext als eine Vorkehrung, die Jesus für die Zeit, in der er nicht mehr selbst anwesend ist, trifft. Wichtig wird hier das Konzept, nach dem Jesus Christus dadurch anwesend ist, dass Menschen sich an ihn erinnern. Das ist eine Vorstellung, die vielen Jugendlichen durchaus sympathisch ist. Der zweite Ausschnitt aus »Der Schatten des Windes« ergänzt dieses Konzept insofern, als es Bücher als Fundamente von Erinnerungsgemeinschaften charakterisiert. Diese Idee ist (auch) johanneisch, denn das Johannesevangelium übernimmt – ähnlich wie der Paraklet – die Funktion, seine Leser/innen an das zu erinnern, was Jesus getan und gesagt hat. Es stellt uns heute somit in eine Erinnerungsgemeinschaft mit den johanneischen Christen.

Erzählvorlage:
Die Bibel erzählt uns davon, wie Jesus Abschied von seinen Jüngern nahm. Er wusste, dass er bald sterben würde. Ein letztes Mal saßen er und seine Jünger beim Abendessen zusammen. Plötzlich stand Jesus auf und begann, den Jüngern die Füße zu waschen. Das war eigentlich Sache der Sklaven.
Danach redete er mit seinen Jüngern über die Zeit nach seinem Tod. Wie sollte es weitergehen? Jesus wollte seine Jünger trösten. Er sagte: »Ich will euch nicht als Waisen zurücklassen.«

Dann sagte Jesus zu seinen Jüngern: »Es ist gut für euch, dass ich weggehe.« Damit meinte er: »Es ist gut für euch, dass ich sterbe.« Das konnten die Jünger überhaupt nicht verstehen. Warum sollte es gut für sie sein, dass Jesus, ihr Freund, bald sterben würde? »Mein Vater und ich schicken euch einen ›anderen Tröster‹«, sagte Jesus daraufhin. Aber wer sollte das sein? Ein anderer Mensch? Wohl kaum. Denn Jesus beschrieb diesen »anderen Tröster« so:
- Er wird in Ewigkeit bei euch bleiben.
- Er wird euch an alles erinnern, was ich, Jesus, euch gesagt habe.
- Er wird euch Frieden bringen.

Jesus nannte diesen »anderen Tröster« auch den »Geist der Wahrheit«.

Impulse:
- Versuche Dir vorzustellen, wie die Jünger sich fühlen. Male ein »Stimmungsbild«.
- Warum wäscht Jesus seinen Jüngern die Füße?
- Was meint Jesus, wenn er sagt: »Ich will euch nicht als Waisen zurücklassen?« (Joh 14,18)
- Welche Vorkehrungen trifft Jesus für die Zeit, in der er nicht mehr selber da sein wird?
- Der Geist soll den Jüngern dabei helfen, sich an Jesus zu erinnern. Woran genau soll er sie erinnern?
- Lies dir den folgenden Text durch, in dem es um das Vergessen und um das Erinnern geht.
- Findest du, der Vater reagiert angemessen auf die Art und Weise, wie sein Sohn mit dem Verlust seiner Mutter umgeht?
- Wie gefällt dir die Idee des Friedhofs der Vergessenen Bücher?
- Was meinst du, wird die Bibel – und mit ihr das Johannesevangelium – eines Tages auf so einem Friedhof landen? Was hätte das für Konsequenzen?

Erinnern

Kurz nach dem Bürgerkrieg hatte eine aufkeimende Cholera meine Mutter dahingerafft. An meinem vierten Geburtstag beerdigten wir sie auf dem Friedhof des Montjuic. Ich weiß nur noch, dass es den ganzen Tag und die ganze Nacht regnete und dass meinem Vater, als ich ihn fragte, ob der Himmel weine, bei der Antwort die Stimme versagte. Sechs Jahre später war die Abwesenheit meiner Mutter für mich noch immer eine Sinnestäuschung, eine schreiende Stille, die ich noch nicht mit Worten zum Verstummen zu bringen gelernt hatte. Mein Vater und ich lebten in einer kleinen Wohnung in der Calle Santa Ana beim Kirchplatz. Die Wohnung lag direkt über der von meinem Großvater geerbten, auf Liebhaberausgaben und antiquarische Bücher spezialisierten Buchhandlung, einem verwunschenen Basar, der, wie mein Vater hoffte, eines Tages in meine Hände übergehen würde. Ich wuchs inmitten von Büchern auf und gewann auf zerbröselnden Seiten, deren Geruch mir noch immer an den Händen haftet, unsichtbare Freunde. Als Kind lernte ich damit einzuschlafen, dass ich meiner Mutter im

dämmrigen Zimmer die Ereignisse zwischen Morgen und Abend, meine Abenteuer in der Schule erklärte und was ich an diesem Tag gelernt hatte. Ich konnte ihre Stimme nicht hören und ihre Berührung nicht fühlen, aber ihr Licht und ihre Wärme glühten in jedem Winkel der Wohnung, und mit der Zuversicht dessen, der seine Jahre noch an den Fingern abzählen kann, dachte ich, wenn ich nur die Augen schlösse und mit ihr spräche, könnte sie mich vernehmen, wo immer sie auch sein mochte. Manchmal hörte mir mein Vater im Esszimmer zu und weinte verstohlen.
Ich erinnere mich, dass ich in jener Junimorgendämmerung schreiend erwachte. Das Herz hämmerte mir in der Brust, als wollte sich die Seele einen Weg bahnen und treppab stürmen. Erschrocken stürzte mein Vater ins Zimmer und nahm mich in die Arme, um mich zu trösten.
»Ich kann mich nicht mehr an ihr Gesicht erinnern. Ich kann mich nicht mehr an Mamas Gesicht erinnern«, keuchte ich.
Mein Vater umarmte mich fest.
»Hab keine Angst, Daniel. Ich werde mich für uns beide erinnern.«
Wir schauten uns im Halbdunkel an und suchten nach Worten, die es nicht gab. Das war das erste Mal, dass ich merkte, dass mein Vater alterte und seine Augen, Augen aus Nebel und Verlust, immer in die Vergangenheit blickten.

[Kurz darauf nimmt der Vater Daniel mit zum »Friedhof der Vergessenen Bücher«:]

»Willkommen im Friedhof der Vergessenen Bücher, Daniel.«
In den Gängen und Lichtungen der Bibliothek verstreut, zeichneten sich ein Dutzend Gestalten ab. Einige von ihnen wandten sich um und grüßten aus der Ferne, und ich erkannte die Gesichter mehrerer Kollegen meines Vaters aus der Gilde der Antiquare. Wie merkwürdig, wie verschwörerisch sahen diese wohlvertrauten Männer auf einmal aus!
Mein Vater kniete neben mir nieder, schaute mir fest in die Augen und sprach leise auf mich ein.
»Was du hier siehst, Daniel, ist ein geheimer Ort, ein Mysterium. Jedes einzelne Buch hat eine Seele. Die Seele dessen, der es geschrieben hat, und die Seele derer, die es gelesen und erlebt und von ihm geträumt haben. Jedesmal, wenn ein Buch in andere Hände gelangt, jedesmal, wenn jemand den Blick über die Seiten gleiten lässt, wächst sein Geist und wird stark. Schon vor so vielen Jahren, als mein eigener Vater zum ersten Mal mit mir hierher kam, war dieser Ort uralt. Vielleicht so alt wie die Stadt selbst. Niemand weiß mit Bestimmtheit, seit wann es ihn gibt oder wer ihn geschaffen hat. Ich erzähle dir jetzt, was mir schon mein Vater erzählt hat. Wenn eine Bibliothek verschwindet, wenn eine Buchhandlung ihre Türen schließt, wenn ein Buch dem Vergessen anheim fällt, dann versichern wir uns, die wir diesen Ort kennen, also die Aufseher, dass es hierher gelangt. Hier leben für immer die Bücher, an die sich niemand mehr erinnert, die Bücher, die sich in der Zeit verloren haben, und hoffen, eines Tages einem neuen Leser in die Hände zu fallen. In einer Buchhandlung werden Bücher verkauft und gekauft, aber eigentlich haben sie keinen Besitzer. Jedes Buch, das du hier siehst, ist jemandes bester Freund gewesen. Jetzt haben sie nur noch uns.«

(Záfon: Der Schatten des Windes, 7–11)

10.3.3 (Wo und Wie) Wirkt der »Heilige Geist«?

Wir sind heute insofern in einer anderen Situation als die johanneischen Jünger, als wir Jesus nie gesehen haben. Eine Besonderheit des Geistes, den Jesus gesandt hat, liegt also darin, dass er Menschen an Jesus »erinnern« soll, die ihn nie gesehen haben. Was für ein »Erinnern« kann das sein? Das »Erinnern« heutiger Christen äußert sich u.a. in dem Glauben, von einer guten Kraft – einem »guten Geist« – umgeben zu sein.

Der dritte Baustein thematisiert einen typisch christlichen Kontext, in dem das Wirken des Heiligen Geistes rituell verankert wird: den Segen. Der Segen greift die johanneische Abschiedsthematik auf, weil er in der »Abschiedssituation« am Ende des Gottesdienstes gesprochen wird.

Damit nimmt der dritte Baustein eine innerchristliche Perspektive ein. Aber der Glaube, dass in Taufe und Segen »wirklich« der »Heilige Geist« wirkt, wird nicht von allen Menschen – auch nicht von allen Schüler/innen – geteilt. Im Unterricht kann die christliche Perspektive auch von außen betrachtet werden. Wichtig scheint uns daher ein möglichst offener Umgang mit den Materialien:

1. Der Segen soll über sprachliche Bilder und gestische Nachbildung von den Schüler/innen erschlossen werden.
2. Das Bild von Rodins Statue »Die Kathedrale«, die zwei Hände zeigt, kann hier einen weiteren Impuls setzen.
3. Die Gegenüberstellung zweier Lieder – zum einen: »Ich möcht', dass einer mit mir geht«, zum anderen: »Bewahre uns, Gott« – kann den engen Zusammenhang der Vorstellung einer göttlichen, einer christologischen und einer pneumatologischen Gegenwart verdeutlichen.

Erzählvorlage:

Von Jesus sind uns weder Photos noch Filme überliefert. Wir können uns auch nicht daran erinnern, wie er aussah, lachte usw., weil wir ihn nie gesehen haben.

Einige Menschen glauben, Jesus habe uns Menschen doch als »Waisen« zurückgelassen. »Er ist gestorben und nicht wiedergekommen. Wenn er uns wirklich diesen ›anderen Tröster‹ geschickt hätte, müsste es uns doch besser gehen.« So etwa denken und reden sie.

Andere Menschen wissen auch, dass es in der Welt nicht immer angenehm zugeht. Aber sie glauben, dass sie in der Welt nicht von Gott verlassen sind, sondern dass Jesus eine göttliche Kraft geschickt hat, die sie umgibt und die sie manchmal spüren können. Es ist nicht leicht, das Gefühl, von Gott und Jesus Christus umgeben zu sein, auszudrücken. Denn beide können wir ja nicht sehen und hören wie andere Menschen. Den Glauben, von Gott und Jesus Christus wie von einer guten Kraft umgeben zu sein, bringen die Menschen im »Segen« zur Sprache. Der Segen wird am Ende des Gottesdienstes gesprochen, also kurz bevor die Menschen die Kirche verlassen und voneinander Abschied nehmen. Der Segen kann auch gemeinsam als Lied gesungen werden.

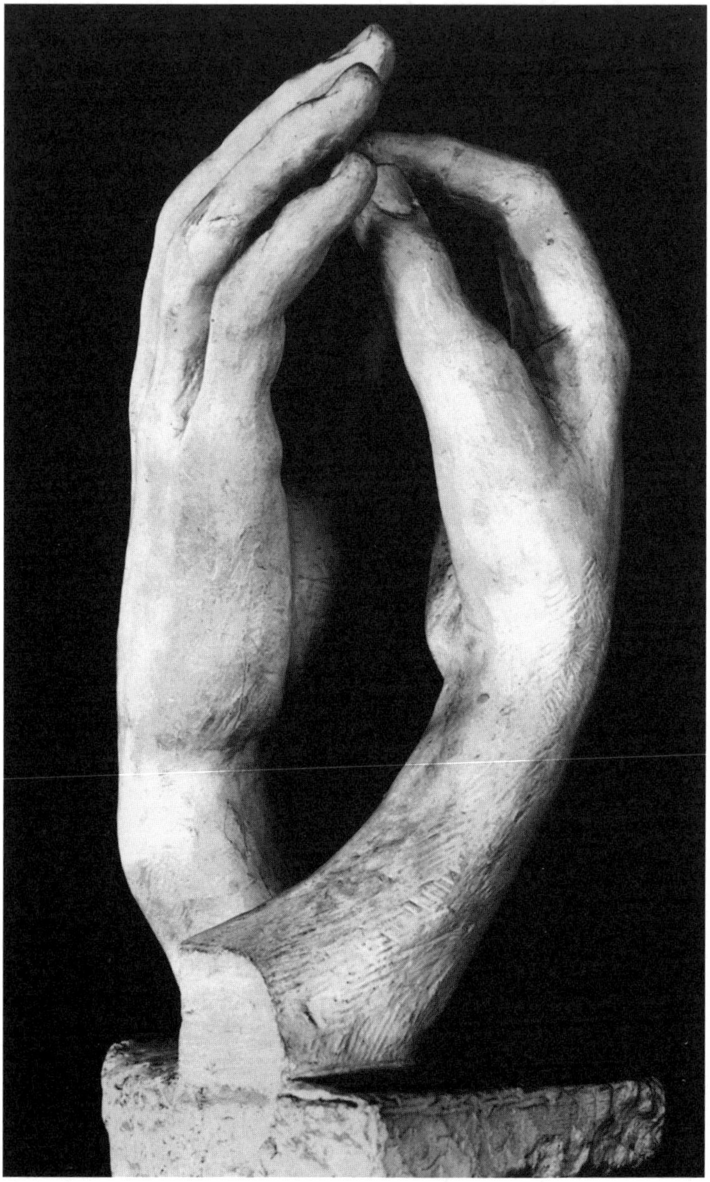

Rodin, Die Kathedrale, 1908, © akg-images

Impulse:
Was mit Segen gemeint ist, lässt sich am besten in verschiedenen Bildern beschreiben. Unsere Sprache kennt mehrere solcher Bilder:

- »Ich bin unter ein Dach gestellt.«
- »Ich werde auf Händen getragen.«
- »Jemand nimmt mich bei der Hand.«
- »Jemand stützt mich.«
- »Jemand begleitet mich auf meinem Weg.«
- »Ich stehe auf festem Grund.«

Fallen dir noch mehr Bilder ein?

- Versucht, die Sprach-Bilder mit den Händen nachzubilden oder sie als Standbilder darzustellen.
- Wähle dir ein Sprach-Bild aus und male es.
- Betrachte das Bild. Beschreibe die Haltung der Hände. Stelle dir vor, du wärst umschlossen von diesen Händen. Wie würdest du dich fühlen? Formuliere dazu ein passendes Sprach-Bild.
- Das Bild trägt den Titel »Die Kathedrale«. Informiere dich, was eine Kathedrale ist. Überlege, warum der Künstler diesen Titel gewählt hat.

Lied 1 (EG 209):

»Ich möcht', dass einer mit mir geht,
der's Leben kennt, der mich versteht,
der mich zu allen Zeiten kann geleiten.
Ich möcht', dass einer mit mir geht.

Ich wart', dass einer mit mir geht,
der auch im Schweren zu mir steht,
der in den dunklen Stunden mir verbunden.
Ich wart', dass einer mit mir geht.

Es heißt, dass einer mit mir geht,
der's Leben kennt, der mich versteht,
der mich zu allen Zeiten kann geleiten.
Es heißt, dass einer mit mir geht.

Sie nennen ihn den Herren Christ,
der durch den Tod gegangen ist;
Er will durch Leid und Freuden mich geleiten.
Ich möcht', dass er auch mit mir geht.

Das Lied greift intensiv das Konzept eines schützenden Begleiters auf. Insofern kann zunächst an das obige Bild der Fahrrad fahrenden Engel erinnert werden. Interessant ist nun aber, dass hier Jesus Christus derjenige ist, der mitgehen soll. Insofern wird die Vorstellung vom »Schutzengel« christologisch verankert. (Denkbar wäre auch die Formulierung: Sie nennen ihn den heil'gen Geist …«) Dieser Gedanke ist zunächst aus einer »Außenperspektive« formuliert: »*Sie* nennen ihn …«. Das Lied bietet damit einen offenen Zugang, schließt aber in der letzten Zeile bekenntnisartig.

Impulse:

- Singen der ersten drei Strophen.
- Worum geht es hier (eventuell Rückgriff auf das Bild)?
- Überlege dir eine Situation, in der der Wunsch nach einem solchen Begleiter besonders stark sein könnte.
- »Mein idealer Lebensbegleiter«: Wie müsste er/sie beschaffen sein? Verfasse dazu ein »Elfchen«. Ein Elfchen ist ein Gedicht ohne Reim, bei dem die Anzahl der Wörter pro Zeile festgelegt ist (insgesamt 11 Wörter): 1. Zeile: 1 Wort, 2. Zeile: 2 Wörter, 3. Zeile: 4 Wörter, 4. Zeile: 3 Wörter, 5. Zeile: 1 Wort. Das Gedicht besteht nicht aus ganzen Sätzen, sondern einzelnen Wörtern, die unterschiedlich viel Gewicht erhalten, je nachdem, in welcher Zeile Du sie positionierst.
- Beginn der vierten Strophe vorgeben: »Sie nennen ihn ...« und durch die Schüler/innen ergänzen lassen.

Hier werden Gott und der Heilige Geist als »Wegbegleiter« vorgestellt. Gott spendet Segen (Strophe 1 und 4). Durchaus johanneisch ist die Vorstellung, dass Gott den Heiligen Geist bzw. den Parakleten zu den Menschen sendet, damit er sie begleite.

Lied 2: Bewahre uns, Gott (Kindergesangbuch 213; EG 171)

Bewahre uns, Gott, behüte uns Gott,
sei mit uns auf unsern Wegen.
Sei Quelle und Brot in Wüstennot,
sei um uns mit deinem Segen.

Bewahre uns, Gott, behüte uns Gott,
sei mit uns in allem Leiden.
Voll Wärme und Licht im Angesicht,
sei nahe in schweren Zeiten.

Bewahre uns, Gott, behüte uns Gott,
sei mit uns vor allem Bösen.
Sei Hilfe und Kraft, die Frieden schafft,
sei in uns, uns zu erlösen.

Bewahre uns, Gott, behüte uns Gott,
sei mit uns durch deinen Segen.
Dein Heiliger Geist, der Leben verheißt,
sei um uns auf unsern Wegen.

(vgl. auch Kap. 6)

Impulse:

- Vergleiche dieses Lied mit dem vorigen: Was wiederholt sich, was ist neu?
- Spüre einzelnen Sprachbildern nach: »Quelle und Brot in Wüstennot«, »Wärme und Licht im Angesicht«, »Hilfe und Kraft, die Frieden schafft«.
- Fallen dir weitere Sprachbilder ein?
- Vgl. den Vers aus Psalm 91: »Denn seine Engel wird er für dich entsenden, dass sie dich behüten auf allen deinen Wegen.«

11. Die Passion (Johannes 18): Rollenverteilungen

11.1 Exegetische Sachinformationen

»Was ist Wahrheit?« fragt Pilatus den vor ihm stehenden angeklagten Jesus – und verlässt den Raum, ohne eine Antwort abzuwarten (Joh 18,38). Die Frage mutet modern, ja postmodern an. Die Postmoderne lehrt uns, dass es die Wahrheit nicht gibt, sondern allenfalls viele Wahrheiten – ebenso wie Texte nicht eine Bedeutung haben, sondern einen endlosen Interpretationsprozess in Gang zu setzen vermögen (vgl. Culler 1999; s. Kap. 2). Begegnet uns in Pilatus also ein »postmoderner« Mensch? Aus der Perspektive des Johannes ist das zu verneinen. Denn das Johannesevangelium zeichnet sich u.a. dadurch aus, dass es genau zu wissen meint, was – oder besser: wer – die Wahrheit ist. »Ich bin der Weg und die Wahrheit und das Leben«, sagt der johanneische Christus (Joh 14,6). Die einzige und exklusive Wahrheit, die das Johannesevangelium verkündet, ist christologisch geprägt. Ihr gilt die ganze Leidenschaft des Evangeliums. Diese exklusive, christologische Wahrheit gewinnt dadurch an Profil, dass sie in einen Dualismus, ein Denken in unvereinbaren Gegensätzen, eingezeichnet wird (s. Kap. 3).

Johannes will Pilatus keineswegs als den weisen Philosophen charakterisieren, der weiß, dass er nichts weiß, auch nicht als den postmodernen Menschen, der – in durchaus positivem Sinne – den Anspruch auf *die* Wahrheit verloren hat. Nach johanneischer Darstellung ist Pilatus blind für die Wahrheit, die ihm doch direkt vor Augen steht! Indirekt spricht Pilatus sich mit seiner Frage das eigene Urteil: Er hört offensichtlich nicht die Stimme des johanneischen Christus (vgl. Joh 18,37). »Er erweist sich als nicht ›aus der Wahrheit‹ und steht damit für [den] E[vangelisten] dort, wo die Juden z.B. in Joh 8,30–59 stehen: auf der Seite des Teufels (Joh 8,44).« (Becker 1991, 675)

Das didaktische Problem, das aus dem johanneischen Dualismus erwächst (s. Kap. 3), stellt sich hier mit besonderer Schärfe, denn »den Juden« wird im Passionsbericht des Johannesevangeliums pauschal die Hauptschuld am Tod Jesu angelastet. Nach johanneischer Darstellung sind es die Hohenpriester und ihre Knechte (Joh 19,6) – sie werden mehrfach als »die Juden« bezeichnet (z.B. Joh 18,31.38) –, die den unwilligen Pilatus dazu überreden, Jesus zum Tod am Kreuz zu verurteilen. Angesichts der traurigen Tatsache, dass der christliche Antijudaismus immer wieder durch den Vorwurf Nahrung erhalten hat, »die Juden« hätten Jesus getötet, tragen wir im Umgang mit der johanneischen Passionsgeschichte eine hohe Verantwortung. Aus historischer Sicht ist dabei zunächst festzuhalten: »Außer der selten angezweifelten Tatsache, dass Jesus unter Pontius Pilatus gekreuzigt wurde, gibt es keine einhelligen Ansichten darüber, wer den Anstoß zu seiner Verurteilung gegeben hat und aus welchen Gründen Jesus hingerichtet wurde.« (Theißen/Merz 1996, 389) Insofern ist es unerlässlich, die Schüler/innen darauf hinzuweisen, dass wir hier keinen protokollarischen Bericht vorliegen haben, sondern eine »Inszenierung« der Passion Jesu. Die bereits angesprochene Metapher des Theaters kann u.E. an diesem Punkt fruchtbar gemacht werden.

Wenn wir versuchen, die johanneische Pilatus-Szene auf der Bühne zu inszenieren, sind wir gezwungen, uns mit der *räumlichen Anordnung* des Geschehens auseinander zu setzen. Hier fällt nun sogleich auf, dass der Prozess vor Pilatus in Joh 18,28–19,16a in räumlicher Hinsicht sorgfältig strukturiert ist: Grundlegend ist dabei die Unterscheidung zwischen »drinnen« und »draußen«. V28 gibt die wesentlichen Regieanweisungen: Während Jesus von Kaiphas ins Prätorium geführt wird, bleiben die Juden draußen, »um nicht unrein zu werden, vielmehr das Passa essen zu können«. Wichtig ist hier, dass es nicht nur mehrere Räume gibt, sondern dass diese Räume sehr unterschiedlich konnotiert werden. Aus johanneischer Perspektive stellt der Innenbereich den Heilsbereich dar, denn hier befindet sich Jesus. Aus der Perspektive »der Juden« hingegen stellt der Außenbereich den Heilsbereich dar, weil er nicht von den Römern »verunreinigt« ist. Während der gesamten Szene pendelt Pilatus zwischen beiden Seiten hin und her und bemüht sich – vergeblich – um Vermittlung. Am Ende bleibt er »draußen«, indem er ihnen Jesus übergibt.

Wir erhalten also folgende johanneische Grundstruktur:

Vor dem Prätorium		Prätorium
»draußen«:	→	*»drinnen«:*
keine Heilschance	Pilatus	*Heilschance*
Juden	←	Jesus
Pilatus		

Aus jüdischer Perspektive sind beide Bereiche freilich anders konnotiert. Da das Prätorium ein römisches Gebäude ist, gilt es den Juden als unrein:

		Prätorium
Vor dem Prätorium	→	*unrein*
rein	Pilatus	Römer
Juden	←	Jesus

11.2 Didaktische Überlegungen

Die didaktische Zielsetzung besteht darin, die johanneische Passionsgeschichte als eine Inszenierung lebendig werden zu lassen, der weitere mögliche Inszenierungen an die Seite gestellt werden. Dabei soll die Seite, die das Johannesevangelium kategorisch abqualifiziert, stark gemacht werden.

Dazu wenden wir uns zunächst der für das Theater wichtigen Kategorie des Raumes zu. Der in Joh 18 dargestellten unterschiedlichen Konnotierung von Raum kann auch im schulischen Unterricht nachgespürt werden.

Anschließend thematisieren wir das Geschehen über die Kategorien von Vordergrund und Hintergrund. Denn räumliche Gestaltung arbeitet nicht nur mit den Kategorien »drinnen« und »draußen«, sondern auch mit den Kategorien »Vordergrund« und »Hintergrund«. Das Johannesevangelium rückt Jesus Christus ins Zentrum. Die übrigen Personen gruppieren sich um ihn herum, und wir haben bereits gesehen, dass die Römer und v.a. »die Juden« meist nur die Hintergrundfolie abgeben, vor der die Figur des Christus umso heller erstrahlt. Diese Perspektive kann durch eine andere räumliche Anordnung gebrochen werden, wie sie etwa das Gemälde »Ecce Homo« von Arent de Gelder (ca. 1715) zeigt.

In einem dritten Schritt beschäftigen wir uns mit der Rollenverteilung, die das Johannesevangelium vornimmt. Die johanneische Inszenierung soll dadurch aufgebrochen werden, dass Rollen zunächst bewusst gemacht und dann neu verteilt werden. Zu diesem Aspekt folgt ein Exkurs, der die Rolle der Juden im Johannesevangelium in einen historischen Kontext stellt.

11.3 Materialien und Impulse für den Unterricht

Räume erleben

Impulse:

- In welchen Räumen fühle ich mich wohl, in welchen fühle ich mich unwohl?
- »Schwellenangst«: Was ist das? (Wo) Habe ich sie schon mal erlebt?
- Was müsste in einem Raum sein, damit ich mich darin wohl fühlen könnte? Was dürfte nicht darin sein?
- Mit wem teile ich mir (gezwungenermaßen oder freiwillig) Räume (zu Hause, in der Schule, auf dem Weg zur Schule etc.)?
- »Mein Wunsch(t)raum«
- Lies Joh 18,28–19,16a. Teilt den Text in Szenen ein, die einerseits drinnen im Prätorium, andererseits draußen, außerhalb des Prätoriums, spielen.
- Weshalb gehen die Juden nicht mit ins Prätorium, so dass Pilatus immer rein und raus gehen muss, um mit Jesus und »den Juden« zu sprechen?
- Was wäre die – nach Johannes – korrekte Antwort auf die Frage des Pilatus in Joh 18,38? Schlage dazu in Joh 14,6 nach.
- Drinnen oder draußen – welcher Raum repräsentiert das Heil für die Menschen? Vergleiche die »jüdische« mit der johanneischen Position.

Vordergrund und Hintergrund

Mit dem Bild bewegen wir uns in der Erzählung des Johannesevangeliums etwas weiter: Pilatus hat Jesus geißeln lassen (Joh 19,1), die Soldaten haben ihren Spott mit ihm getrieben, indem sie ihn mit einem Kranz aus Dornen gekrönt und ihm einen purpurfarbenen Mantel angezogen haben. Pilatus geht zu den Juden hinaus. Nochmals betont er Jesu Unschuld (Joh 19,4). Dann kommt Jesus selbst heraus. In dem Moment sagt Pilatus zu den Juden: »Seht, welch ein Mensch!« (Joh 19,5)

Arent de Gelder, Ecce Homo, ca. 1715

Dieser Ausspruch des Pilatus ist von Exegeten und Laien sehr unterschiedlich gedeutet worden, »angefangen von einem banalen (…) da ist der Bursche, die Jammergestalt, bis zu einer verschleierten Ankündigung seiner messianischen und göttlichen Würde« (Gnilka 1985, 141). Dschulnigg weist u.E. zu Recht darauf hin, dass die Aussage »wohl bewusst für unterschiedliche Deutungen offen [ist]. Für Pilatus soll mit dem Wort auf die erniedrigte Spottfigur hingewiesen werden. Diesen geschmähten und lächerlich machtlosen Menschen sollen seine Gegner doch laufen lassen, das Geschrei um ihn lohnt sich nicht. Für die jüdischen Gegner dagegen hat dieser Jesus einen Anspruch erhoben, der weit über das hinausgeht, was einem Menschen zusteht, Jesus hat sich nach ihnen anmaßend zum Sohn Gottes gemacht (vgl. V 7). Die Adressaten des Joh sollen vielleicht heraushören, dass Jesus trotz aller Niedrigkeit und Schmach der wahre Mensch und Sohn Gottes ist (…)« (Dschulnigg 2000, 282f). Die Hohenpriester und Diener, die der Evangelist vorher pauschal als »die Juden« bezeichnet hatte, gehen nicht auf Pilatus ein, sondern verlangen die Kreuzigung Jesu.

Betrachten wir uns vor diesem erzählerischen Hintergrund das in dunklen Farben gehaltene Bild von de Gelder. Zunächst fällt auf, dass Jesus ganz in den Hintergrund gerückt ist und dort in seinem Purpurmantel mit den römischen Soldaten erhöht – gleichsam auf einer Bühne – steht. Im Vordergrund weist Pilatus mit einem Stab auf Christus – wobei der Betrachter bei genauerem Hinsehen feststellt, dass er eigentlich vorbeizielt. Pilatus ist im Gespräch mit einem anderen Mann – wohl einem Juden. Zu ihm spricht er: »Ecce homo«. Anders als in der Erzählung des Johannesevangeliums reagieren die Juden auf diesen Ausspruch aber keineswegs mit der vehementen Forderung, Jesus zu kreuzigen. Die beiden jüdischen Männer, die links im Vordergrund abgebildet sind, haben dem Geschehen auf der hinteren »Bühne« bereits den Rücken zugewandt. Sie sind in ein reges Gespräch vertieft, und die Betrachterin ahnt, dass es dabei schon nicht mehr um Jesus und dessen Schicksal geht. »Die Juden« bei de Gelder haben Jesus abgehakt, sie schenken ihm keine Beachtung mehr.

Der Künstler setzt damit eine neue Perspektive ins Bild: Jesus und sein Schicksal sind in den Hintergrund gerückt, der christliche Betrachter mag sich noch so sehr anstrengen, Details an der Figur Christi auszumachen – er wird enttäuscht. So wird er in eine »unchristliche« Rolle gedrängt, die Rolle eines Menschen, der Jesus sehr fern steht – so fern, dass Jesus in ihm weder Liebe noch Hass auslöst, sondern schlichtweg Gleichgültigkeit.

Impulse:
- Beschreibe das Bild.
- Wie hat der Künstler den Raum aufgeteilt? Was befindet sich im Vorder-, was im Hintergrund?
- Wie reagieren die einzelnen abgebildeten Figuren auf das, was hinten auf der »Bühne« geschieht?
- Links im Vordergrund siehst du zwei Männer. Worüber könnten sie sich unterhalten?
- Was kannst du von Jesus erkennen?
- Worum geht es in dem Bild? Finde einen passenden Titel.

Rollenverteilungen

Damit sind wir bei einem weiteren wichtigen Aspekt angelangt, den es bei jeder Inszenierung zu berücksichtigen gilt: den der zu vergebenden *Rollen*. Aus historischer Sicht ist zunächst interessant, dass das antike Theater mit Masken arbeitete, die die Schauspieler auf der Bühne trugen. Diese Masken machten unmissverständlich klar, welche Rolle jeweils verkörpert wurde, und sie ließen auch keinen Zweifel daran, ob es sich um eine »gute« oder eine »schlechte« Person handelte. Zwei Masken aus der Zeit der neuen griechisch-römischen Komödie mögen das verdeutlichen.

Abgebildet sind die Maske einer jungen und einer alten Hetäre (Prostituierten/Courtisane). Für den antiken Theaterbesucher ist die Hetäre an dem Kopftuch unmittelbar erkennbar. Während die junge Hetäre attraktiv aussieht und in der neueren Komödie durchaus einen »guten« Menschen verkörpern konnte, ist die alte Hetäre von abstoßender Hässlichkeit. Wir sehen also, dass die antike Komödie kaum individuelle, differenzierte Charaktere auf der Bühne darstellte, sondern ganz überwiegend mit stark typisierten Klischees arbeitete. Die Personen wurden schematisch in »gute« und »schlechte« unterteilt.

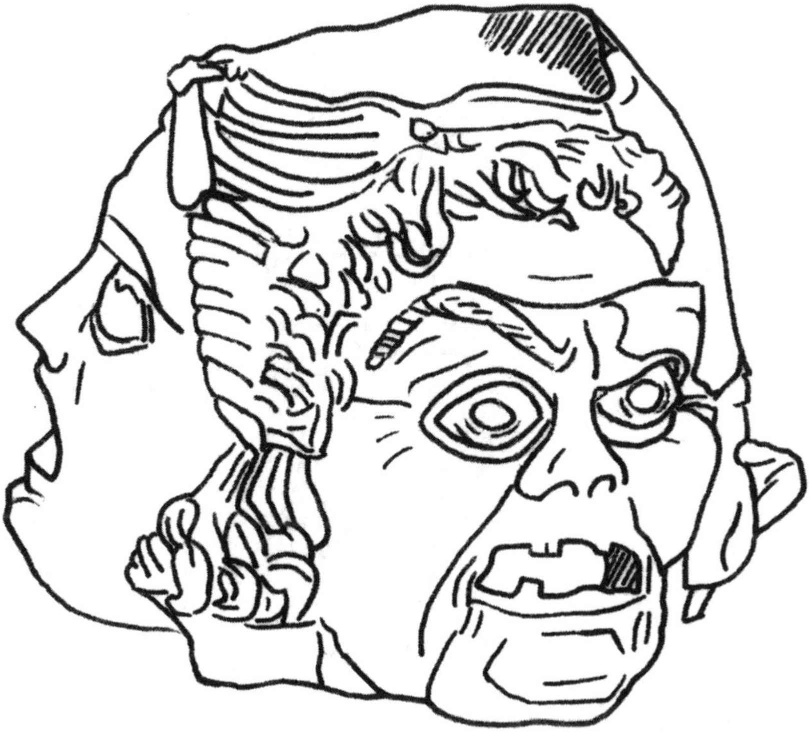

Terrakottagefäß aus drei Masken: Umrisszeichnung nach T.B.L. Webster: Monuments Illustrating New Comedy, Bulletin of the Institute of Classical Studies, Suppl. 1, London 1961

Für die Inszenierung der johanneischen Passionsszene sind diese Beobachtungen insofern wichtig, als sich der johanneische Dualismus hier auf personaler Ebene in gewisser Weise wiederfindet. Dschulnigg hat darauf hingewiesen, dass die Personen im Johannesevangelium stark typisiert werden (2000, 307f), auch wenn die Konstellationen hier nicht auf ein schlichtes »gut« und »schlecht« hinauslaufen.

Impulse:
- Beschreibe die Masken. Wie wirken sie auf dich?
- Welche Charaktereigenschaften würdest du den Menschen, die diese Masken repräsentieren, spontan zuschreiben?
- Welche Masken müssten wir den Figuren des johanneischen Passionsdramas (Jesus, Pilatus, Juden) aufsetzen? Halte dich zunächst an den Text Joh 18,28–19,16a.
- Versetze dich in die Situation des Pilatus. Welche Maske würde er sich wohl aufsetzen? Welche Masken würde er Jesus und den Juden zuteilen? Lies dazu den Text von G. Theißen.
- Versetze dich in die Situation der Juden. Welche Maske würden sie sich wohl aufsetzen? Welche Masken würden sie Jesus und Pilatus zuteilen? Berücksichtige dazu die Bibelstellen Joh 19,7 und 3. Buch Mose 23,16.

Folgen wir der johanneischen Perspektive, ergeben sich folgende Rollen: Jesus Christus ist der wahre König. Ihm könnten wir beispielsweise eine echte (!) Königskrone (im Gegensatz zur verspottenden Dornenkrone) aufsetzen. »Die Juden« erscheinen in der Rolle der bösen Verräter, die alles daran setzen, Jesus ins (vermeintliche) Unglück zu stürzen. Für Pilatus bleibt damit die Rolle des im Prinzip wohlmeinenden, aber schwachen und letztlich hilflosen römischen Herrschers.

Sobald wir uns jedoch von der johanneischen Perspektive lösen, sind noch ganz andere Rollenkonstellationen denkbar: Wählen wir etwa die Perspektive »der Juden«, dann erscheint Jesus in der Rolle des Gotteslästerers, der nach 3. Mose 23,16 mit dem Tod zu bestrafen ist. Pilatus wäre der gottlose Herrscher, ein Mitglied der Besatzungsmacht, die den Juden einen Großteil ihrer Souveränität genommen hat und der nun mit viel Mühe dazu gebracht werden muss, einen solch radikalen Verstoß gegen das jüdische Gesetz zu ahnden. Denkbar wäre hier auch noch eine etwas andere Konstellation: Pilatus als der eigentlich gefährliche Gegner, der genau prüft, was im jüdischen Volk passiert und zuschlägt, sobald er seine Macht bedroht sieht. Jesus wäre dann der Unruhestifter, der durch seine königlich-messianischen Ansprüche sein jüdisches Volk in Gefahr bringt und deshalb gestoppt werden muss. Den Juden ginge es dann primär darum, Pilatus davon zu überzeugen, dass sie mit diesem Jesus nichts zu tun haben.

Wählen wir schließlich die Perspektive des Pilatus, so wäre denkbar, dass er sich selbst als friedliebenden römischen Staatsmann versteht, der seine Aufgabe allein darin sieht, für Ruhe und Ordnung zu sorgen. »Die Juden« wären in seinen Augen eine Gruppe, die diesen lächerlichen Jesus viel zu ernst nimmt.

Es sind sicherlich noch weitere Inszenierungen mit weiteren Rollen denkbar. Wichtig ist, dass nicht jede Rolle mit jeder anderen beliebig kombinierbar ist. Die drei Gruppen (Jesus, Pilatus, Juden) bilden vielmehr ein »System«, bei dem sich jede Rollenveränderung auf die übrigen Rollen auswirkt. Hier kann auch gut demonstriert werden, wie sich die »Schuldfrage« – je nach Konstellation – verschiebt. Die Antwort auf die Frage »Was ist Wahrheit?« würde ebenfalls jeweils unterschiedlich ausfallen.

Im Unterricht können solche Inszenierungen – je nach Altersstufe und geplantem Zeitaufwand – anhand der oben formulierten Impulse konzipiert und ausgearbeitet werden, etwa durch das Schreiben fiktiver Dialoge und das Basteln typisierter Masken. Wichtig scheint uns, die johanneische Inszenierung als solche transparent zu machen und sie durch mindestens eine andere Inszenierung aufzubrechen, um so einen Prozess des Nachdenkens in Gang zu bringen. Die unten angeführten Materialien können als Impuls für einen Perspektivenwechsel in den Unterricht eingebracht werden.

Materialien

Andreas, ein Jude, hat Pilatus aufgesucht, um zu bewirken, dass er Jesus freilässt.
Pilatus hörte mir gar nicht zu. Er war aufgestanden und ans Fenster gegangen. Ich merkte, wie es in ihm arbeitete. Seine Augen blickten in meine Richtung – und schauten an mir vorbei. Seine Hände bewegten sich, als formulierte er. Aber kein Laut kam über seine Lippen. Schließlich ließ er sich seufzend auf seinen Stuhl nieder. Leise sagte er:
»Ich habe Angst …«
Erstaunt blickte ich ihn an. Noch einmal setzte er an:
»Ich habe Angst, dass mir diese Sache entgleitet. Nein, ich kann nicht!«
Sagte er das zu mir oder zu sich selbst? Pilatus versank ins Grübeln. Fast hatte ich den Eindruck, er hätte mich vergessen. Ich räusperte mich. Er schaute auf. Sein Blick war wieder klar. Seine Stimme klang fest und bestimmt:
»Ich hatte mir ernsthaft überlegt, ob ich diese drei Banditen, von denen ich anfangs sprach, zum Passafest freilassen sollte. Ja, ich war entschlossen, es zu tun. Dann aber erfuhr ich von dieser neuen messianischen Bewegung um Jesus. Das Fest kommt näher. Die Massen strömen nach Jerusalem. Die Lage kann kritisch werden. Das Risiko ist zu hoch.«

(G. Theißen, Der Schatten des Galiläers, 221–222)

Die Juden antworteten ihm [Pilatus]: »Wir haben ein Gesetz, und nach dem Gesetz muss er sterben, denn er hat sich selbst zu Gottes Sohn gemacht.«

(Joh 19,7)

Wer den Namen des Herrn lästert, der soll getötet werden; die ganze Gemeinde soll ihn steinigen. Sei er ein Fremdling oder ein Einheimischer, wenn er den Namen des Herrn lästert, soll er getötet werden.

(3. Buch Mose 23,16)

Exkurs

Die Rolle der Juden im Johannesevangelium – ein historischer Exkurs zur Entstehung des Evangeliums

Wie tauchen jüdische Menschen in Theaterstücken auf? Vor über 400 Jahren charakterisierte William Shakespeare den Juden Shylock als Gegenspieler des »Kaufmanns von Venedig« Antonio, der ein Pfund Fleisch seines Körpers als Sicherheit gegen ein Darlehen des Juden verpfändet. Zwar wird der Hass des Shylock von Shakespeare als Folge von Herabsetzungen und Ausgrenzungen einfühlsam geschildert. Gleichwohl bleibt er in der Rolle des Anti-Helden.

Als der Filmemacher Rainer Werner Fassbinder 1976 ein Stück mit dem Titel »Der Müll, die Stadt und der Tod« schrieb, das die negativ gezeichnete Figur eines reichen jüdischen Häusermaklers als Hauptrolle hat, wurde dies als Skandal empfunden und der Versuch einer Aufführung scheiterte am Widerstand der Frankfurter jüdischen Gemeinde.

Unter diesen Voraussetzungen werden auch wir uns fragen müssen, was es bedeutet, mit dem Johannesevangelium ein Stück unterrichtlich zu »inszenieren«, dessen antijudaistische Züge nicht zu übersehen sind, die vielmehr offenbar eine tragende Funktion in diesem Evangelium einnehmen. Bleiben wir in der Theatermetapher, dann haben wir zu klären, in welcher Weise dieser antijudaistische Zug aufzunehmen ist. Will man nicht das Stück total umschreiben, dann bleibt – getreu unserem Ansatz – die Möglichkeit, auf der Textebene selber »dekonstruktive« Interpretationen zu initiieren. Eine andere Möglichkeit besteht in einer entsprechenden Kommentierung im Programmheft. Damit wird einerseits der Duktus des Stückes respektiert, gleichzeitig aber der Ort markiert, an den es gehört und damit werden auch die Gründe genannt, warum bestimmte Deutungen – in diesem Falle der »Juden« – für heutige Betrachter weder möglich noch geboten sind.

1. Die Rolle der »Juden« als Chor

In der johanneischen Passionserzählung bestimmt Winfried Verburg (1999, 112ff) die Rolle der Juden als *Chor*. Diese Rollenzuweisung wird man bereits auch für die früheren Passagen des Evangeliums annehmen können. Dabei ist der Chor »gleichwertige Person neben den anderen Schauspielern, greift als solche in die Handlung ein und treibt sie voran.« (ebd., 113) Der Chor repräsentiert im Evangelium wie in der antiken Tragödie den »irrenden Menschen«. Wie der Chor in Sophokles »Ödipus« als letzter die tragische Verstrickung des Helden wahrnimmt, so erkennen die Juden im Evangelium nicht, dass Jesus der Christus ist. Im Spiel selber ist dieses Nicht-Verstehen insofern produktiv, als dies dem Protagonisten Jesus die Möglichkeit gibt, gerade im Kontrast und Wechselspiel seine wahre Identität offenbar zu machen (vgl. ebd., 115). Damit hat der Chor eine wichtige Funktion bei der Lenkung des Publikums. Der Leser/Hörer folgt dem Stück und wird durch die kontroversen Deutungen der Person Jesu durch den jüdischen »Chor« einerseits, durch Jesus selbst andererseits in die Entscheidungssituation getrieben, welcher der beiden Deutungen er oder sie sich anschließen soll. »Diese Entscheidung für oder gegen Jesus ist in der johanneischen Theologie das Gericht, der Zeitpunkt für dieses Gericht ist das Passionsgeschehen.« (ebd., 118) So resümiert Verburg:

> »Im Johannesevangelium als dramatische Dichtung besteht die Funktion des Chores nicht darin, eine historisch möglichst getreue Beschreibung der Ankläger Jesu abzugeben, sondern als literarische Fiktion symbolisiert der Chor der Juden alle, die sich nicht für Jesus entscheiden, nicht an ihn als den Gottessohn glauben. Wer sich nicht positiv für Jesus entscheidet, ist automatisch sein Ankläger. Folgerichtig treibt der Autor die Ablehnung Jesu durch die Juden im Pilatusprozess auf die Spitze. Durch den Chor ruft der Evangelist die Rezipienten seines Textes in die Entscheidung.« (ebd., 120)

Verburg verbleibt – wie auch wir bisher – auf der Ebene der Synchronizität. D.h. wir begegnen dem Text aus einer gewissen Gleichzeitigkeit. Was will er uns sagen, wo ärgert er uns, wo erbaut er uns? Doch erscheint es uns notwendig, anhand der christlich-jüdischen Schreckensgeschichte gerade in Deutschland der Frage nachzugehen, wieso der Verfasser des Johannesevangeliums die »negative« Rolle des Chores mit »den Juden« besetzt. Diese Nachfrage ergibt sich bereits auf den ersten historischen Blick: Da Jesus und seine Anhänger genau wie seine Gegner Juden waren, ist die Pauschalbezeichnung »Juden« ungenau, eigentlich sinnlos. Das zeigt nicht zuletzt ein Blick auf die Synoptiker, wo sehr wohl die einzelnen jüdischen Gruppen wie Pharisäer, Sadduzäer, Schriftgelehrte unterschieden werden, gerade auch im Hinblick auf ihr Verhältnis zu Jesus. Wir sehen uns also an dieser Stelle dazu genötigt, unseren synchronen Blick, der das Evangelium in seiner Jetztgestalt als Gegenüber nehmen möchte, auszuweiten durch einen diachronen Zugang. Warum schreibt der Evangelist sein Evangelium so, wie er es schreibt und warum besetzt er die Rolle der Gegenspieler Jesu so, wie er es tut?

2. Was heißt »aus den Synagogen werfen« – Versuch einer historischen Rekonstruktion

Klaus Wengst (2004, 25ff) sieht die Entstehungssituation des Johannesevangeliums charakterisiert durch die Auseinandersetzung einer jüdischen Minderheit (der johanneischen Jesusanhänger) mit einer jüdischen Mehrheit. Dies wird vor allem deutlich durch das »dreimal im Evangelium begegnende Motiv vom Ausschluss aus der Synagoge. An allen drei Stellen sind Verhältnisse vorausgesetzt, die für die erzählte Zeit, die Zeit Jesu, nicht vorstellbar sind, die aber ausgezeichnet in die Zeit nach 70 n. Chr. passen, so dass damit ein Datum für die frühest mögliche Abfassung des Evangeliums gegeben wäre« (ebd., 26).

In der ersten Szene heilt Jesus einen Blindgeborenen an einem Sabbat (vgl. Kap. 7). Als er den Pharisäern (hier ausdrücklich genannt!) begegnet, fragen sie erst ihn, dann seine Eltern nach den Hintergründen. Letztere antworten ausweichend und verweisen auf den geheilten Sohn. Dies wird nun im Evangelium mit den Worten kommentiert (Joh 9,22f):

> *Das sagten seine Eltern, denn sie fürchteten sich vor den Juden. Denn die Juden hatten sich schon geeinigt: wenn jemand ihn [= Jesus] als den Christus bekenne, der solle aus der Synagoge ausgeschlossen werden. Darum sprachen seine Eltern: Er ist alt genug, fragt ihn selbst.*

Der Disput der »Juden« mit den Geheilten endet dann V 34 mit den Worten:

> *Sie antworteten und sprachen zu ihm: Du bist ganz in Sünden geboren und lehrst uns? Und sie stießen ihn hinaus.*

Klaus Wengst (2004, 26f) kommentiert diese Stelle so:

> »Auf das Jerusalem der Zeit Jesu bezogen, wäre diese Aussage mehr als seltsam. Was soll es da heißen, dass die Eltern, als wären sie selbst keine Juden, ›die Juden‹ fürchteten? So kann nur in einer Umgebung geredet werden, in der die Juden nicht die einzi-

gen Bewohner sind, in der sie aber die dominierende Kraft bilden. Wenn die Eltern ›die Juden‹ fürchten, obwohl sie gar nicht als Anhänger Jesu geschildert werden und deshalb Nichtwissen vorgeben, sobald die Person Jesu ins Blickfeld gerät, dann ist eine Atmosphäre der Angst vorausgesetzt, in der es opportun erscheint, nicht mit Jesus in Verbindung gebracht zu werden. Das unterstreicht die in V. 22b gegebene Begründung für die Furcht der Eltern. [...] Aufschlussreich ist das Wörtchen ›schon‹. Es schließt ein, dass – wie immer es sich mit dem hier genannten Geschehen auf der Zeitebene der Erzählung verhalten haben mag – es sich auf alle Fälle um ein solches handelt, das Johannes und seiner ersten Leser- und Hörerschaft als gegenwärtige Erfahrung vertraut und also auf ihrer Zeitebene zu Hause ist. Als Grund des Ausschlusses gilt Jesus als Gesalbten, als Messias zu bekennen.«

In diesem Zusammenhang ist dann auch klar, dass das Hinausstoßen V 34 keinen »Hinauswurf« beliebiger Art meint, sondern den oben angesprochenen Ausschluss aus dem Synagogenverband.

Nach Überlegungen zum Glauben bzw. Unglauben des Volkes heißt es Joh 12,42 über die Oberschicht:

Doch auch von den Oberen glaubten viele an ihn; aber um der Pharisäer willen bekannten sie es nicht, um nicht aus der Synagoge ausgestoßen zu werden.

»Diese Aussage ist für die Zeit vor 70 n. Chr. unvorstellbar, in der die Pharisäer eine Gruppe unter anderen waren, aber keineswegs über die ihnen hier zugeschriebene Macht verfügten. Die Aussage von 12,42 wird aber verstehbar, wenn sich in ihr Erfahrungen zur Zeit der Abfassung des Evangeliums widerspiegeln: Die Gemeinde hatte Sympathisanten in der Führungsschicht, die aber aus Furcht vor den Folgen ein offenes Bekenntnis unterließen und sich lieber bedeckt hielten. Für sich selbst ›glauben‹ sie zwar, aber sie ›bekennen‹ nicht, machen ihren Glauben nicht öffentlich.« (Wengst 2004, 27)

Im Zusammenhang seiner Abschiedsreden kündigt Jesus seinen Jüngern den Synagogenausschluss schließlich als ihr zukünftiges Schicksal an (Joh 16,2): »Sie werden euch aus der Synagoge ausstoßen.«

»Hier ist nun ganz deutlich, dass es bei dem Ausschluss aus der Synagoge nicht um eine Maßnahme zur Zeit Jesu geht, sondern dass die nachösterliche Zeit im Blick ist. [Die Aussage Jesu gilt für seine Jünger nur in dem Sinne, dass in ihnen die Hörer/innen des Evangeliums angesprochen sind, denn bei dem angekündigten Synagogenausschluss handelt es sich] nicht um ein für die Gemeinde längst vergangenes und sie nicht mehr berührendes Problem [...]. Es ist vielmehr bedrängende Erfahrung ihrer Gegenwart; und weil sie diese Erfahrung macht, lässt sie Johannes von Jesus vorausgesagt sein, um sie aushalten zu können«. (ebd., 27)

Wengst sieht das Evangelium verfasst in der Situation nach dem Jahr 70 n. Chr. Nach dem jüdischen Krieg ist das Land von den Römern besiegt, Jerusalem ist zerstört. Noch vor der Zerstörung konnte der pharisäische Lehrer Jochanan ben Sakkaj aus der Stadt geschmuggelt werden und erhielt vom römischen Feldherrn Vespasian die Erlaubnis, in Javne ein Lehrhaus zu gründen. Auf dieser Basis etablierte sich dann das Judentum als primär pharisäisch geprägt, weil die anderen Gruppen ihre soziale Basis verloren hatten. Doch gab es beim Versuch, die unterschiedlichen

Gruppen zu integrieren, Widerstände, denn es gab »auch integrationsunwillige und integrationsunfähige Gruppen, nämlich solche, die einen exklusiven Anspruch vertraten und ihn für alle verbindlich machen wollten, den aber die Mehrheit nicht zu teilen vermochte. Zu diesen Gruppen gehörten auch diejenigen jüdischen Menschen, die Jesus für den Messias hielten und darauf aus waren, dass alle anderen sich diesem Glauben anschlössen, und für den Fall, dass sie es nicht täten, mit dem Gericht Gottes drohten.« (Wengst 2004, 29) Von daher lässt sich gerade das Johannesevangelium an jeder Stelle als Streit darum lesen, ob Jesus der Messias des Judentums ist. Aus der Sicht des Mehrheitsjudentums waren die Christen Ketzer. »Das hatte zur Folge, dass die Abweichenden sich religiöser Diskriminierung, sozialer Isolierung und wirtschaftlicher Boykottierung ausgesetzt fanden. Solche Erfahrungen dürften im Blick sein, wenn im Johannesevangelium vom Synagogenausschluss gesprochen wird. Aus der Sicht der Betroffenen sind es bittere Erfahrungen, die ihre Lebensmöglichkeiten stark beeinträchtigten.« (ebd., 29f) Von daher kommt Wengst zu dem Fazit:

> »Die theologische Gegenargumentation und die Erfahrungen sozialer Isolierung und ökonomischer Gefährdung haben offenbar dazu geführt, dass Glieder der [johanneischen christlichen] Gemeinde sich von ihr abwandten und den Weg zurück zur Mehrheit[sposition des Judentums] einschlugen (vgl. 6,66; 8,31). In solcher Situation schreibt Johannes sein Evangelium. Er will zum Bleiben veranlassen und die Gebliebenen dessen vergewissern, ›dass Jesus der Gesalbte ist, der Sohn Gottes‹ (20,31).« (ebd., 30)

Der Prozess, der sich im Rahmen der Entwicklung des Christentums von einer innerjüdischen Gruppierung zu einem eigenständigen Gegenüber verfolgen lässt, ist – was seine innere Dynamik angeht – so singulär nicht. Auch in moderner Zeit ist zu beobachten: aus Prinzipientreue wird Starrsinn, aus Diskussionen werden Versuche der Denunziation. Wir möchten zum Verständnis dieser Entwicklungen deshalb einige Beobachtungen zum Heterostereotyp anführen. So vergleicht Peter R. Hofstätter den amerikanischen Heterostereotyp über das russische Volk zwischen der Zeit der gemeinsamen Kriegsgegnerschaft gegen Nazideutschland 1942 mit demjenigen zu Beginn des kalten Krieges 1948 (1970, 107):

	Eigenschaft	1942	1948
1.	Sehr arbeitsam	61	49
2.	Intelligent	16	12
3.	Praktisch veranlagt	18	13
4.	Eitel	3	28
6.	Grausam	9	50
8.	Tapfer	48	28
11.	Fortschrittlich	24	15

3. Ein Versuch, dem Evangelisten über die Schulter zu schauen

»Meinst Du wirklich, dass Jesus der versprochene Messias war?« Die Frage bohrt sich verletzend ins Ohr und ins Herz von Johannes. »Wenn jetzt schon dein Sohn solche Fragen stellt«, denkt er. »Warum fragst Du?«, gibt er zur Antwort. Doch er ahnt, was hinter dieser Frage steht. Zuviel war passiert in den letzten Jahren. Der Aufstand gegen die Römer, die Jahre des Bürgerkrieges, all das hatte seine Spuren hinterlassen. Es war nicht nur ein Aufstand gegen die jüdische Besatzung gewesen. Da hätten wohl die meisten mitgemacht, wenn Aussicht auf Erfolg gewesen wäre. Aber es war alles viel komplizierter gewesen und deshalb auch viel schlimmer. »Wohl die allermeisten Juden waren sicher gewesen, dass Gott auf ihrer Seite steht, wenn es gegen die gottlosen Römer geht. Doch jeder Misserfolg nährte die Vermutung, dass bestimmte jüdische Gruppen durch ihr Verhalten Gottes Eingreifen hinauszögerten. Die einen wollten nicht wirklich mit den Römern brechen, weil sie das Unheil voraussahen. Die anderen meinten, die Gebote der Thora würden nicht konsequent genug befolgt. Und uns warfen sie vor, dass wir durch den Glauben an unseren Messias Jesus eine Sonderrolle spielen, die Gott nicht gefällt.« Johannes Sohn spürt, dass sein Vater es nicht lassen kann, immer wieder von diesen Kriegsereignissen zu erzählen. »Weißt Du, erst war es Gegnerschaft, aber als dann der Krieg da war, als es Tote gab, die totale Niederlage und die Zerstörung Jerusalems immer wahrscheinlicher wurde, da gab es richtige Feindschaft, weil man den anderen Gruppen die Schuld zuwies. Wir Christen haben zwar versucht, uns da möglichst heraus zu halten. Aber wenn das Land als Ganzes leidet, dann kann keiner dieser Situation wirklich entkommen. Die Gräben von damals haben sich eher noch verschärft.« Doch da stellt der Sohn dann doch die Frage, auf die alles hinauszulaufen scheint: »Aber was hat denn das alles mit Jesus zu tun?« »So einfach ist das nicht«, meint da Johannes. »Was damals wirklich war, können wir heute wohl gar nicht mehr verstehen. Wir müssen heute zeigen, dass dieser Jesus Gottes Sohn ist, der erwartete Messias Israels. Und unseren heutigen Gegnern müssen wir einen Spiegel vorhalten. Die, die sich heute für die einzig wirklichen Juden halten, sollen erkennen, dass bereits ihre Väter die Gegenspieler Jesu waren.« »Stimmt das denn?«, will da der Sohn wissen. »Weißt du, es interessiert uns heute nicht in erster Linie, was damals ›wirklich‹ war, wie du vielleicht sagen würdest. Wichtiger ist, dass sich die heutigen Leser in der Geschichte erkennen. Wenn sie lesen, wie sich die Leute zu Jesus Christus verhalten haben, dann müssen sie wissen, dass sie selbst sich entscheiden müssen, ob sie bei Jesus bleiben wollen oder in der Synagogengemeinde. Spätestens seit dem Tag, an dem sie die Christen aus der Synagoge gejagt haben, weiß jeder woran er ist.« »Du willst also deinen Lesern klarmachen, dass sie sich zwischen Jesus Christus und der Synagogengemeinde entscheiden müssen. Und so erzählst du dann auch die Geschichten?« lässt sich der Sohn versichern. »Ja, so schreibe ich das Evangelium«, bestätigt Johannes.

12. Die Passion (Johannes 19): Die Darstellung Jesu

12.1 Exegetische Sachinformationen

Wie wird Christus im Passionsbericht des vierten Evangeliums dargestellt? In keinem anderen Evangelium gehen die Meinungen der Exeget/innen zu dieser Frage derart weit auseinander wie im Johannesevangelium. Wir gehen an dieser Stelle nur auf zwei Positionen ein.

1. Udo Schnelle sieht in der Passionserzählung die *Niedrigkeit* des leidenden Gottessohnes betont. Schnelle verweist hier insbesondere auf Joh 18,33.36. In diesen Versen wird der johanneische Christus als das wahre Passalamm charakterisiert, dem kein Knochen gebrochen werden durfte. Nach Schnelle besteht eine Klammer zwischen diesen Versen und der Bezeichnung Jesu als »Lamm Gottes« in Joh 1,29.36. Jesus ist demnach das Lamm, »das die Sünde der Welt trägt«. Sein Tod wird als stellvertretender Sühnetod charakterisiert (Schnelle 2004, 308f).
2. Dieser Auffassung von Schnelle haben Jürgen Becker und Ulrich Müller widersprochen. Die Heilsbedeutung des Todes Christi (als Sühne für die Sünden) ist ihrer Meinung nach gar nicht von Interesse. Die Passion Jesu ist vielmehr konsequent in den Rahmen der johanneischen Sendungschristologie einzuzeichnen:

   »Den Stellenwert, den Jesu Tod in der johanneischen Christologie innehat, erkennt man nur dann, wenn man ihn im Rahmen der Gesandtenvorstellung deutet, mit deren Hilfe der Evangelist den christologischen Erlösungsvorgang beschreibt.« Der johanneische Christus muss nach der Erfüllung seines Auftrags »die Welt verlassen, wobei alles darauf ankommt, dass er die Welt siegreich verlässt, um alle Glaubenden zu sich ziehen zu können (12,32). Wie also seine Geburt Durchgang als Kommen in die Welt ist, so ist sein Tod Durchgang als Verlassen der Welt. Sein Tod erscheint deshalb als Hingehen zum Vater, zu dem, der ihn gesandt hat (7,33; 8,14.21f; 13,3.33.36; 14,4f.28; 16,5.10.17). (…) Er steht unter dem Vorzeichen der Verherrlichung Jesu (3,14; 12,31f). (Müller 1990, 72f)

Während Schnelle also die *Niedrigkeit* des leidenden Gottessohnes herausstellt, betonen Becker und Müller, dass der johanneische Christus *unangefochten* und *siegreich* zum Vater zurückkehrt.

12.2 Didaktische Überlegungen

U.E. eröffnet die sehr kontrovers geführte exegetische Diskussion spezifische Lernchancen im Blick auf die Auseinandersetzung mit dem Passionsgeschehen. Die erste Auslegung (Schnelle) rückt das Johannesevangelium in eine größere Nähe zu den synoptischen Passionsdarstellungen und dem paulinischen Verständnis des Todes Jesu »für uns«. Während diese Art der soteriologischen Qualifizierung des Kreuzestodes (als stellvertretender Sühnetod) für Jugendliche nur schwer nachvollziehbar ist, wird die Betonung des Leidens Jesu am Kreuz ihrem Verständnis der Kreuzigung wahrscheinlich entgegen kommen. Die monumentale Verfilmung von Mel Gibson hat gerade diesen Aspekt in jüngster Vergangenheit in den Vordergrund gerückt. Dieses Leiden hat für Jugendliche durchaus etwas Anstößiges, insbesondere, wenn die Frage gestellt wird, warum Gott seinem Sohn so etwas antut. Hier stellt sich – auch aus der Perspektive der Jugendlichen – die Frage der Konnotierung des Passionsgeschehens: Handelt es sich um einen menschlichen Verrat, kombiniert mit einem Justizirrtum, oder um die Umsetzung eines göttlichen Planes (zum Heil der Menschen)?

Die zweite Auslegung (Becker, Müller) konfrontiert die Jugendlichen wahrscheinlich mit einer ihnen bisher unbekannten Lesart des Passionsgeschehens: Das »Theater« um ihn herum tangiert den johanneischen Christus letztlich nicht. Souverän inszeniert er seine Rückkehr zum Vater. Denn sein Auftrag ist erfüllt (Joh 19,30). Er ist nunmehr der Garant für die postmortale Zukunft der Glaubenden, insofern er sie zu sich ziehen kann. Die schwierigen Aspekte des Leidens, der Sühne und der Niedrigkeit verlieren an Bedeutung. Diese Lesart der johanneischen Passion im Kontext der Sendungschristologie könnte für Jugendliche insofern eine ansprechende Deutungsalternative darstellen.

Gemäß unserem Ansatz wollen wir die Jugendlichen mit beiden Lesarten der johanneischen Passion konfrontieren. Hilfreich erscheint uns dabei die Fokussierung auf zwei christologische Titel, mit denen die Jugendlichen auch ohne Kenntnis der jeweiligen Motivgeschichte etwas assoziieren können: Lamm und König. Fragt man, wie die so unterschiedlichen Auslegungen zustande kommen, so fällt auf, dass die Passionsschilderung in Joh 19,16–37 mit unterschiedlichen weiteren Texten aus dem Johannesevangelium unterlegt wird. Dieses (intertextuelle) Vorgehen scheint uns auch geeignet für die Auseinandersetzung der Jugendlichen mit dem Text. Die beiden dargestellten Positionen sind außerdem methodisch über das reichhaltige Bildprogramm zur Passion gut einzufangen. Während der Isenheimer Altar den johanneischen Christus als leidendes Lamm Gottes ins Bild setzt, stellt die romanische Kunst den Gekreuzigten in seiner göttlichen Unberührtheit dar.

12.3 Materialien und Impulse für den Unterricht

12.3.1 Das Ende des Judas

Wir steigen – vielleicht überraschend – nicht mit der Passion Christi, sondern mit dem Tod des Judas ein. Johannes schildert den Verrat in Joh 13,21–30. Jesus kündigt an, demjenigen den Bissen Brot zu geben, der ihn verraten wird.

> *Darauf taucht er den Bissen ein, nimmt ihn und gibt ihn dem Judas, dem Sohn des Simon Ischarioth. Und nach dem Bissen, da fuhr der Satan in ihn. Jesus sagt nun zu ihm: Was du tun willst, das tue bald! (Joh 19,26f)*

Der kurze Text ist hinsichtlich der Frage, ob Judas bei seinem Verrat aus eigenem Antrieb handelt oder ob er ein Werkzeug in Gottes oder des Satans Plan ist, offen. Der Text kann ergänzt werden durch ein Bild, das die allgemein-christliche Tradition vom Selbstmord des Judas aufnimmt (nach Mt 27,3–9). Geeignet ist z.B. die Abbildung auf einem Elfenbeinkästchen aus den 20er Jahren des 5. Jahrhunderts (s.u.). Es ergänzt die früheste bekannte Kreuzigungsdarstellung durch den Tod des Judas: »Die Kreuzigung steht dem Bild des hoffnungslosen Todes des Judas gegenüber, dem Verzweiflungstod des Verräters, der sich am Baum erhängte, während der Geldbeutel ausgeschüttet zu seinen Füßen liegt. »(Ristow 1983, 691)

Hier lässt sich diskutieren: Ist Judas Täter oder (auch) Opfer? Die mehrfachen Verweise im johanneischen Passionsbericht, nach denen etwas geschieht, »damit die Schrift erfüllt würde« (Joh 19,24.36f), können vor dem Hintergrund dieser Fragestellung thematisiert werden.

Impulse:
- Lest Joh 19,26f. Beachtet die Darstellung des Judas.
- Judas – Täter oder Opfer?
- Betrachtet das Bild. Wie endet das Leben des Judas?
- Schreibt einen Abschiedsbrief, in dem Judas zu seinem Verrat an Jesus und seinem Selbstmord Stellung bezieht.

12.3.2 Der Tod Jesu

Damit die Jugendlichen die unterschiedlichen Deutungen des Todes Jesu anhand der johanneischen Texte selbst entdecken können, empfiehlt es sich, zwei Textblätter zu erstellen, auf denen – nach talmudischem Prinzip – im Zentrum jeweils die johanneische Passionsdarstellung nach Joh 19,16ff zu finden ist, an den Rändern weitere Texte, die für die jeweilige Auslegung einschlägig sind (s.u.). Die beiden Deutungen des Passionsgeschehens können auch in arbeitsteiligen Gruppen erarbeitet werden. Im anschließenden Plenum würde dann deutlich, dass sich ein und derselbe Text sehr unterschiedlich liest – je nachdem, welche Bezugstexte und -vorstellungen man heranzieht.

12.3.2.1 Das Lamm (Gruppe 1)

Wir steigen ein mit der Passionsdarstellung des Isenheimer Altars. Es dürfte sich dabei um eine der berühmtesten bildnerischen Darstellungen in der Kunst handeln.

Hier tritt uns ein Versuch entgegen, der sich eindeutig an der johanneischen Deutung der Kreuzigung Jesu orientiert. Wir werden dabei sehen, dass Grünewald gewissermaßen noch johanneischer ist als das Evangelium. Damit wollen wir sagen, dass die Verdichtung, die Johannes in seinem Evangelium vornimmt, hier noch weiter geführt wird. Johannes schildert zwar die Kreuzigung Jesu zwischen zwei anderen Verurteilten. Die Umgebung des Geschehens kann nach Joh 19,20 von der Stadt aus den Titulus des Gekreuzigten wahrnehmen. Doch nach dem Blick auf die Soldaten, die um Jesu Kleider würfeln, erleben wir eine intime Szene zwischen Jesus und den ihm Nahestehenden, die völlig von all diesen Umgebenden abstrahiert. Wie mit einem Zoom konzentriert sich das Bild auf eine Nahaufnahme. Diesem Mechanismus des Evangelisten begegnen wir auch in dem Bild Grünewalds.

Methodisch erscheint es sinnvoll, die Schüler/innen zu bitten, das Geschehen von Joh 19,16b-30 in einem Bild – am besten auf Folie – fest zu halten. Dabei ist interessant, was die Schüler/innen aus dem Textbestand übernehmen, was sie weglassen und was sie aus der Erinnerung an synoptische Darstellungen oder aus Bildern in ihre Zeichnung eintragen. Diese Vorübung ist enorm hilfreich bei der Betrachtung eines Bildes, das viele Schüler/innen »irgendwoher« kennen. Wenn sie sich auf ihr eigenes Bildprogramm festgelegt haben, wird das Besondere und Andere der Grünewald-Darstellung erst richtig erkannt.

Impulse:
- Lest Joh 19,16b-30 und haltet das Geschehen auf einem Bild (Folie) fest.
- Tauscht eure Bilder mit dem/der Tischnachbar/in aus und vergleicht das Bild mit dem Bibeltext. Was fehlt, was ist hinzugefügt worden?
- Besprecht die Ergebnisse untereinander. Befragt eure/n Nachbar/in, wie es zu den Abweichungen gegenüber dem Text gekommen ist.

Folgt man der obigen Vorgabe, dann wird deutlich werden, dass von den im Text genannten vier Frauen nur zwei im Bild erscheinen, Maria, die Mutter Jesu und Maria von Magdala. Letztere ist am neben ihr stehenden Salbtopf erkennbar, da die Tradition Maria Magdalena mit der Salbenden identifizierte. Es fehlen auch die Soldaten, so dass die linke Seite des Bildes fast wie eine Beerdigungsszene wirkt, bei der die Trauernden Abschied von dem Verstorbenen nehmen. Jesus selbst ist auf dem Bild bereits verschieden. Es ist ein leidender gotischer, kein triumphaler romanischer Christus. Anachronistisch erscheint der zum Zeitpunkt der Hinrichtung Jesu bereits selbst getötete Johannes der Täufer in der rechten Seite des Bildes mit dem Eintrag auf Latein (Joh 3,30): »Dieser muss wachsen, ich aber muss abnehmen«. Gleichzeitig ist ein weiteres Täuferwort im wahrsten Sinne des Wortes ins Bild gesetzt, nämlich Joh 1,29: »Siehe das ist Gottes Lamm, welches der Welt Sünde trägt«. Dabei fließt das Blut des Lammes in den Kelch, was auf den Kelch des Abendmahls verweist. Mit dem Lamm zeichnet Grünewald natürlich auch die Sünden vergebende Heilstat Christi am Kreuz ein. Das ist insofern aus johanneischer Perspektive sachgemäß, als das vierte Evangelium die Bezeichnung Jesu als Lamm (Joh 1,29.36) mit der Vorstellung des stellvertretenden Sühnetodes verknüpft.

Anschließend können sich die Schüler/innen die im Bild implizierte theologische Deutung anhand eines Textblattes weiter erschließen. Die Abweichungen der bildlichen Darstellungen gegenüber dem johanneischen Text in Kap. 19 lassen sich durch die Berücksichtigung der angeführten weiteren Texte erklären und interpretieren.

Matthias Grünewald, Isenheimer Altar (Ausschnitt), 1506–1515, Musée d'Unterlinden, Colmar

Impulse:

- Betrachtet das Bild von Grünewald. Was hat er gegenüber dem biblischen Text verändert, was hat er aufgenommen?
- Warum hat der Künstler diese Veränderungen vorgenommen? Dazu ein Tipp: Er hat andere Textstellen aus dem Johannesevangelium und der Bibel hinzugezogen, um das Passionsgeschehen zu deuten. Nimm dazu das Textblatt zu Hilfe.

Textblatt: Das Lamm

Am folgenden Tag sieht er [Johannes der Täufer] Jesus auf sich zukommen und sagt: »Siehe, das Lamm Gottes, das die Sünde der Welt hinwegnimmt!« (Joh 1,29)

Aus dem Passagesetz: Im zweiten Monat, am vierzehnten Tage, um die Abendzeit, sollen sie es [das Passafest] halten; mit ungesäuertem Brot und bitteren Kräutern sollen sie es [das Passalamm] essen. Und sie sollen davon auch nichts übrig lassen bis zum Morgen, auch keinen Knochen daran zerbrechen; genau nach der Satzung des Passa sollen sie es halten. (4. Mose 9,11f)

Joh 19

[16]Sie nahmen nun Jesus. [17]Und indem er sein Kreuz selber trug, kam er hinaus auf den Platz, welcher »Schädel« genannt wird, was auf hebräisch Golgotha heißt. [18]Und dort kreuzigten sie ihn und zwei andere mit ihm zu beiden Seiten, Jesus aber in der Mitte. [19]Pilatus ließ aber auch eine Aufschrift schreiben und auf das Kreuz setzen. Und zwar war geschrieben: Jesus der Nazaräer, der König der Juden. …

[28]Da Jesus wusste, dass nunmehr alles vollbracht war, sagte er weiter, damit die Schrift vollständig erfüllt würde: Mich dürstet. [29]Ein Gefäß voll Essig stand da. Sie steckten nun einen mit Essig gefüllten Schwamm auf einen Ysopstängel und hielten ihm den an den Mund. [30]Als Jesus nun den Essig genommen hatte, sprach er: Es ist vollbracht, und neigte das Haupt und starb. [31]Weil es nun Rüsttag war, richteten die Juden, damit die Leiber nicht über den Sabbat am Kreuze blieben – jener Sabbattag war nämlich ein großer – an Pilatus die Bitte, dass ihnen die Schenkel zerschlagen und sie herab genommen würden. [32]So kamen denn die Soldaten, und dem ersten zerschlugen sie die Schenkel und [ebenso] dem andern, der mit ihm gekreuzigt worden war. [33]Als sie aber an Jesus kamen, zerschlugen sie ihm die Schenkel nicht, da sie sahen, dass er schon gestorben war, [34]sondern einer der Soldaten stach ihn mit einer Lanze in die Seite, und alsbald kam Blut und Wasser heraus. [35]Und der es gesehen hat, der hat es bezeugt, und sein Zeugnis ist wahr; und jener weiß, dass er Wahres sagt, damit ihr glaubt. [36]Denn dies ist geschehen, damit das Schriftwort erfüllt würde: »Kein Knochen an ihm soll zerbrochen werden.« [37]Und ein anderes Schriftwort sagt: »Sie werden hinschauen auf den, welchen sie durchbohrt haben.«

Der Knecht des Herrn »hatte weder Gestalt noch Schönheit, dass wir nach ihm geschaut, kein Ansehen, dass er uns gefallen hätte. Verachtet war er und verlassen von Menschen, ein Mann der Schmerzen und vertraut mit Krankheit, wie einer, vor dem man das Antlitz verhüllt; so verachtet, dass er uns nichts galt. Doch wahrlich, unsere Krankheiten hat er getragen und unsere Schmerzen auf sich geladen; wir aber dachten, er sei gestraft, von Gott geschlagen und geplagt. Und er war doch durchbohrt um unserer Sünden, zerschlagen um unserer Verschuldungen willen; die Strafe lag auf ihm zu unserem Heil, und durch seine Wunden sind wir genesen. Wir alle irrten umher wie Schafe, wir gingen jeder seinen eigenen Weg; ihn aber ließ der Herr treffen unser aller Schuld. Er wurde misshandelt und beugte sich und tat seinen Mund nicht auf wie ein Lamm, das zur Schlachtbank geführt wird, und wie ein Schaf, das vor seinen Scherern verstummt.« (Jes 53,2–7)

12.3.2.2 Der gesandte König (Gruppe 2)

Die Charakterisierung des johanneischen Christus als eines souveränen Königs erfolgt am deutlichsten bei der Schilderung des Einzugs in Jerusalem (Joh 12,12–19). Im biblischen Duktus bildet der Einzug in Jerusalem in gewisser Weise den Auftakt der Passionsgeschichte. Trotz der Todesdrohung seiner Gegner erlebt Jesus hier einen triumphalen Einzug in Jerusalem.

Gegenüber Markus fügt Johannes ein zusätzliches Sacharjazitat (V 15 vgl. Sach 9,9) ein. Mit dieser Anspielung auf den Messias erweisen sich die jubelnden Akklamant/innen offenbar den Jüngern gegenüber als überlegen, denen diese Einsicht der Messianität Jesu erst nach Ostern zuteil wird. Der Hinweis auf den messianischen König findet nun aber seinen konkretesten Ausdruck darin, dass Johannes den Einzug Jesu nach dem Vorbild des hellenistisch-römischen Brauches des *Adventus* gestaltet: »Die ›zahlreiche Menge‹ sind bereits in der Hauptstadt anwesende Festpilger (Synoptiker: auf dem Weg dahin), die Jesus entgegengehen. Diese Differenz zu den Synoptikern ist erster konstituierender Hinweis auf die Typik der Einholung eines Königs« (Becker 1991, 443). Wie sehr hier der Evangelist Jesu Einzug in das bekannte Schema vom herrscherlichen Adventus eingezeichnet hat, zeigt das Bild vom sieghaften Einzug des römischen Kaisers auf dem Galeriusbogen in Thessaloniki.

Dagmar Stutzinger (1983, 287) gibt eine gute Charakterisierung dessen, was man in der Antike mit einem Adventus (griech. *parousía*) verband:

> »Der Hergang einer *parousía* war immer derselbe. Es wird von Staats wegen beschlossen, den Ankommenden in einer *apántesis* [=Entgegenziehen] einzuholen. Das heißt, ihm bis vor die Tore der Stadt entgegenzugehen. Dafür wird die gesamte Bevölkerung mobilisiert; nicht nur der Stadtrat und die Amtspersonen, auch die Angehörigen verschiedener Institutionen, die Schulkinder, Frauen, Mädchen und Kinder nehmen an dem Empfang teil, vor allem aber Priester und Priesterinnen, die bei der Ankunft des Herrschers den Göttern Opfer darbringen. Auch akklamierende Zurufe, Gesang, weiße Kleider, späterhin auch Fackel- und Kerzenlicht gehören zum Zeremoniell eines *Adventus*. Dieses Zeremoniell hat sich in den Grundlagen bis in die Spätantike hinein nicht geändert, höchstens neue Ausgestaltungen erfahren.«

Gemeinhin verbindet sich mit der Herrscherakklamation die Hoffung auf Frieden. Für die jubelnde Menge in der johanneischen Schilderung verbindet sich die Erwartung – in Anknüpfung an die vorherige Erweckung des Lazarus – mit der Hoffnung auf die Besiegung des Todes, so auch Augustinus in seiner Auslegung der Stelle (ebd., 295). D.h. auch, dass Jesus zwar seiner Passion entgegen geht, dass diese aber der eigentliche Weg zu seiner Erhöhung darstellt.

Mit Hilfe dieser Angaben und dem Bild könnte man in der Klasse die johanneische Darstellung des Adventus als Standbild nachstellen.

Adventus (Einzug) des Kaisers, Detail des Galeriusbogens, Thessaloniki

Impulse:
- Informiert euch anhand des Textes und des Bildes über den hellenistisch-römischen Brauch des herrscherlichen Adventus.
- Lest Joh 12,12–19. Stellt die Szene als Standbild nach.
- Schreibt einen Zeitungsartikel, in dem ihr vom Adventus Christi in Jerusalem berichtet. Erklärt den Leser/innen auch die Bedeutung dieses Brauches.

Die Kreuzigung Jesu

Durch ein weiteres Textblatt, auf dem der Passionsschilderung die entsprechenden einschlägigen Texte an die Seite gestellt sind, lässt sich diese Atmosphäre des Königlichen, Souveränen, auf die Kreuzigung (als Erhöhung) übertragen. Wichtig ist hier auch die deutlich andere Erlösungsvorstellung: Der johanneische Christus rettet die Glaubenden demnach nicht dadurch, dass er ihre Sünden auf sich nimmt, sondern dadurch, dass er sich zurück in den Himmel begibt, von wo aus er »alle zu sich ziehen kann« (Joh 12,32).

In romanischen Kreuzigungsdarstellungen ist diese Lesart bildlich festgehalten. Wir kommen nun zurück auf die im Zusammenhang des Todes von Judas erwähnte Abbildung auf einem Elfenbeinkästchen. Günter Ristow erläutert das Bild:

> »Die Kreuzigung steht dem Bild des hoffnungslosen Todes des Judas gegenüber, dem Verzweiflungstod des Verräters, der sich am Baum erhängte, während der Geldbeutel ausgeschüttet zu seinen Füßen liegt. Das frühchristliche Kreuzigungsbild kennt nicht den Leidenden oder Sterbenden am Kreuz. Der Gekreuzigte ist der Heiland, der als Gott am Kreuz sein Erlösungswerk verkörpert und in göttlicher Unberührtheit vollendet. Er steht aufrecht vor dem Kreuz, zwar mit Nägeln in Händen und Füßen, jedoch nicht hängend, sondern mit erhobenem Haupt und durch den Tod hindurchblickenden Augen als der mächtige Sieger über den Tod […]. Er ist der ›König der Juden‹, wie es die Tabula nach den Evangelisten […] aussagt, der am Kreuz erhöht wird.« (1983, 366)

Dieses Bild lässt sich ohne Schwierigkeiten rückbeziehen auf die obige, im Anschluss an Müller formulierte Aussage, nach der der gekreuzigte Christus bei Johannes der Garant einer postmortalen Zukunft für die Glaubenden ist. Dies zeigt nicht zuletzt das Kontrastbild des im Tode endgültig gescheiterten und verlorenen Judas. Die romanische Kunst folgt diesem johanneischen Passionsbild, das dann erst im Spätmittelalter durch die gotische Darstellung als leidender Christus abgelöst wird.

Das gewählte Bildprogramm kann – in Überleitung zum folgenden Kapitel – unmittelbar verdeutlichen, dass bei der Betonung der Souveränität und Unantastbarkeit des Gekreuzigten Kreuzigung und Auferweckung mehr oder weniger zusammenfallen, während sie bei der Betonung der Niedrigkeit einen deutlichen Kontrast bilden (vgl. Isenheimer Altar!).

Kreuzigungsszene auf einem Elfenbeinkasten, 5. Jahrhundert

Impulse:
- Lies das folgende Textblatt. Überlege, wie die Kreuzigung Jesu dargestellt werden könnte, um zu verdeutlichen, dass hier ein souveräner König zum Vater zurückkehrt.
- Inwiefern sind Kreuz und Auferstehung hier die Voraussetzung dafür, dass die Menschen gerettet werden?
- Betrachte anschließend die romanische Kreuzigungsdarstellung. Wie wird Jesus Christus hier dargestellt?
- Gib dem Bild einen Titel.

Textblatt: Der König

Als am folgenden Tag das Volk, das zahlreich zum Fest gekommen war, hörte, dass Jesus nach Jerusalem komme, nahmen sie die Palmzweige und zogen hinaus, ihm entgegen, und riefen: »Hosianna! Gepriesen sei, der da kommt im Namen des Herrn und der der König Israels ist!« Jesus aber fand einen jungen Esel und setzte sich darauf, wie geschrieben steht: »Fürchte dich nicht, Tochter Zion! Siehe, dein König kommt, sitzend auf dem Füllen einer Eselin. Dies verstanden seine Jünger zuerst nicht; aber als Jesus verherrlicht war, da erinnerten sie sich, dass dies über ihn geschrieben stand … (Joh 12,12–16)	Joh 19 16 Sie nahmen nun Jesus. 17 Und indem er sein Kreuz selber trug, kam er hinaus auf den Platz, welcher »Schädel« genannt wird, was auf hebräisch Golgotha heißt. 18 Und dort kreuzigten sie ihn und zwei andere mit ihm zu beiden Seiten, Jesus aber in der Mitte. 19 Pilatus ließ aber auch eine Aufschrift schreiben und auf das Kreuz setzen. Und zwar war geschrieben: Jesus der Nazaräer, der König der Juden. … 28 Da Jesus wusste, dass nunmehr alles vollbracht war, sagte er weiter, damit die Schrift vollständig erfüllt würde: Mich dürstet. 29 Ein Gefäß voll Essig stand da. Sie steckten nun einen mit Essig gefüllten Schwamm auf einen Ysopstengel und hielten ihm den an den Mund. 30 Als Jesus nun den Essig genommen hatte, sprach er: Es ist vollbracht, und neigte das Haupt und starb. 31 Weil es nun Rüsttag war, richteten die Juden, damit die Leiber nicht über den Sabbat am Kreuze blieben – jener Sabbattag war nämlich ein großer – an Pilatus die Bitte, dass ihnen die Schenkel zerschlagen und sie herab genommen würden. 32 So kamen denn die Soldaten, und dem ersten zerschlugen sie die Schenkel und [ebenso] dem andern, der mit ihm gekreuzigt worden war. 33 Als sie aber an Jesus kamen, zerschlugen sie ihm die Schenkel nicht, da sie sahen, dass er schon gestorben war, 34 sondern einer der Soldaten stach ihn mit einer Lanze in die Seite, und alsbald kam Blut und Wasser heraus. 35 Und der es gesehen hat, der hat es bezeugt, und sein Zeugnis ist wahr; und jener weiß, dass er Wahres sagt, damit ihr glaubt. 36 Denn dies ist geschehen, damit das Schriftwort erfüllt würde: »Kein Knochen an ihm soll zerbrochen werden.« 37 Und ein anderes Schriftwort sagt: »Sie werden hinschauen auf den, welchen sie durchbohrt haben.«	Jesus spricht: »Und wenn ich von der Erde erhöht bin, werde ich alle zu mir ziehen.« Dies sagte er aber, um anzudeuten, welches Todes er sterben würde. (Joh 12,32f) »Ich werde nicht mehr vieles mit euch [den Jüngern] reden; denn es kommt der Fürst der Welt [= der Satan]. Aber mir kann er nichts anhaben.« (Joh 14,30) [Der König] Pilatus sagte nun zu ihm: »Also bist du ein König?« Jesus antwortete: »Ja, du sagst es, dass ich ein König bin. Ich bin dazu geboren und in die Welt gekommen, dass ich für die Wahrheit zeuge. Jeder, der aus der Wahrheit ist, hört meine Stimme.« (Joh 18,37)

13. Die Auferstehung (Johannes 20–21): Der Auferstandene zwischen Kontinuität und Diskontinuität zum Irdischen

13.1 Zwischen altem Bekenntnis und Einzelgeschichten

Der Apostel Paulus berichtet im 15. Kapitel des 1 Kor seiner Gemeinde von dem Auferstehungszeugnis, das er, wie er 1 Kor 15,3 schreibt, selbst auch »empfangen« hat:

> *Dass Christus gestorben ist für unsere Sünden nach der Schrift; und dass er begraben worden ist; und dass er auferstanden ist am dritten Tage nach der Schrift; und dass er gesehen worden ist von Kephas, danach von den Zwölfen.*
> *Danach ist er gesehen worden von mehr als fünfhundert Brüdern auf einmal, von denen die meisten noch heute leben, einige aber sind entschlafen. Danach ist er gesehen worden von Jakobus, danach von allen Aposteln.*

Dabei gilt der erste Satz als kerygmatische Formel, die bereits Paulus als geprägtes Bekenntnis angetroffen hat, wohingegen der zweite Satz wohl eher von Paulus formuliert sein dürfte (Grass 1956, 94f).

Was die Leser/innen der Evangelien nun immer wieder irritiert, ist die Tatsache, dass es nicht leicht fällt, in den Osterberichten der Evangelien die Details dieses Bekenntnisses wieder zu finden. Schon die Priorität der Petrusbegegnung wird eher bemüht in die Einzelerzählungen eingetragen, die Auferstehungserfahrungen der Frauen finden sich dagegen nirgends im Bekenntnis. Dazu differieren die Erscheinungsorte zwischen Jerusalem und Galiläa. Es erscheint als wenig sinnvoll, die einzelnen Geschichten untereinander und mit diesem alten Bekenntnis in Übereinstimmung bringen zu wollen. Es lässt sich zudem zeigen, dass jede einzelne Perikope dann doch eine sehr eigene Erzählabsicht hat. So lassen sich etwa bei Johannes in diesem Zusammenhang Fragestellungen erkennen, denen wir z.T. auch schon früher begegnet sind: Wie ist das mit dem versprochenen Heiligen Geist? Wie steht der hervorgehobene Jünger Petrus zu dem Lieblingsjünger? Wie ist das mit dem Sehen und dem Glauben?

Mit der letzten Frage nähern wir uns auch Fragestellungen heutiger Leser/innen. Gerade Joh macht deutlich, dass die Auferstehung Jesu etwas anderes ist als die Totenerweckung des Lazarus. Bei dessen Rückkehr ins Leben ist schon wieder von seinem möglichen baldigen Tod die Rede. Im Hinblick auf Jesus spricht Lk sogar von dessen Himmelfahrt. Lk ist der einzige, der einen zeitlichen Rahmen vorgegeben hat. Nach ihm (Apg 1,3) ließ der Auferstandene »sich sehen unter ihnen vierzig Tage lang«. Damit gibt er Grund für die Annahme, dass Jesus in dieser Zwischenzeit als Auferstandener auf der Erde lebte, bevor er sich dann in seiner Himmelfahrt ganz von ihr entfernte. Wie wir wissen, folgt das Kirchenjahr mit den Festen Ostern und

Himmelfahrt diesem Muster. Doch bereitet diese Vorstellung in ihrer Konkretheit mehr Schwierigkeiten als der Gedanke einer Auferstehung »in den Himmel«, von wo her Christus sich den Seinen offenbart. Denn einerseits werden Zeichen von Jesu Wiederkehr ins Leben gesetzt wie seine Teilnahme am Essen oder seine Wundmale. Auf der anderen Seite kommt er und verschwindet in einer Weise, die eben gerade nicht mehr »menschlich« erscheint. Diese Problematik ergibt sich bei Lk, aber auch bei Joh, der ihm in seinen Auferstehungsgeschichten in mancher Hinsicht verwandt ist.

13.2 Die johanneischen Geschichten – die Frage der Auswahl

Das JohEv bietet fünf Szenen zu Begegnungen mit dem Auferstandenen. Die beiden ersten sind ineinander geschachtelt. Maria von Magdala kommt zum Grab und trifft dort auf Petrus und den Lieblingsjünger. Diese beiden konkurrieren um die Entdeckung des leeren Grabes. Erst danach setzt sich die Geschichte mit Maria fort anhand der Begegnung mit Jesus. Es folgt in gewisser Parallelität zu Lk 24,36ff das Erscheinen Jesu im Jüngerkreis ohne Thomas. Dem schließt sich eine zweite Begegnung, diesmal mit Thomas, an. Das 21. Kapitel enthält die Rehabilitierung des Petrus, die wir schon im 9. Kapitel besprochen haben. Es ist aber gleichzeitig auch eine Weiterführung der Jüngerrivalität zwischen Petrus und dem Lieblingsjünger, die sich im Wettlauf zum leeren Grab manifestiert. Wir werden uns im Folgenden auf die drei Perikopen konzentrieren, in denen sich der Auferstandene einmal Maria aus Magdala, dann den Jüngern und schließlich dem Thomas zeigt. Wir nehmen davor Bezug auf die Diskussion zur Darstellung des auferstandenen Jesus in der Kunst, und zwar in der Erwartung, dass sich daraus auch Hinweise zur Didaktik des Themas ergeben.

13.3 Die Darstellung der Auferstehung in der bildenden Kunst

Der Religionspädagoge Hubertus Halbfas hat in seinem Religionsbuch für das 4. Schuljahr darüber nachgedacht, welches Bildprogramm denn die Auferstehung Jesu am ehesten fassen könne. Er schreibt dazu (Halbfas 1986, 50):

> »Auferstehung ist kein Zurückkehren ins Erdenleben, sondern ein Auferstehen in das Leben Gottes.
> Kann man das in Bildern zeigen? Wer das Leben Gottes hat, lebt nicht mehr ›im Fleisch‹. Man kann ihn nicht fotografieren. Darum sprechen die Jünger von ›Erscheinungen‹: man erkennt ihn und erkennt ihn doch wieder nicht, man berührt ihn, und er ist doch unberührbar, er ist derselbe und doch ganz anders.
> Über tausend Jahre hindurch wollten die Christen ihren auferstandenen Herrn nicht malen. ›Das geht nicht‹, sagten sie, ›er ist ganz anders‹.«

Halbfas dokumentiert dies anhand einer Entwicklung: Vom romanischen Bild, wo nur der Engel von der Auferstehung spricht, über konkrete Bilder des siegreichen Verlassens des Grabes, über eher spirituell geprägte Kunstwerke bis zur Abstraktion in der Neuzeit.

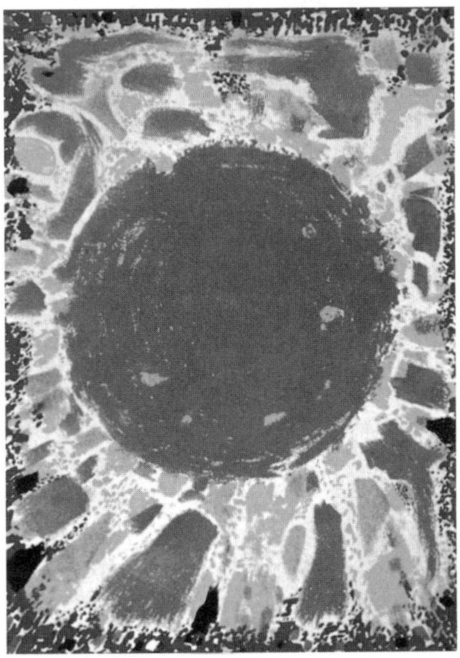

oben links: Der Engel der Auferstehung, Reichenauer Perikopenbuch, um 1000; *oben rechts:* Auferstehung Christi, Evangeliar aus Groß St. Martin, Köln, um 1250; *unten links:* Matthias Grünewald, Isenheimer Altar (Ausschnitt), Die Auferstehung, Musée d'Unterlinden, Colmar; *unten rechts:* Alfred Manessier, Auferstehung, 1949, © 1986. Copyright by A.D.A.G.P., Paris & COSMOPRESS, Genf

Wenn man so will, dann schlagen die Beobachtungen zur bildlichen Darstellung letztlich auch auf den biblischen Text selbst zurück. Sie lassen uns fragen, warum es nicht bei dem Engelshinweis Mk 16,6f geblieben ist, sondern zu expliziten Zeichnungen des Auferstandenen kam. Gilt nicht auch für diese Geschichten, was Günter Lange über die Bilder sagt? »Bilder des auferstandenen Christus können ihn immer nur in irdischen ›nichtverklärten‹ Farben und Formen vorstellen. So fördern sie unwillkürlich das Vorurteil, die Wirklichkeit des Auferstandenen sei mehr oder weniger von der uns gewohnten raum-zeitlichen Konstitution.« (2002, 207)

Es scheint von daher sinnvoll, die von uns ausgewählten Auferstehungsgeschichten besonders auch danach zu befragen, wie weit es ihnen gelingt, das »Schillernde« der Christusgestalt »ins Bild« zu rücken.

13.4 Materialien und Impulse für den Unterricht

13.4.1 Die Autorisierung der Jünger durch den Auferstandenen

Gegen die Reihenfolge des Evangeliums beginnen wir mit der Perikope Joh 20,19–23. Sie entspricht zusammen mit ihrer Parallelstelle Lk 24,36–49 am ehesten der zweiten Erscheinung in dem von Paulus referierten Bekenntnis. Die an erster Stelle genannte Erscheinung vor Petrus findet sich in den Evangelien immer nur indirekt berichtet, z.B. als Nachricht an die Emmausjünger (Lk 24,34) oder in Gestalt des angesprochenen Wettlaufs zum leeren Grab (Joh 20,1–10; Lk 24,12). Den quasi offiziellen Charakter dieser Perikope kann man auch daran erkennen, dass in ihr mit Mission und Sündenvergebung zwei zentrale Funktionen christlicher (hier johanneischer) Gemeinde so angesprochen werden, dass diese unmittelbar vom auferstandenen Christus hergeleitet werden können.

Man kann die Textpassage in zwei Teile teilen. Der erste Teil, den wir hier ausführlicher behandeln wollen, umfasst die VV 19+20:

> *Am Abend aber dieses ersten Tages der Woche, als die Jünger versammelt und die Türen verschlossen waren aus Furcht vor den Juden, kam Jesus und trat mitten unter sie und spricht zu ihnen: Friede sei mit euch! Und als er das gesagt hatte, zeigte er ihnen die Hände und seine Seite. Da wurden die Jünger froh, dass sie den Herrn sahen.*

Becker sieht in dem Eintreten Jesu durch die verschlossene Tür ein »Eintrittswunder« (1991, 735). Wengst betont die Unmöglichkeit einer Spekulation über das Wie eines solchen Geschehens (2001, 290). Entscheidend scheint uns die Differenzerfahrung des Vorher-Nachher vor allem auch in ihrer Auswirkung auf den Gemütszustand der Jünger. Der Friedensgruß Jesu ist einerseits das gebräuchliche »Schalom!«, verweist aber andererseits im Zusammenhang des Evangeliums auf die Verheißung Jesu »Meinen Frieden gebe ich euch« (Joh 14,27) in den Abschiedsreden. Die Wundmale sind Kennzeichen der Identität des Auferstandenen mit dem Gekreuzigten.

Impulse:
- Lies Joh 20,19–23. Der Text beschreibt einen drastischen Gefühlswandel bei den Jüngern. Wodurch wird er ausgelöst?
- Versuche, diese Veränderung in einer Skizze darzustellen. Vergleiche dazu auch Joh 14,27.

Mögliche Lösung:
Das Geschehen lässt sich durch die folgende Skizze gut veranschaulichen:

Türen verschlossen: ***Furcht***	Friede sei mit euch!	Jesus zeigt Hände und Seite: ***Jünger froh***

13.4.2 Die neue Existenz Jesu zwischen Kontinuität und Diskontinuität

Die didaktische, letztlich aber auch theologisch wichtige Frage lautet: Wie ist es möglich, die neue Existenzweise Jesu als Kontinuität *und* Diskontinuität zu seiner irdischen Existenz zum Ausdruck zu bringen? Die dogmatische Diskussion hat es in der paradoxen Formulierung »wahrer Mensch und wahrer Gott« versucht. Wir möchten im Folgenden auf eine Radierung Rembrandts verweisen. Zwar ist die Szene nicht sicher der Lk bzw. der Joh-Stelle zuzuordnen. Interessant ist für uns aber, wie es dem Künstler gelingt, die Differenz zu markieren.

Rembrandt greift den Gedanken der Differenz in der Weise auf, dass er dazu auf das Lichtspiel zurückgreift (Sonnabend 2003, 156):

> »Das strahlende Licht, das von Christus ausgeht, blendet die Augen der Apostel nicht weniger als, übertragen, die der Betrachter der Graphik. Die Linien, sehr vorsichtig radiert, vielleicht sogar nachträglich geglättet, lösen sich in einzelne Punkte auf und lassen vor allem den Papierton wirken. Die fleckenhaften Stellen steigern diesen Effekt und sorgen dafür, dass die Gestalt Christi zur optisch hellsten Stelle des Blattes wird.«

In der Tat bleiben die Jünger in dem Bild sehr im Hintergrund, zwei knien angesichts der Erscheinung Jesu. Die Gestalt Jesu mit ihrer Aura ist bestimmend. Auf der anderen Seite ist – zumindest für den heutigen Betrachter – Jesus in »typischer« Manier dargestellt, so dass es der Wundmale gar nicht bedarf.

Es spricht viel dafür, es in der Sek I bei den hier skizzierten Punkten zu belassen. Die ekklesiologisch wichtigen Aussagen zu Mission und zur Sündenvergebung würden wir deshalb zurückstellen.

Rembrandt, Christus erscheint den Aposteln, 1656

Impulse:

- Betrachte das Bild. Wie sind die Figuren angeordnet?
- Wie verdeutlicht der Künstler, dass es sich bei der zentralen Figur
  a) um Jesus und
  b) um den Auferstandenen, nicht den Irdischen, handelt?

13.4.3 Wie kann man sich den Auferstandenen vorstellen?

In unseren bilddidaktischen Überlegungen hatten wir auf die Schwierigkeit verwiesen, sich den auferstandenen Christus vorzustellen. Diese restriktive Argumentation wird nun z.T. von den Texten der Evangelien, z.T. aber auch durch unser bzw. der Schüler/innen spekulatives Nachfragen konterkariert. Wir schlagen vor, diesem Streben nachzugeben und ein grundsätzliches Gespräch zu der Frage zu initiieren, bevor dann die beiden einschlägigen Perikopen des Johannesevangeliums behandelt werden.

Jostein Gaarder berichtet vom Gespräch der todkranken Cecilie mit dem Engel Ariel. Dabei kommen an mehreren Stellen auch die Unterschiede zwischen Mensch und Engel zur Sprache. Gaarder führt das Gespräch sehr vorsichtig, so dass es Anlass gibt, grundsätzlich darüber nachzudenken, in welcher Weise himmlische Wesen denn gedacht werden können. Diese Überlegungen können dann die Frage motivieren, wie die Jünger/innen Jesu ihre Begegnung mit dem Auferstandenen deuten konnten.

Cecilie hatte während der Unterhaltung mehrmals seinen kahlen Kopf gemustert. Jetzt fragte sie:
»Macht es dir etwas aus, wenn ich dich nach deinen Haaren frage? » [...]
Sie starrte ihre Decke an.
»Ich dachte, Engel hätten lange blonde Locken.«
»Weil du alles in einem Spiegel siehst. Da lässt es sich kaum vermeiden, dass du nur dich selbst siehst.«
Sie war mit der Antwort nicht ganz zufrieden.
»Kannst du mir nicht einfach verraten, warum ihr keine Haare auf dem Kopf habt?«
Er sagte:
»Haut und Haare wachsen am Körper und fallen dauernd wieder aus. Sie gehören zu Fleisch und Blut und sollen vor allerlei Plunder wie Kälte und Hitze schützen. Haut und Haare sind verwandt mit dem Fell der Tiere. Sie haben nichts mit Engeln zu tun. Du könntest auch fragen, ob wir uns die Zähne putzen – oder ob wir uns jeden zweiten Samstag die Nägel schneiden.«
»Und nichts davon tut ihr? »
Er schüttelte den Kopf
»Es liegt nicht an solchen Dingen, dass du und ich trotzdem Ähnlichkeit miteinander haben.«
»Woran dann? »
Er blickte auf sie herab.
»Engel und Menschen haben beide eine Seele, die Gott geschaffen hat. Aber ihr habt auch einen Körper, der seinen eigenen Weg geht. Ihr wachst und entwickelt euch wie Pflanzen und Tiere. »
»Idiotisch«, seufzte Cecilie. »Ich denke ungern daran, dass ich ein Tier bin.«
Ariel redete einfach weiter, als ob er sie nicht gehört hätte.
»Alle Pflanzen und Tiere fangen ihr Leben als kleine Samenkörner oder Zellen an. Zuerst sind sie sich so ähnlich, dass man gar keinen Unterschied erkennen kann. Aber dann entfalten sich die kleinen Samenkörner langsam und werden alles von Johannisbeersträuchern und Pflaumenbäumen bis zu Menschen und Giraffen. Es dauert viele Tage, bis man einen Unterschied zwischen einem menschlichen und einem Schweineembryo sehen kann. Hast du das gewusst?« [...]

»Ich habe ja schon gesagt, ich denke nicht gern daran, dass ich ein Tier bin«, wiederholte sie.
Ariel berührte mit einer Hand vorsichtig ihre Decke. Sie konnte nur mit Mühe einen leichten Druck an der eine Wade spüren.
»Du bist ein Tier mit einer Engelsseele, Cecilie. Und von beidem hast du gerade das Beste. Klingt das nicht toll?«
»Ich weiß es nicht...

(Jostein Gaarder: Durch einen Spiegel, in einem dunklen Wort)

Impulse:
- Schreibe – nach den Angaben der Erzählung – einen Lexikoneintrag für das Stichwort »Engel«.
- Überlege, wie wir uns überhaupt himmlische Wesen vorstellen können.

13.4.4 Die Begegnung mit Maria von Magdala

Johannes erzählt über die bereits erwähnten Osterberichte hinaus zwei Geschichten von Einzelpersonen. Wenn wir die von uns stark gemachte soziometrische Sichtweise (vgl. Kapitel 5) auch hier zur Anwendung bringen wollen, dann erscheint es sinnvoll, nochmals deren Weg bis zur Begegnung mit dem Auferstandenen nachzuzeichnen. Wir werden dabei sehen, dass die Frage, in welcher »Gestalt« ihnen der Auferstandene begegnet, dabei durchaus eine Rolle spielt.

Maria aus Magdala wird in den synoptischen Evangelien als prominente Jüngerin eingeführt. »Sie muss ohne Zweifel die bedeutendste Frau in der Jesusnachfolge gewesen sein« (Dschulnigg 2000, 294). Johannes führt sie erst in der Szene unter dem Kreuz ein, die wir im letzten Kapitel besprochen haben.

Die Osterperikope der Maria beginnt dann mit den Worten (Joh 20,1) »Am ersten Tag der Woche kommt Maria von Magdala früh, als es noch finster war, zum Grab und sieht, dass der Stein weg war.« Sie wendet sich dann an Petrus und den Lieblingsjünger. Darauf inspizieren die beiden Jünger das leere Grab, verstehen das Geschehen aber noch nicht (VV 3–10). Erst danach setzt sich die Geschichte der Maria fort (VV 11–18).

Maria bleibt weinend vor dem Grab stehen. Als sie in das Grab sieht, sieht sie zwei Engel. Diese fragen sie nach dem Grund ihres Weinens. Darauf erwidert Maria, dass man ihr »ihren Herrn« weggenommen habe.

> *Und wie sie das sagte, wandte sie sich um und sieht Jesus stehen und weiß nicht, dass es Jesus ist. Spricht Jesus zu ihr: Frau, was weinst du? Wen suchst du? Sie meint, es sei der Gärtner, und spricht zu ihm: Herr, hast du ihn weggetragen, so sage mir, wo du ihn hingelegt hast; dann will ich ihn holen. Spricht Jesus zu ihr: Maria! Da wandte sie sich um und spricht zu ihm auf Hebräisch: Rabbuni!, das heißt: Meister!*
> *Spricht Jesus zu ihr: Rühre mich nicht an! Denn ich bin noch nicht aufgefahren zum Vater. Geh aber hin zu meinen Brüdern und sage ihnen: Ich fahre auf zu meinem Vater und zu eurem Vater, zu meinem Gott und zu eurem Gott. Maria von Magdala geht und verkündigt den Jüngern: Ich habe den Herrn gesehen, und das hat er zu mir gesagt.*

Fra Angelico, Noli me tangere, 1425–1430, San Marco, Florenz

Wir erleben hier die für das Johannesevangelium so typische Missverständnisstruktur. Obgleich durch die Engelsbegegnung gewissermaßen »vorgewarnt«, kann Maria den Auferstandenen nicht erkennen, sondern hält ihn für den Gärtner. Die Auflösung erfolgt erst durch die direkte Anrede Jesu. Auf diese reagiert sie dann ebenfalls mit dem offenbar vertrauten »Rabbuni« – mein Meister, hier wohl als Bekenntnis zum Auferstandenen zu verstehen (Schnelle 2004, 326).

Die meiste Aufmerksamkeit hat die Antwort Jesu auf sich gezogen. Warum verbietet er Maria, ihn zu berühren (was diese in der Parallelversion Mt 28,9 selbstverständlich tut!)? Jesus selbst deutet sein Verbot im Zusammenhang seines »Aufsteigens zum Vater«. »[Die] glaubende Maria von Magdala wird allein Zeugin Jesu in diesem Zwischenzustand zwischen dem Kreuz und seiner Einsetzung in die himmlische Herrlichkeit. Sie soll den Jüngern, ›seinen Brüdern‹, melden, dass er zu seinem Vater und Gott aufsteigt, der auch ihr Vater und Gott ist und es gerade durch seinen Weggang sein Aufstieg wird.« (Dschulnigg 2000, 301; so auch Schnelle 2004, 328). Transparenter formuliert Wengst (2001, 286): »Gemeint ist also: ›Halt mich nicht fest!‹ oder noch zugespitzter: ›Lass mich los!‹ Mirjam muss lernen – und mit ihr soll die Gemeinde es lernen –, das Bild des irdischen Jesus loszulassen.« Bultmann betont denn auch interessanterweise nicht so sehr die Veränderung beim auferstandenen Christus, sondern bei Maria, als Repräsentantin der Gemeinde (1959, 533): »Das oúpô [= noch nicht] gilt im Grunde nicht von Jesus, sondern von Maria: sie kann noch nicht in Gemeinschaft mit ihm treten, ehe sie ihn als den erkannt hat, der, den weltlichen Bedingungen enthoben, beim Vater ist.« Gleichwohl berichtet V 18, dass es gerade Maria ist, die »den Herrn gesehen hat« und dies den Jüngern sagt, die diese Erfahrung erst dann im folgenden, von uns bereits oben geschilderten Abschnitt, machen.

Für den unterrichtlichen Einsatz empfiehlt sich eine genau Beschreibung des Bildes. Erläuternd sei hinzugefügt, dass insbesondere die Pflanzen symbolische Bedeutung haben. Das Blümlein im Vordergrund ist die mediterrane Version des »Blümlein-rühr-mich-nicht-an«, dessen Samenkapseln bei Berührung aufplatzen. Damit ist das zentrale Thema des Bildes aufgenommen. Die Bäume fungieren ebenfalls symbolisch, z.B. als Lebensbaum. Interessant erscheint besonders die Handstellung der beiden Personen. Sowohl Marias Bestreben nach Nähe, wie auch der Abwehrgestus Jesu sind vom Künstler sehr gut in der jeweiligen Handstellung erfasst.

Impulse:

- Betrachte das Bild und versuche, es möglichst detailliert zu beschreiben. Achte besonders auf die Gestik der Figuren.
- Stellt jeweils zu zweit die Szene möglichst detailgetreu nach. Bittet eine weitere Zweiergruppe, euer Standbild zu beurteilen.
- Lest Joh 20,11–18. Vergleicht die biblische Erzählung mit dem Bild. Wie begründet Jesus seine Aufforderung an Maria?

13.4.5 Die Begegnung mit Thomas

Der sprichwörtlich »ungläubige Thomas« stellt eine wichtige Identifikationsfigur bei der Annäherung an das Auferstehungsgeschehen dar. Dschulnigg (2000, 221) charakterisiert ihn »als Jesusjünger [...], der seinen Meister kaum versteht«. Johannes führt Thomas erst im 11. Kapitel ein. Er fordert dort todesmutig dazu auf, mit Jesus zu sterben (V 16), hat aber den Kontext von Jesu Auftreten in der Lazarusperikope

Guerico, Der ungläubige Thomas

nicht richtig erkannt. Im Rahmen der Abschiedsreden fragt er Jesus nach dem Weg (Joh 14,5), worauf ihm Jesus mit dem Ich-bin-Wort vom Weg antwortet. Die Begegnungsperikope Joh 20,24–29 ist »ganz auf Thomas konzentriert« (a.a.O., 226). Die Perikope setzt die vorherige Erscheinung Jesu vor den Jüngern voraus und muss deshalb nachtragen, dass Thomas dabei gefehlt habe. Auf die Botschaft der Jünger antwortet er mit dem sprichwörtlichen Zweifel (V 25b): »Wenn ich nicht in seinen Händen die Nägelmale sehe und meine Hand in seine Seite lege, kann ich's nicht glauben.« Wengst (2001, 295) sieht Thomas damit auf eine Stufe mit der Leser- und Hörerschaft des Evangeliums gestellt. »Er ist wie sie auf das Zeugnis anderer angewiesen.«

Jesu Antwort gegenüber Thomas ist doppelsinnig. Einerseits kommt er wie in der vorherigen Perikope durch die geschlossene Tür und bietet dem Thomas auch den Beweis, den er verlangt hatte, mit der Aufforderung; »Sei gläubig, nicht ungläubig!« Dies führt nun auch bei Thomas zu dem Credo: »Mein Herr und mein Gott!« Allerdings setzt dem Jesus den Satz entgegen: »Selig sind, die nicht sehen und doch glauben!« »Er gilt den Generationen, die nicht mehr durch das unmittelbare Sehen des Auferstandenen zum Glauben gelangen können. An Thomas wird exemplifiziert, was zur Zeit des Johannesevangeliums schon gilt: Glauben ohne das Thomas gewährte wunderhafte direkte Sehen des Auferstandenen, Angewiesensein auf die Überlieferung der Augenzeugen« (Schnelle 2004, 333).

Interessant scheint die Gegenüberstellung der beiden Jünger rechts und links von Jesus. Während der rechte (Thomas) doch recht zielsicher auf Jesu Seite zusteuert, zeigt der Jünger zur Linken mit seiner Handhaltung eher Zurückhaltung, wenn nicht gar Ablehnung. Jesus selbst ist als der Auferstandene mit der Siegesfahne charakterisiert.

Impulse:

- Betrachtet das Bild. Achtet auf die Konstellation der Figuren. Warum hat der Künstler sie so angeordnet? Vergleicht die Darstellung mit Joh 20,24–29.
- Schildert das Ereignis aus der Perspektive des Thomas. Versucht, die Gedanken und Gefühle des Jüngers wiederzugeben.
- Glaubende und Zweifelnde – damals und heute.

14. Die distanzierende Rahmung der »Zeichen«: »Selig sind, die nicht sehen und doch glauben« (Johannes 20,29)

14.1 Das Johannesevangelium als Drama auf drei Ebenen

In Kap. 7 haben wir uns den johanneischen Wundererzählungen didaktisch auf dem Weg der Identifikation genähert. Dieses methodische Vorgehen ist auch exegetisch insofern berechtigt, als das Johannesevangelium ein »Drama auf zwei Ebenen« (Martyn 1979) darstellt. Um das zu verstehen, müssen wir eine weitere Metapher einführen. Wir haben gesagt, dass das Johannesevangelium einem Drama vergleichbar ist, das auf der Bühne aufgeführt wird. In einigen Szenen, Figuren oder Dialogen dieses Dramas sollen sich die johanneischen Christen, also die »Zuschauer«, nun selber erkennen. Sie finden einige Aspekte ihrer eigenen Gegenwart auf der Bühne dargestellt. Wie bei einem bunten Glasfenster, das eine bestimmte Geschichte abbildet, können die Zuschauer an einigen Stellen hinter das Glas schauen und sie sehen – sich selbst. Die Welt der Bühne verschmilzt kurzzeitig mit ihrer eigenen.

Ein solcher Fall von punktueller Verschmelzung liegt z.B. in Joh 9 vor: Die Eltern des Blindgeborenen verweigern den Pharisäern gegenüber die Auskunft, »weil sie die Juden fürchteten; denn die Juden waren schon übereingekommen, wenn jemand ihn als den Christus bekennen würde, solle er aus der Synagoge ausgeschlossen werden« (Joh 9,22). Hier scheint die (aktuelle) Situation der johanneischen Gemeinde durch, die aus dem Synagogenverband ausgeschlossen worden ist. Ein weiteres Beispiel für die Transparenz des Johannesevangeliums für die Situation der johanneischen Gemeinde finden wir in Joh 11. Die beiden Schwestern des verstorbenen Lazarus, Maria und Martha, begrüßen Jesus mit denselben Worten: »Herr, wärest du hier gewesen, mein Bruder wäre nicht gestorben.« (Joh 11,21.32)

Diese gleichförmige Klage der weinenden Schwestern spiegelt wohl eine Haltung, die zumindest bei einigen johanneischen Christen verbreitet war (Scholtissek 1999, 332–358). Hier geht es nicht um eine kognitive Auseinandersetzung mit der Wunderfrage, sondern wir begegnen Menschen, die in einer verzweifelten Lage das Ausbleiben eines Wunders beklagen. Dieser Moment der Klage ist transparent für die johanneischen Christ/innen. Denn nach Ostern hörten die Menschen ja nicht auf zu sterben, und Angehörige und Freunde beklagten ihren Tod. Sie wünschten sich, dass Jesus – wie einst bei Lazarus – kommen und sie wieder lebendig machen würde.

Mit unserem didaktischen Zugriff über den Weg der Identifikation fügen wir dem johanneischen Drama eine weitere Ebene hinzu: diejenige der Leser/innen bzw. Zuschauer/innen. Die Schüler/innen besteigen selbst die Bühne und finden sich im johanneischen Drama wieder.

Dieser Bewegung »in« das johanneische Drama hinein könnte eine gegenläufige Bewegung entsprechen, die die johanneischen Zeichenhandlungen in unsere Welt hineinzieht. Dieser Bewegung entspricht die Frage: »Gibt es das noch heute?« Welche Antwort gibt das Johannesevangelium selbst auf diese Frage? Anders als etwa das Matthäusevangelium erwartet das Johannesevangelium offenbar nicht, dass in der Zeit nach Ostern weiterhin mit Wunderhandlungen gerechnet werden kann. Das Johannesevangelium stellt die Zeichenhandlungen vielmehr in einen literarischen »Rahmen« (Goffman 1980; vgl. Kap. 7).

14.2 Die literarische Rahmung der johanneischen Zeichen

Johannes schreibt gegen Ende des 1. Jahrhunderts n.Chr. für seine Gemeinde. Er erzählt ihnen u.a. von den Wundertaten, die Jesus vollbracht hat. Wie soll die Gemeinde diese Wundererzählungen auf ihre eigene Wirklichkeit beziehen? Oder anders – mithilfe der bereits eingeführten Metapher des Theaters (s. Kap. 2) – formuliert: Was bekommen die johanneischen Christen hier vorgeführt? Eine Dokumentation, die davon berichtet, was sich einmal in derselben Welt, der auch die »Theaterbesucher« angehören, abgespielt hat (und sich daher auch wieder abspielen könnte), oder vielleicht eher ein Fantasiestück, das eine Welt entwirft, die nach ganz anderen Regeln funktioniert als ihre (und unsere) eigene (vergleichbar etwa der Welt eines Harry Potter)? In literarischer Hinsicht berührt diese Fragestellung das umstrittene Problem, was die Gattung Evangelium überhaupt besagt (Alkier 2001), in soziologischer Hinsicht das Problem, wie der »Rahmen« aussieht, den wir uns um das ganze Evangelium denken müssen (Goffman 1980). Konkret geht es dabei um folgende Fragen: Können, dürfen, sollen die johanneischen Christen damit rechnen, dass ihnen ähnliche Wunder widerfahren, wie einigen Zeitgenossen Jesu?

In seiner literarischen Gestalt zeichnet sich das Johannesevangelium gegenüber den synoptischen Evangelien dadurch aus, dass es am Schluss zweimal »aus dem Rahmen fällt«, indem es Aussagen »über sich selbst« macht. Diese Aussagen beziehen sich interessanterweise besonders auf die Wundererzählungen. Damit formuliert das Johannesevangelium zumindest annäherungsweise ein explizites Wunderverständnis.

Wie sieht dieses Wunderverständnis aus? Betrachten wir dazu zunächst den Schluss des Evangeliums. Dort heißt es:

> *Dieser Jünger [der Jünger, den Jesus liebte] ist es, der all das bezeugt und der es aufgeschrieben hat; und wir wissen, dass sein Zeugnis wahr ist. Es gibt aber noch vieles andere, was Jesus getan hat. Wenn man alles aufschreiben wollte, so könnte, wie ich glaube, die ganze Welt die Bücher nicht fassen, die man schreiben müsste. (Joh 21,20–25)*

Hier wird ein Augenzeuge eingeführt: der Jünger, den Jesus liebte. Wenn Jesus ihn liebte, muss es sich um einen glaubwürdigen Zeugen handeln. Was bezeugt dieser Jünger? Zuerst heißt es sehr allgemein: »all das«. Der Jünger, den Jesus liebte, hat »es aufgeschrieben«. Das heißt: Der Lieblingsjünger wird hier als Verfasser des Evangeliums vorgestellt. Uns braucht nicht zu interessieren, dass das historisch kaum zutrifft. Wichtig ist, wie der Text gestaltet ist: Ein hochkarätiger Augenzeuge bekräftigt, dass das, was im Evangelium aufgeschrieben ist, wahr ist. Zwei Beobachtungen weisen darauf hin, dass es hier in erster Linie um die Semeia, also die johanneischen Wundererzählungen, geht:

Zum einen heißt es: »Es gibt aber noch vieles *andere*, was Jesus getan hat.« Schon vorher – so muss man schließen – war also von dem die Rede, was Jesus getan hat und was im Evangelium aufgeschrieben ist. Was hat er nach Darstellung des Evangeliums getan? Er hat u.a. Wunder, genauer: Semeia, gewirkt.

Zum anderen erinnert die Formulierung in Joh 21,24–25 an eine andere, die den Leser/innen im Evangelium kurz zuvor bereits begegnet ist:

> *Noch viele andere Semeia, die in diesem Buch nicht aufgeschrieben sind, hat Jesus vor den Augen seiner Jünger getan. Diese aber sind aufgeschrieben, damit ihr glaubt, dass Jesus der Christus ist, der Sohn Gottes, und damit ihr durch den Glauben das ewige Leben habt in seinem Namen. (Joh 20,30f)*

Wiederum ist von einem Buch, also dem Evangelium die Rede, in dem nur ein Teil dessen, was Jesus getan hat, aufgeschrieben ist. An dieser Stelle ist nun ausdrücklich von den Semeia die Rede. Diese Stelle haben die Leser/innen noch im Ohr, wenn sie den Schluss des Evangeliums lesen. Daher wird er auch am Schluss des Evangeliums an die Semeia denken, wenn von dem die Rede ist, »was Jesus getan hat«.

Das heißt: Der Verfasser des Evangeliums stellt die vorösterliche Situation folgendermaßen dar: Jesus – und nur er – hat Wunder getan. Diese Wundertaten sind nach Auffassung des Verfassers – und das scheint ihm wichtig zu sein – »wirklich« geschehen. Er bemüht einen hochkarätigen Augenzeugen, den »Lieblingsjünger«, um die Glaubwürdigkeit der z.T. drastischen Wundererzählungen zu stützen.

Die nachösterliche Situation stellt sich nun aber anders dar. Die nachösterlichen Leser/innen des Evangeliums werden in Joh 20,30 direkt angesprochen, wenn es heißt: »Diese aber sind aufgeschrieben, damit *ihr* glaubt, dass Jesus der Christus ist, der Sohn Gottes, und damit *ihr* durch den Glauben das ewige Leben habt in seinem Namen.« Mit dem »ihr« sind die Leser/innen gemeint. Der Text gibt nun Auskunft darüber, welche Funktion die aufgeschriebenen Wundererzählungen für die nachösterlichen Leser haben sollen: Sie sollen glauben, dass Jesus der Christus ist. Wichtig ist, dass hier von den *aufgeschriebenen* Wundererzählungen die Rede ist, nicht etwa von neuen Wundertaten, die in der Gemeinde geschehen (Welck 1994, 310).

Damit stellt sich die Frage: Rechnete der Evangelist nicht damit, dass in seiner Gegenwart weitere Semeia geschehen würden? Das scheint in der Tat der Fall zu sein. Zwei Beobachtungen weisen jedenfalls in diese Richtung:

1. Die Funktionsbestimmung der aufgeschriebenen Zeichen folgt unmittelbar auf die Erzählung vom sogenannten »ungläubigen Thomas« (Joh 20,24–29; s.o. Kap. 13).

   Der Auferstandene ist den Jüngern erschienen. Thomas war gerade nicht da und will nicht glauben, dass die anderen Jesus gesehen haben. Jesus kommt daraufhin nochmals zu den Jüngern.
   Dann sagte er zu Thomas: »Streck deine Finger aus – hier sind meine Hände! Streck deine Hand aus und leg sie in meine Seite, und sei nicht ungläubig, sondern gläubig!«

Thomas antwortete ihm: »Mein Herr und mein Gott!« Jesus sagte zu ihm: »Weil du mich gesehen hast, glaubst du. Selig sind, die nicht sehen und doch glauben.« (Joh 20,28f)

Im letzten Vers ist indirekt die Leserschaft angesprochen, die Jesus eben nicht mehr sehen kann und doch glauben soll. Dazu passt, dass im Anschluss eben gerade nicht von weiteren Semeia die Rede ist, die die nachösterliche Gemeinde sehen kann, sondern von den Wundererzählungen, die aufgeschrieben sind, damit die nachösterliche Gemeinde glauben soll.

2. In der Erzählung von der Fernheilung des Sohnes des königlichen Beamten (Joh 4,46–54) werden wir Zeuge eines merkwürdigen Dialoges. Der königliche Beamte bittet Jesus, seinen Sohn zu heilen. Jesus sagt daraufhin zu ihm:

   »Wenn ihr nicht Zeichen und Wunder seht, so glaubt ihr nicht.« (Joh 4,48)

   Wie beim ungläubigen Thomas begegnet die Kombination von sehen und glauben. Wiederum geht es darum, dass ein Mensch sehen muss, um zu glauben. In diesem Fall ist das Sehen auf etwas Spezifisches, nämlich das Semeion, also das Wunder, bezogen. Auch hier im 4. Kapitel wendet sich der Evangelist indirekt an die nachösterlichen Leser/innen, die eben nicht mehr auf neue Semeia hoffen und dennoch glauben sollen.

Der Evangelist differenziert also zwischen der vor- und der nachösterlichen Situation: Was für den vorösterlichen Menschen möglich und angemessen ist – dass er nämlich mit eigenen Augen Jesu Wundertätigkeit sieht und glaubt, gilt nicht mehr für den nachösterlichen Leser: Er muss glauben, auch ohne zu sehen. Damit wird die Wundergläubigkeit der vorösterlichen Menschen nicht grundsätzlich abgewertet. Sie ist unter den gegebenen Umständen nur nicht mehr zeitgemäß, weil sie eben nicht mehr möglich ist. Während der vorösterliche Mensch durch die Wunder*taten* glaubt, glaubt der nachösterliche Mensch durch das Lesen oder Hören der Wunder*erzählungen* (Roose 2003, 328).

Der Evangelist legt insofern eine Konzeption vor, die (Wunder-)Glauben gegen das mögliche Ausbleiben von Wundern »immunisiert«. Wundertaten – so seine Botschaft – gehören in die Zeit des irdischen Jesus. Dass Jesus Wunder wirken konnte, problematisiert er nicht. Die Selbstverständlichkeit, mit der er von den zum Teil drastischen Wundertaten Jesu spricht, erinnert an die kindliche Auffassung, nach der Gott und Jesus sich eben dadurch auszeichnen, dass sie besondere Fähigkeiten haben, die sonst kein Mensch besitzt. Das soll nicht heißen, dass das Weltbild des Evangelisten primitiv und kindlich sei. Er bringt nämlich ein Kriterium ein, das uns heute fremd ist. Wir neigen dazu, in der Wunderfrage von einer Analogie her zu argumentieren, etwa in der Art: »Was damals (un)möglich war, ist auch heute noch (un)möglich.« Eine solche Analogie bestreitet der Evangelist: Was damals möglich war, ist heute nicht mehr möglich. Hier zeigt sich, dass das Weltbild des Evangelisten nicht naturwissenschaftlich geprägt ist, sondern christologisch: Die Art, wie Christus anwesend ist – ob als irdischer Mensch oder als Geist bzw. Paraklet (s. Kapitel 10) – bestimmt die jeweilige Wirklichkeit.

Johannesevangelium

Vor Ostern	Nach Ostern
Jesus – und nur er – hat Wunder getan.	In der johanneischen Gemeinde geschehen keine Semeia mehr. »Selig sind, die nicht sehen und doch glauben.« (Joh 20,29)
Durch die Wundertaten sind Menschen zum Glauben gekommen. Die Wundertaten Jesu werden durch einen glaubwürdigen Augenzeugen, den »Lieblings-jünger«, bezeugt.	Die Menschen können dadurch zum Glauben kommen, dass sie im Evangelium von den gut bezeugten Wundertaten Jesu lesen.

14.3 Die didaktische Relevanz der johanneischen Konzeption

Wir halten diese Konzeption auch aus religionspädagogischer Sicht für fruchtbar. Sie konfrontiert die Schüler/innen – wahrscheinlich gegen deren Erwartungen – mit einer biblischen Stimme, die *nicht* »selbstverständlich« davon ausgeht, dass Wunder nach wie vor passieren können. Auf rationaler Ebene mag diese Auffassung gerade Jugendlichen entgegen kommen. Auf emotionaler Ebene hingegen wirft sie ein Problem auf, das auch noch im Text des Johannesevangeliums selbst greifbar ist. Denn angesichts der Konzeption des Johannes drängt sich die Frage auf, ob die johanneischen Christen »Pech gehabt haben«. Sind sie zu spät geboren, nämlich erst nach dem Tod Jesu, so dass sie nun nicht mehr damit rechnen können, in den Genuss von Wundertaten zu kommen?

Die Erzählung von der Auferweckung des Lazarus lässt erahnen, dass es unter den johanneischen Christen in der Tat einige gab, die so empfanden (s.o.). Angesichts dieser Klage lässt der Evangelist seine Adressaten aber nicht im Regen stehen. Er belässt es nicht bei einem resignativen »Es gibt eben keine Wundertaten mehr«. Der johanneische Christ darf zwar nicht mehr darauf hoffen, dass Verstorbene zeitweilig ins irdische Leben zurückkehren, aber er bekommt dafür etwas viel Besseres zugesprochen: das ewige Leben.

> *Ich bin die Auferstehung und das Leben. Wer an mich glaubt, wird leben, auch wenn er stirbt, und jeder, der lebt und an mich glaubt, wird auf ewig nicht sterben.*
> *(Joh 11,25f)*

Die zeitweilige Totenauferweckung des Lazarus wird hier vom Evangelisten in einen neuen, viel umfassenderen Rahmen gesetzt, in dem sie sich nur noch klein und nahezu unbedeutend ausnimmt: Es geht eigentlich um das ewige Leben und den Glauben an Jesus Christus als »die Auferstehung und das Leben«. Eine ähnliche – wenn auch thematisch anders ausgerichtete – »Rahmenverschiebung« finden wir auch bei anderen johanneischen Wundergeschichten (s. Kap. 7).

Ob durch diese Zusage der Wunsch nach einer zeitweiligen Rückkehr Verstorbener ins irdische Leben für alle johanneischen Christen erledigt war, mag man allerdings – gerade aufgrund der Klage der Schwestern des Lazarus – bezweifeln.

Die Frage nach dem johanneischen Wunderverständnis hat uns auf die Spur durchaus unterschiedlicher johanneischer Wunderverständnisse geführt.

Die Position des Johannes lässt sich etwa folgendermaßen paraphrasieren: »*Jesus hat Wunder getan. Dafür gibt es einen glaubwürdigen Augenzeugen. Heute brauchen wir keine neuen Wunder mehr. Wir haben ja das Evangelium und den Geist, der immer bei uns bleibt.*«

Einige johanneische Christen würden wohl eher sagen: »*Wenn es mir sehr schlecht geht, hoffe ich, dass Jesus mir auch heute noch hilft – auch durch ein Wunder.*«

Wie lassen sich diese johanneischen Stimmen zur Wunderfrage didaktisch fruchtbar machen? Die johanneische Rahmung dekonstruiert ein Stück weit das methodische Vorgehen im Zusammenhang mit Joh 5 und 9: Die Identifikation mit den Geheilten steht aus johanneischer Perspektive nicht unter dem Aspekt der Vergegenwärtigung, sondern eher unter dem Aspekt der »Vergangenheitlichung«. Ähnlich wie bei der Sederfeier, wo Juden in das Exodusgeschehen hinein genommen werden, werden die johanneischen Christen und die gegenwärtigen Leser/innen beim Lesen oder Hören des Evangeliums in ein vergangenes Geschehen hinein genommen. Das Geschehen steht nicht so sehr unter dem Vorzeichen: »So könnte es auch mir heute ergehen«, sondern unter der Frage: »Welche Bedeutung hat es für mich, dass ich diese Rolle spiele?«.

U.E. sollte in didaktischer Hinsicht diese johanneische Rahmung als *eine* mögliche Stimme unter anderen eingebracht werden. Es geht darum, gerade die Vielstimmigkeit des biblischen Textes fruchtbar zu machen, um die kognitiven, imaginativen und spielerischen Kräfte der Schüler freizusetzen und sie bezüglich ihrer Haltung zur Wunderfrage individuell dort »abzuholen«, wo sie stehen. Wie kann das praktisch geschehen? Eine Möglichkeit ist, einen fiktiven Dialog zu inszenieren, an dem ganz unterschiedliche Figuren teilnehmen und ihre jeweiligen Positionen einbringen: Neben dem Evangelisten auch die johanneischen »Verzweifelten«; dann aber auch etwa ein moderner Naturwissenschaftler und ein jüngeres Kind. In diesen Dialog können sich die Schüler/innen mit ihrer bzw. einer weiteren Meinung einklinken. So kann eine Lernumgebung mit einem recht hohen Freiheitsgrad gestaltet werden, die einerseits dem biblischen Text gerecht wird, die aber auch dem Schüler die Möglichkeit eröffnet, eigene Deutungsmuster einzubringen, auszubilden oder zu modifizieren (Büttner 2002, 166).

Was für Deutungsmuster sind bei Schüler/innen der Sek. I zu erwarten? Typischerweise wird bei jüngeren Kindern ein unkritisches Wunderverständnis erwartet (vgl. Schüleräußerung 1). Mit dem Übergang vom Kindes- zum Jugendalter vollzieht sich dann eine Transformation des Weltbildes, die die Wundererzählungen zum Problem werden lässt: »(…) ein unreflektiert artifizialistisches Schöpfungsverständnis [wird] abgeworfen und durch ein naturalistisches Weltbild ersetzt. Das Adjektiv ›naturalistisch‹ drückt dabei zum einen die durchgehende Prägung dieses Weltbildes durch naturwissenschaftliche Theorien aus. Es ist zum anderen die begriffliche Verdichtung der Auffassung, dass die Welt eine eigenständige, sich selbst organisierende Wirklichkeit ist.« (Kropač 2003 b, 127f). Ab etwa 11 Jahren bahnt sich daher meist ein rationalistisches (vgl. Schüleräußerung 2) oder symbolisches (vgl. Schüleräußerung 3) Wunderverständnis an.

Gegenüber diesem »klassischen« Forschungsstand ist allerdings auf zweierlei hinzuweisen:

1. Die Haltung, die wir zu Wundern und Wundererzählungen einnehmen, ist nicht nur von unserem Alter und damit von unserem kognitiven Entwicklungsstand abhängig, sondern auch davon, in welcher Situation wir uns gerade befinden. Während wir uns in einer Schreibtisch- oder eben auch Schul-Situation rationalistisch oder symbolisch mit Wundererzählungen auseinandersetzen mögen, hoffen wir vielleicht doch im Fall einer drastischen persönlichen Notlage auf ein Wunder. Unser Wunderverständnis ist also nicht nur kognitiv beeinflusst, sondern auch situativ-emotional. Mit anderen Worten: Die kontextuelle »Rahmung« (Goffman) beeinflusst erheblich unsere Haltung gegenüber Wundern (s.o. Kap. 7).
2. Ingrid E. Josephs und Matthias Wolgast haben darauf hingewiesen, dass auch das Weltbild von Erwachsenen nicht vollständig naturwissenschaftlich geprägt ist, sondern dass sie sich »Erklärungsinseln« schaffen, die konfliktfrei neben ihrem naturwissenschaftlichen Weltbild existieren können:

> »Ein Element religiöser Sozialisation (...) scheint das Bemühen zu sein, ›Pseudo‹erklärungen (und das ist nicht abwertend gemeint) zu etablieren, die letztendlich mit der Realität nicht mehr konfrontiert werden und eine Eigenexistenz führen. (...) Das Ziel könnte man als Versuch der Etablierung von singulären Erklärungsinseln oder von mentalen Modulen charakterisieren, die problemlos, und das ist der wichtige Aspekt, neben unserer Alltagsrealität existieren können, ohne damit zu kollidieren und ohne kognitive Spannung zu erzeugen. (...) Das Religionssystem folgt anderen Regeln, die mit den Regeln der Weltwirklichkeit keine Überlappung zeigen. Damit ist es, deskriptiv gesprochen, konservativ und nicht veränderlich, da es nicht durch irgendeine Realität herausgefordert werden kann.« (Josephs/Wollgast 1996, 63).

Eine typische »Erklärungsinsel« Erwachsener bestehe in der Überzeugung: »Wenn man etwas von Gott möchte, dann muss man auch fest an ihn glauben.« (ebd., 59)

Josephs/Wollgast folgern: »Damit ist das Konzept des Glaubens immunisiert. Wenn etwas nicht klappt, hat man eben in falscher Weise geglaubt.« (ebd., 53) Die Welt des Glaubens werde so der empirischen Überprüfbarkeit entzogen.

Das heißt: Nicht nur Kinder leben in zwei (oder mehr) Wirklichkeiten, sondern auch Erwachsene. Diese neuen Erkenntnisse zeigen, wie wenig sachgemäß es ist, sog. »unkritische« Zugänge zu Wundererzählungen als naiv abzutun. Sie öffnen den Blick dafür, dass unterschiedliche »Rahmungen« biblischer Wundererzählungen je ihre Berechtigung haben.

14.4 Materialien und Impulse für den Unterricht

Ausgehend von der Erzählung der Auferweckung des Lazarus in Joh 11 kann der oben angesprochene fiktive Dialog zur Wunderfrage z.B. anhand des folgenden Arbeitsblattes eingeführt werden:

Arbeitsblatt: Wunder – Ein fiktives Gespräch

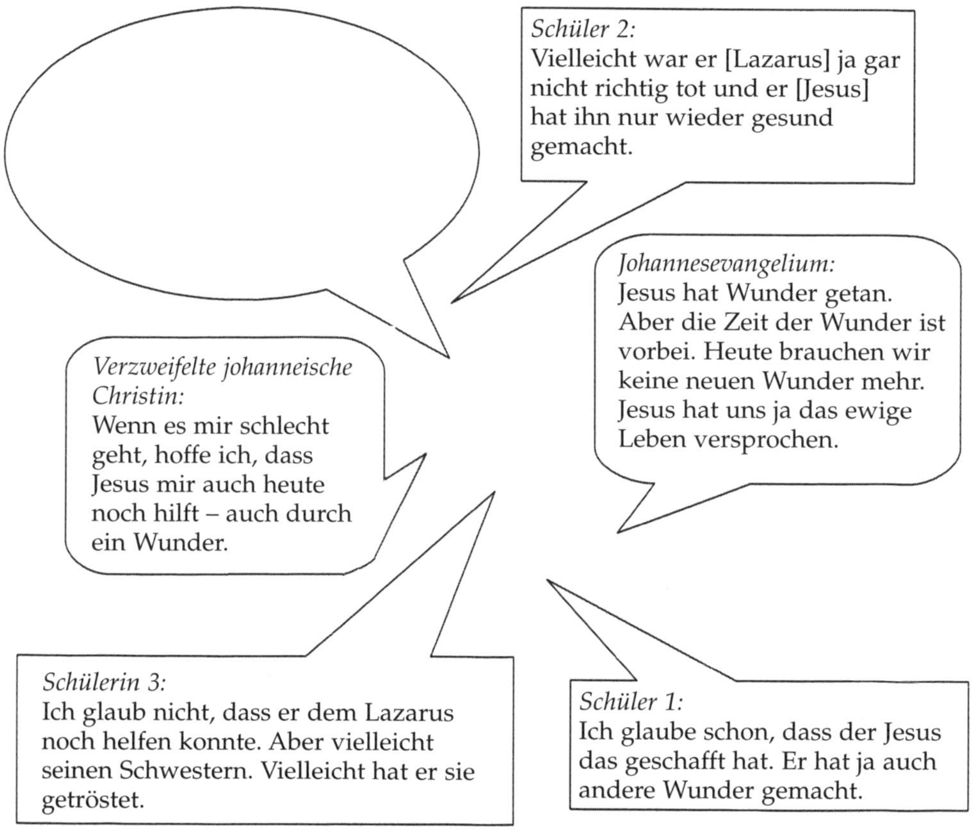

Rombout van Troyen, Auferweckung des Lazarus, 1647

Indem johanneische und gegenwärtige Stimmen in einen fiktiven Dialog gebracht werden, fällt probeweise die »Wand« zwischen der Welt der Bühne und unserer Welt. Die Positionen können dann neu geordnet werden. Im Unterrichtsgespräch ist zu thematisieren, welche Äußerungen »unterschiedlichen Welten« angehören und welche näher beieinander liegen. Wichtig scheint uns – um neben der kognitiven auch die emotionale Komponente zum Zuge zu bringen – auch Wunschvorstellungen der Kinder und Jugendlichen Raum zu geben. Denkbar wäre hier – je nach Altersstufe – die Arbeit mit einem Bild, das die Auferweckung des Lazarus samt den Jesus, Lazarus, den Schwestern und anderen Juden, darstellt.

Das Gemälde von Rombout van Troyen ist geeignet, weil es »unterschiedliche Welten« andeutet und Personen in ganz unterschiedlicher Nähe oder Ferne zum Wundergeschehen gruppiert. Die Auferweckung des Lazarus ist in der vorderen linken Bildhälfte dargestellt. Jesus, die Schwestern und weitere Juden befinden sich in einem großen Gewölbe, in das von oben links Licht fällt. Dieses Licht strahlt insbesondere auf die weiß gekleideten (Haupt-)Gestalten: Lazarus, Maria und Marta. Jesus ist durch seinen violetten Umhang deutlich hervorgehoben. Auch auf ihn fällt Licht. Mit dem rechten Arm vollzieht er vollmächtig die Totenauferweckung. Die Schwestern sind emotional stark erregt: die eine kniet dankend vor Jesus, die andere weint (vor Glück?). Die übrigen Menschen, die Zeuge der Totenauferweckung werden, reagieren mit unterschiedlich großer Furcht, sie schlagen z.T. die Hände vor das Gesicht und ducken sich. Die rechte hintere Bildhälfte gibt den Blick auf die Welt

»draußen« frei. Dort ist es sehr hell. Viele Menschen gehen dort umher, ohne irgendwie von dem, was mit Lazarus geschieht, berührt zu sein.

Die Schüler/innen können sich in dieses Bild hineinmalen – und zwar an einer von ihnen zu bestimmenden Stelle und in einer von ihnen zu bestimmenden Haltung: in der Nähe von Jesus oder Lazarus oder den Schwestern oder den Menschen »draußen«. Sie können das gesamte Bild aber auch in einen Rahmen fassen und sich als Betrachter/innen davor positionieren – dem Bild zu- oder sogar abgewandt.

Impulse:

- Betrachte das Bild. Wie reagieren die dargestellten Figuren auf die Wundertat Jesu? Für wen scheint sie wichtig zu sein, für wen nicht?
- Male dich an einer Stelle deiner Wahl in das Bild. Überlege, wohin du siehst, wie du deinen Körper hältst und wie dein Gesichtsausdruck ist.

Literatur

Alkier, S. (1998), Jenseits von Entmythologisierung und Rehistorisierung – Skizzen zu einer Semiotik des Wunderbaren, in: B. Dressler / M. Meyer-Blanck (Hg.): Religion zeigen. Religionspädagogik und Semiotik, München, 27–60.

Alkier, S. (2001), Wunder und Wirklichkeit in den Briefen des Apostels Paulus: ein Beitrag zum Wunderverständnis jenseits von Entmythologisierung und Rehistorisierung. (WUNT 1/134), Tübingen.

Alkier, S. / Dressler, B. (1998), Wundergeschichten als fremde Welten lesen lernen. Didaktische Überlegungen zu Mk 4,35–41, in: B. Dressler / M. Meyer-Blanck (Hg.): Religion zeigen. Religionspädagogik und Semiotik, München, 163–187.

Aristoteles (1994), Poetik (hg. und übers. M. Fuhrmann), Stuttgart.

Baldermann, I. ([3]1988), Einführung in die Bibel, Göttingen.

Baldermann, I. (1990), Erzählen als Notwendigkeit: zum Verhältnis von Erzählung und Erfahrung. Siegried Schmutzler zum 75. Geburtstag (JRP 6), Neukirchen-Vluyn, 93–110.

Baldermann, I. (1991), Gottes Reich – Hoffnung für Kinder. Entdeckungen in den Evangelien, Neukirchen-Vluyn.

Becker, J. ([3]1991), Das Evangelium nach Johannes. (ÖTK 4), 2 Bde, Gütersloh.

Berg, H.K. (1993), Grundriss der Bibeldidaktik. Konzepte – Modelle – Methoden, München/Stuttgart.

Berg, S. und H. K. (1987), Jesus. Anfragen und Bekenntnisse (Biblische Texte verfremdet 4), Stuttgart/München.

Berg, H. K. ([2]1988), Biblische Texte verfremdet, (Biblische Texte verfremdet 1), Stuttgart/München.

Berger, K. (1984), Formgeschichte des Neuen Testaments, Heidelberg.

Bubenheimer, U. (1991), Spielen im Religionsunterricht. Zu einem Unterrichtsprojekt und einem Unterrichts-Mitschaufilm. Entwurf 1/81, 6–19.

Büchner, F. (2001), Das Johannesevangelium, in: Lachmann, R. u.a. (Hg.), Elementare Bibeltexte. Exegetisch – systematisch – didaktisch (TLL 2), Göttingen, 387–402.

Bühner, J.-A. (1977), Der Gesandte und sein Weg im 4. Evangelium. Die kultur- und religionsgeschichtlichen Grundlagen der johanneischen Sendungschristologie sowie ihre traditionsgeschichtliche Entwicklung (WUNT 2/2), Tübingen.

Bultmann, R. (1941/[16]1959), Das Evangelium des Johannes (KEK II), Göttingen.

Bultmann, R. ([5]1965), Theologie des Neuen Testaments, Tübingen.

Bultmann, R. ([9]1993), Zur Frage des Wunders, in: ders., Glauben und Verstehen, Bd. 1, Tübingen.

Büttner, G. (2000), Warum erzählen wir heute neutestamentliche Wundergeschichten. Lebendige Katechese H.1 (22. Jg.), 39–42.

Büttner, G. / Roose, H.(2001), Mit Johannes (etwas) anfangen?!, KatBl 126/5, 352–356.

Büttner, G./ Thierfelder, J. (2001), Die Christologie der Kinder und Jugendlichen. Ein Überblick, in: dies. (Hg.), Trug Jesus Sandalen? Kinder und Jugendliche sehen Jesus Christus, Göttingen, 7–26.

Büttner, G. (2002a), Wie könnte ein »konstruktivistischer« Religionsunterricht aussehen? ZPT 54/2, 155–170.

Büttner, G. (2002b), »Jesus hilft!« Untersuchungen zur Christologie von Schülerinnen und Schülern, Stuttgart.

Büttner, G. (2004), Der Heilige Geist in der Vorstellungswelt von Kindern, KatBl 129/3, 187–192.

Culler, J. (1999), Dekonstruktion. Derrida und die poststrukturalistische Literaturtheorie, Reinbek.

Derrida, J. (2004), Die différance. Ausgewählte Texte (rub 18338), Stuttgart.

Dschulnigg, P. (2000), Jesus begegnen. Personen und ihre Bedeutung im Johannesevangelium (Theologie 30), Münster.

Ebeling, G. (1979), Dogmatik des christlichen Glaubens, Bd. 2, Tübingen.

Eggers, T. (1991), Wenn das Wunder Schule macht. Ein Beitrag zur Bibeldidaktik und zum Religionsunterricht, Düsseldorf.

Eikemeier, P. (1990), Dieric Bouts. Johannes der Täufer weist auf Jesus hin: »Siehe das Lamm Gottes« (Ecce agnus dei); in: Alte Pinakothek, Dieric Bouts, München, 9–24.

Fröer, K. / Bach, A. / Grimme, G. (1959ff), Die Evangelische Unterweisung an der Volksschule. 1.-8. Jg. Dortmund, München.

Gnilka, J. (^{2}1985), Johannesevangelium (NEB.NT 4), Würzburg.

Goffman, E. (1980), Rahmen-Analyse. Ein Versuch über die Organisation von Alltagserfahrung, Frankfurt/M.

Grass, Hans (1956), Ostergeschehen und Osterberichte, Göttingen.

Halbfas, H. (1986), Religionsbuch für das 4. Schuljahr. Düsseldorf /Zürich.

Hanisch, H./Hoppe-Graff, S. (2002), »Ganz normal und doch ein König« – Jesus Christus im Religions- und Ethikunterricht, Stuttgart.

Hausherr, R. (1975), Über die Christus-Johannes-Gruppen. Zum Problem »Andachtsbilder« und deutsche Mystik, in: Becksmann, R. (Hg.), Beiträge zur Kunst des Mittelalters. FS f. H. Wentzel zum 60. Geburtstag, Berlin.

Höfler, A. (1987), Religiöse Vorstellungen von Jugendlichen. Aufsätze von Oberstufenschülern als Spiegel religiöser Einstellungen und Empfindungen, RL 16, 24–35.

Hofstätter, P.R. (1970), Gruppendynamik. Hamburg.

Höhn, E. / Schick, C. P. (^{3}1974), Das Soziogramm. Die Erfassung von Gruppenstrukturen. Eine Einführung in die psychologische und pädagogische Praxis, Göttingen.

Hyde, K. (1990), Religion in Childhood and Adolescence, Birmingham/Alabama.

Jablónski, P. / van der Lans, J. / Hermans, C. (1997), Children's interpretation of biblical narratives. A proposal for a research design, in: Archiv für Religionspsychologie, Bd. 22, Göttingen, 28–47.

Jäger, W. ([2]1976), Die Heilung des Blinden in der Kunst, Sigmaringen.

Josephs, I. E. / Wolgast, M. (1996), Die Ko-Konstruktion religiöser Bedeutung aus kulturpsychologischer Perspektive: eine Analyse von Eltern-Kind-Interaktionen, in: Oser, F. / Reich, H. (Hg.): Eingebettet ins Menschsein: Beispiel Religion. Aktuelle psychologische Studien zur Entwicklung von Religiosität, Lengerich u.a., 41–68.

Köder, S. ([3]1997), Die Bilder der Bibel von Sieger Köder, Ostfildern.

Kohlberg, L. / Giligan, C. (1971/72), The Adolescent as a Philosopher: The Discovery of the Self in a Postconventional World, in: Kegan, J. / Coles, R. (Hg.), Twelve to Sixteen. Early Adolescence. New York, 144–179.

Körtner, U.H.J. (1994), Der inspirierte Leser. Zentrale Aspekte biblischer Hermeneutik, Göttingen.

Konrad, J.F. (1970), Das didaktische Prae des »historischen Jesus« vor dem »kerygmatischen Christus«, EU/ZRP 25,5–8.

Kramer, W. (1987), Religiöse Vorstellungen von Kindern. Aufsätze von Primarschülern als Spiegel religiöser Vorstellungen und Empfindungen RL 16, 4–23.

Kropač, U. (2003a), Bibelarbeit als Dekonstruktion: Neue Perspektiven für das Biblische Lernen, KatBl 128/4,369–374.

Kropač, U. (2003b), Sperrige Texte für Jugendliche. Grundsätze einer Wunderdidaktik, ru 33, 127–130.

Kundsin, K. (1925), Topologische Überlieferungsstoffe im Johannesevangelium (FRLANT 22), Göttingen.

Kundsin, K. (1939), Charakter und Ursprung der johanneischen Reden, Riga.

Lachmann, R. / Adam, G. / Reents, C. (Hg.) (2001), Elementare Bibeltexte. Exegetisch – systematisch – praktisch, Göttingen.

Lämmermann, G. (1999), Die Schimäre des Subjekts. Bibeldidaktische Impulse des postmodernen Subjektbegriffs?, in: ders. / Morgenthaler, C. / Schori, K. / Wegenast, P. (Hg.), Bibeldidaktik in der Postmoderne. Stuttgart u.a., 110–121.

Lange, G. (2002), Bilder zum Glauben. München.

Link, A. (1992), »Was redest du mit ihr?« Eine Studie zur Exegese, Redaktions- und Theologiegeschichte von Joh 4,1–42 (BU 24), Regensburg.

Maaß, H. (2001), »Siehe, ich sende einen Engel vor dir her« Von Engeln und Himmelswesen in Bibel und Judentum, entwurf 3/2001, 25–27.

Maier, J. (1990), Zwischen den Testamenten. Geschichte und Religion in der Zeit des zweiten Tempels (NEB.AT ErgBd.), Würzburg.

Martyn, J. L. (1979), The Gospel of John in Christian History, New York.

Meeks, W.A. (1979), Die Funktion des vom Himmel herabgestiegenen Offenbarers für das Selbstverständnis der johanneische Gemeinde, in: ders. Zur Soziologie des Urchristentums, München, 245–283.

Metzner, R. (1999), Der Geheilte von Johannes 5 – Repräsentant des Unglaubens, in: ZNW 90, 177–193.

Müller, P. (1999), Mit Markus erzählen. Das Markusevangelium im Religionsunterricht, Stuttgart.

Müller, U.B. (1990), Die Menschwerdung des Gottessohnes. Frühchristliche Inkarnationsvorstellungen und die Anfänge des Doketismus (SBS 140), Stuttgart.

Neidhart, W. / Eggenberger, H. (1975), Erzählbuch zur Bibel, Zürich u.a.

Neidhart, W. (1989), Erzählbuch zur Bibel, Bd. 2, Lahr u.a.

Nipkow, K.E. (1986), Elementarisierung als Kern der Lehrplanung und Unterrichtsvorbereitung, 66 H 3, 3–15.

Nipkow, K.E. (^{2}1992), Bildung als Lebensbegleitung und Erneuerung, Gütersloh.

Noppen, J.P. van (1991), Erinnern, um Neues zu sagen, Frankfurt/M.

Rickers, F. (2001), Art. »Jesus Christus«, in: Mette, N. / Rickers, F. (Hg.), Lexikon der Religionspädagogik, Bd. 1, Neukirchen-Vluyn, 902–909.

Riede, P. (2003), Art. Lamm. Calwer Bibellexikon. Bd. 2, Stuttgart, 806f.

Riesner, R. (^{2}1990), Art. Betesda, in: Burkhardt, H. u.a. (Hg.), Das große Bibellexikon, Bd. 1, Wuppertal/Gießen, 194f.

Ristow, G. (1983), Passion und Ostern im Bild der Spätantike, in: Liebighaus. Museum alter Plastik Ffm (Hg.), Spätantike und frühes Christentum, Frankfurt/M., 360–379.

Roose, H. (2003), Joh 20,30f: Ein (un)passender Schluss? Joh 9 und 11 als primäre Verweisstellen der Schlussnotiz des Johannesevangeliums, Biblica 84, 326–343.

Schenke, L. (1992), Das Johannesevangelium. Einführung – Text – dramatische Gestalt, Stuttgart u.a.

Schenke, L. (1998), Johannes: Kommentar, Düsseldorf.

Schladdoth, P. (1979), Die Entstehung des christologischen Bekenntnisses und ihre Bedeutung für die Didaktik der Christologie, in: KatBl 104, 755–766.

Schnelle, U. (1987), Antidoketische Christologie im Johannesevangelium. Eine Untersuchung zur Stellung des Vierten Evangeliums in der johanneischen Schule (FRLANT 144), Göttingen.

Schnelle, U. (^{3}2004), Das Evangelium nach Johannes (ThHK 4), Leipzig.

Scholtissek, K. (1999), Abschied und neue Gegenwart. Exegetische und theologische Reflexionen zur johanneischen Abschiedsrede 13,31–17,26, EthL 75, 332–358.

Scholtissek, K. (2003), Mündiger Glaube. Zur Architektur und Pragmatik johanneischer Begegnungsgeschichten: Joh 5 und Joh 9, Vortrag, gehalten am 12.11.2003 an der Universität Koblenz-Landau in Landau.

Sitzberger, R. (2005), Konstruktivistisch Unterricht planen, in: Mendl, H. (Hg.), Konstruktivistische Religionspädagogik. Ein Arbeitsbuch, Münster, 83–104.

Sonnabend, M. (2003), Rembrandt. Die Radierungen im Städel, Köln.

Stutzinger, D. (1983), Der Adventus des Kaisers und der Einzug in Jerusalem, in: Liebighaus. Museum alter Plastik Ffm (Hg.), Spätantike und frühes Christentum. Frankfurt/M., 284–307.

Theißen, G. (1989), Lokalkolorit und Zeitgeschichte in den Evangelien (NTOA 8) Freiburg/CH/Göttingen.

Theißen, G. (^{13}1993), Der Schatten des Galiläers. Historische Jesusforschung in erzählender Form, Gütersloh.

Theißen, G. / Merz, A. (1996), Der historische Jesus. Ein Lehrbuch, Göttingen.
Theobald, M. (1988), Die Fleischwerdung des Logos. Studien zum Verhältnis des Johannesprologs zum Corpus des Evangeliums und zu 1 Joh (NTA NF 20), Münster.

Van der Merwe, W.L.(1991), Metaphor: From a Figure of Speech to the Force of Discourse. A Synopsis of the Historical Development of Philosophical Theories of Metaphor. Paper presented at the 10th CHEweRON Conference.
Van Noppen, J.P. (1991), Erinnern, um Neues zu sagen. Die Bedeutung der Metapher für die religiöse Sprache. Frankfurt/M.
Verburg, W. (1999), Passion als Tragödie. Die literarische Gattung der antiken Tragödie als Gestaltungsprinzip der Johannespassion (SBS 182), Stuttgart.

Welck, C. (1994), Erzählte Zeichen. Die Wundergeschichten des Johannesevangeliums literarisch untersucht, mit Ausblick auf Joh 21 (WUNT 2/69), Tübingen.
Wengst (2001), Das Johannesevangelium, Bd. 2, (ThKNT 4/2), Stuttgart/Berlin/Köln.
Wengst, K. (²2004): , Das Johannesevangelium, Bd. 1, (ThKNT 4/1), Stuttgart/Berlin/Köln.
Weth, I. (1998), Neukirchener Erzählbibel, Neukirchen-Vluyn.
Widmann, M. (1986), Erzählbeispiele zur Entstehungsgeschichte des Neuen Testaments. entwurf 1, 67–72.

Quellennachweis

Texte

Seite 27: Goethe, J. W. von (2000): Faust. Der Tragödie erster Teil, in: J.W. von Goethe: Werke in 14 Bd. Hamburger Ausgabe. München. Bd. 3 Dramatische Dichtungen I

Seite 76: Funke, C. (2003), Tintenherz, © Cecilie Dressler Verlag, Hamburg

Seite 94: Brüder Grimm (1980), Kinder- und Hausmärchen, Bd. 2, Reclam Verlag, Stuttgart

Seite 101: Richter, J., Der Hund mit dem gelben Herzen oder die Geschichte vom Gegenteil, © 1998 Carl Hanser Verlag, München

Seite 105: Wiemer, R.O. ([2]2004), Der Hahn, © J.F. Steinkopf Verlag, Kiel

Seite 112f.: Reuter, B. (1999), Hodder, der Nachtschwärmer, © Oetinger Verlag, Hamburg

Seite 118: Záfon, C.R. (2003), Der Schatten des Windes, © Carlos Ruiz Záfon, © der deutschen Ausgabe Insel Verlag, Frankfurt/M.

Seite 154: Gaarder, J., Durch einen Spiegel, in einem dunklen Wort. Aus dem Norwegischen von Gabriele Haefs, © 1996 Carl Hanser Verlag, München/Wien

Lieder

Seite 74 u. 122: Bewahre uns, Gott ([2]1998), Text: Eugen Eckert / Melodie: Anders Ruuth, in: Das Kindergesangbuch, Claudius-Verlag, München, Nr. 213, © Strube Verlag, München

Seite 94: Iss und Trink ([2]1998), Text: Rolf Krenzer / Melodie: Peter Janssens, Rechte: Janssens Musikverlag, Telgte, in: Das Kindergesangbuch, Claudius-Verlag, München, Nr. 11

Seite 121: Ich möcht', dass einer mit mir geht (1994), Text und Melodie: Hanns Köbler 1964, in: Evangelisches Gesangbuch, Ausgabe für die Evangelisch-Lutherische Kirche, Hamburg/Kiel, Nr. 209

Bilder

Seite 28: Jeff Koons, Saint John the Baptist, 1988, Porzellan, © Staatsgalerie Stuttgart

Seite 31: Dieric Bouts, Johannes weist auf Jesus hin: »Siehe, das Lamm Gottes« (Ecce agnus dei), Alte Pinakothek, München

Seite 60: Johannes-Gruppe, Oberrheinischer Meister, etwa 1330 bis 1340

Seite 72: Pieter Pietersz Lastman (1583–1633), Christus und die Samariterin

Seite 85: Duccio di Buoninsegna, Christus heilt einen Blinden, 13. Jahrhundert

Seite 95: Tischplatte mit Christusmonogramm, Heimatmuseum Bad Aibling

Seite 96: Sieger Köder, Fußwaschung, © Sieger Köder
Seite 102: Thomas Zacharias, Der Gute Hirte, © VG Bild-Kunst, Bonn 2007
Seite 104: Gustave Doré, Petrus verleugnet Jesus
Seite 107: Sieger Köder, Ostermorgen am See, © Sieger Köder
Seite 109: Ernst Barlach, Das Wiedersehen, 1926, © Ernst Barlach Lizenzverwaltung, Ratzeburg
Seite 114: Motti Mizrachi, Friedensfahrer, 1987
Seite 120: Rodin, Die Kathedrale, 1908, © akg-images
Seite 127: Arent de Gelder, Ecce Homo, ca. 1715
Seite 129: Terrakottagefäß aus drei Masken: Umrisszeichnung nach T.B.L. Webster: Monuments Illustrating New Comedy, Bulletin of the Institute of Classical Studies, Suppl. 1, London 1961
Seite 141: Matthias Grünewald, Isenheimer Altar (Ausschnitt), 1506–1515, Musée d'Unterlinden, Colmar
Seite 144: Adventus (Einzug) des Kaisers, Detail des Galeriusbogens, Thessaloniki
Seite 145: Kreuzigungsszene auf einem Elfenbeinkasten, 5. Jahrhundert, Britisches Museum, London
Seite 149: oben links: Der Engel der Auferstehung, Reichenauer Perikopenbuch, um 1000; *oben rechts:* Auferstehung Christi, Evangeliar aus Groß St. Martin, Köln, um 1250; *unten links:* Matthias Grünewald, Isenheimer Altar (Ausschnitt), Die Auferstehung, Musée d'Unterlinden, Colmar; *unten rechts:* Alfred Manessier, Auferstehung, 1949, © 1986. Copyright by A.D.A.G.P., Paris & COSMOPRESS, Genf
Seite 152: Rembrandt, Christus erscheint den Aposteln, 1656
Seite 155: Fra Angelico, Noli me tangere, 1425–1430, San Marco, Florenz
Seite 157: Guerico, Der ungläubige Thomas
Seite 167: Rombout van Troyen, Auferweckung des Lazarus, 1647

Jeff Koons, »Saint John the Baptist« 1988, Porzellan, © Staatsgalerie Stuttgart

Johannes-Gruppe, Oberrheinischer Meister, etwa 1330 bis 1340

Dieric Bouts, Johannes weist auf Jesus hin: »Siehe, das Lamm Gottes« (Ecce agnus dei), Alte Pinakothek, München

Pieter Pietersz Lastman (1583–1633), Christus und die Samariterin

Duccio di Buoninsegna, Christus heilt einen Blinden, 13. Jahrhundert

Tischplatte mit Christusmonogramm, Heimatmuseum Bad Aibling

Sieger Köder, Fußwaschung, © Sieger Köder

Sieger Köder, Ostermorgen am See, © Sieger Köder

Ernst Barlach, Das Wiedersehen, 1926, © Ernst Barlach Lizenzverwaltung, Ratzeburg

Motti Mizrachi, Friedensfahrer, 1987

Arent de Gelder, Ecce Homo, ca. 1715

Matthias Grünewald, Isenheimer Altar (Ausschnitt), 1506–1515, Musée d'Unterlinden, Colmar

Der Engel der Auferstehung,
Reichenauer Perikopenbuch,
um 1000

Auferstehung Christi, Evangeliar
aus Groß St. Martin,
Köln, um 1250

Matthias Grünewald, Isenheimer Altar
(Ausschnitt), Die Auferstehung,
Musée d'Unterlinden, Colmar

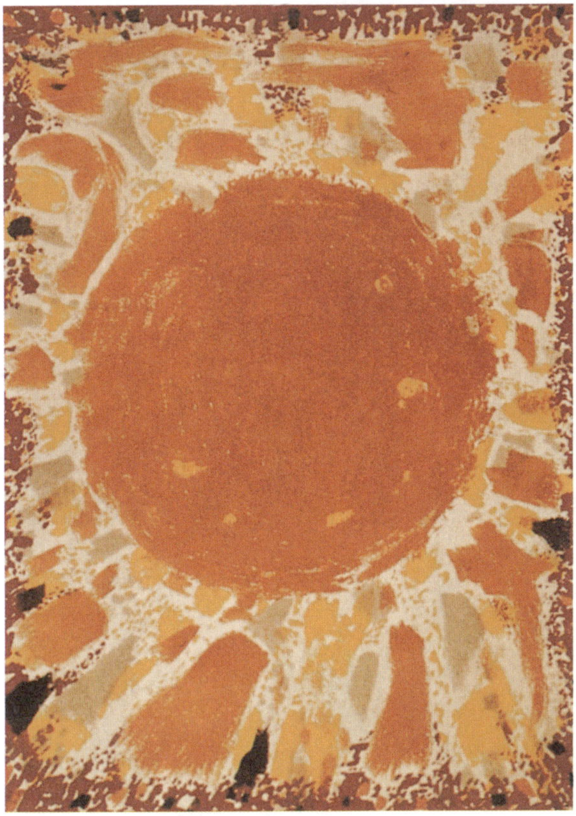

Alfred Manessier,
Auferstehung, 1949, © 1986.
Copyright by A.D.A.G.P.,
Paris & COSMOPRESS, Genf

Fra Angelico, Noli me tangere, 1425–1430, San Marco, Florenz

Guerico, Der ungläubige Thomas

Rombout van Troyen, Auferweckung des Lazarus, 1647